经济观察　能源与气候　学术视角

【经济学学术前沿书系】

二十国集团(G20)发展报告

(2018–2019)

彭　龙◎主编

任康钰　牛华勇　邵明星◎副主编

经济日报出版社

序　言

2018年，是全球治理结构艰难转型中的一年，二十国集团机制在其中正在扮演着越来越重要的角色。共识虽然没有形成，但没有人会否认多边沟通与谈判机制的重要性。全球治理结构转型的基础，是各国经济实力的此消彼长。二十国集团内的大部分经济体，都面临着独一无二的挑战：经济增长乏力、移民问题恶化、社会价值观分裂、低效率的政治体系、日益扩大的财富差距，这一切共同催生了很多国家内部的矛盾和分化，从而成为不稳定和不和谐的根源。

2018年，美、欧、日等几大经济体，虽然整体表现尚算平稳，但矛盾纷争不断，贸易摩擦增加。在经济全球化和一体化领域，美国表现出日益严重的单边主义倾向，与欧盟、中国等主要经济体的经贸谈判举步维艰。美国似乎正在以一个非建设者的姿态出现在全球经济体系中。英国脱欧的议题，歹戏拖棚，英国内部各派政治势力在该议题上无法达成一致，硬脱欧的风险在逐步增加，老牌英国面临严峻的考验。

相比之下，中国作为全球经济增长的领头羊和全球自由贸易的坚定捍卫者，在2018年继续以近1/3的新增GDP领跑全球经济增长。在新旧动能转换、外部条件恶化和产业升级压力加大的情况下，中国经济继续保持了较为高速的增长态势，显示出中国经济的韧性。在气候与环境领域，在美国政府缺席的条件下，全球共同应对的气候议题，继续展开对话和探讨。中国在这一领域可以说是突飞猛进，与欧盟一起承担起引领气候与环境发展的重任。

G20的协商机制，也在问题的讨论中逐步走向完善，发达国家和发展中国家能够坐到一起，共同探讨世界面临的问题，相对于寡头的G7时代，已经是莫大的进步，相信每一次的碰撞都将是向着更美好世界迈出的坚定步伐。

北外二十国集团研究中心，致力于成为全球治理结构转型的观察者和记录者，也希望这本著作可以成为各界了解和研究二十国集团的一个参考，也能够成为北外区域研究领域一本重要的年刊。感谢各位作者以及经济日报出版社同仁的辛勤和努力，让本书得以出版。

目　录

第一部分　国情观察

第一章　2018 年中国经济观察报告

张茉 ①

一、经济、社会概况

2018 年，我国在错综复杂的国际国内环境下，经济运行实现了整体稳定、稳中有进的目标。与上一年相比，国内生产总值增长了 6.6%，实现了经济和社会发展的主要预期目标。

1. 国内生产总值（GDP）

2018 年全年我国 GDP 首度突破了 90 万亿元，比 2017 年增长了 6.6%，四个季度同比增长分别是 6.8%、6.7%、6.5% 和 6.4%，总体上实现了年初 6.5% 左右的预期发展目标。与上一年 GDP 的增长率（6.9%）相比，中国的经济增长率在 2018 年进一步放缓。

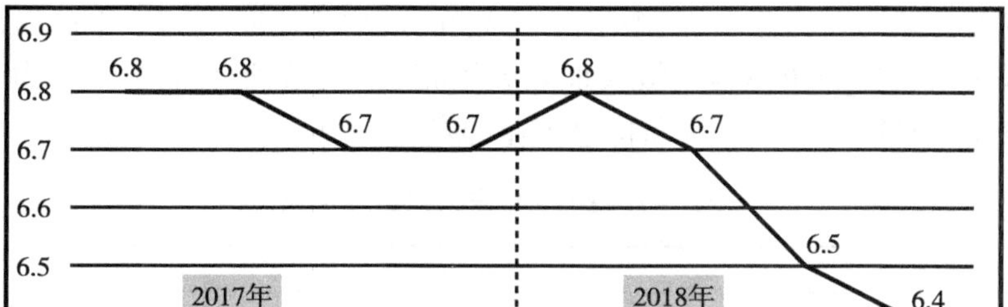

图 1–1　国内生产总值的增长速度（%）

数据来源：国家统计局

观察影响我国 GDP 的各项指标可以发现，消费作为中国经济增长的主要

① 张茉，北京外国语大学国际商学院。

动力的地位得到了进一步巩固。2018 年，中国最终消费对经济增长的贡献率为 76.2%，比上年提高 18.6 个百分点，比总资本形成高出了 43.8 个百分点。

从产业布局来看，第一产业增加值为 64 734 亿元，比上年同期增长 3.5%；第二产业增加值为 366 001 亿元，相比去年增长了 5.8%；第三产业的增加值为 469 575 亿元，相比去年增长了 7.6%。从总量看，第三产业占国内生产总值的比重是 52.2%；而从增量的角度来看，第三产业增加值的增长率比第二产业高出 1.8 个百分点。由此可见我国产业结构持续升级，其中服务业发挥了稳定大局的作用。

2. 人口与就业

截至 2018 年年末，中国大陆总人口为 139 538 万人①，与 2017 年年末相比，增加了 530 万人。2018 年，我国出生人口总数为 1 523 万人，人口自然增长率为 3.81‰。相比于 2017 年我国人口 5.32‰ 的自然增长率，今年的人口增长速度略显下滑。

从性别结构的角度来看，我国男性总人口为 7.1351 亿，女性人口为 6.8187 亿，总人口性别比为 104.64（以女性为 100 计）。从年龄构成的角度来看，16 至 59 周岁的劳动年龄人口为 8.9729 亿人，占总人口的 64.3%；60 岁及以上的人口为 2.4949 亿人，占总人口的近 17.9%。

从城乡结构的角度来看，城镇常住人口为 8.3137 亿人，比 2017 年底增加了 1 790 万人；城镇人口占总人口的比重（即城镇化率）为 59.58%，比 2017 年底提高了 1.06 个百分点。随着城镇化水平的提高，其对我国经济发展的促进作用也逐渐显现出来，主要原因如下：一是城镇化的发展促进了农业现代化的发展，转移了农村剩余劳动力，促进了我国的第三产业的规模不断扩大和效率的持续提高；二是我国城镇人口的快速集聚极大地刺激了相关产业的消费需求，有力地促进了农村种植业、养殖业、服务业和特色产业的发展。

表 1–1　2018 年末人口数及构成

指标	年末数（万人）	比重（%）
全国总人口	139538	100.0
城镇	83137	59.58
乡村	56401	40.42
男性	71351	51.13
女性	68187	48.87
0 ~ 15 周岁（含不满 16 周岁）	24860	17.82
16 ~ 59 周岁（含不满 60 周岁）	89729	64.30
60 周岁及以上	24949	17.89

数据来源：国家统计局

① 数字来源：中国国家统计局。

3. 消费与物价

2018 年我国全国 CPI 相比于去年有所上涨，幅度为 2.1%，涨幅近四年来首次超过 2%。在分类方面，食品行业的消费者价格指数从去年的 –1.4% 上升至 1.9%，这支持了全年消费者物价指数的上涨。而扣除了食品和能源价格的核心 CPI 上涨幅度为 1.9%，涨幅比去年下降了 0.3 个百分点。在影响消费价格指数上涨的众多因素中，最关键的当属供需关系，主要包括工业消费品以及农产品的供求关系。现阶段我国农产品的供给相对充足，粮食产量保持稳定，多种经营模式不断发展；工业消费品的供求平衡态势总体保持稳定，很多工业消费品从总量上来看都是供大于求的，因此目前我国 CPI 的上涨幅度相对有限。

2018 年我国 PPI 全年同比上涨幅度为 3.5%，其涨幅相比于上年回落了 2.8 个百分点。生产者物价指数下降主要是由生产资料价格下跌所致，而生活资料的价格基本保持平稳。从重点行业的层面来看，煤炭开采和洗选业的价格上涨幅度为 4.6%，涨幅比上年下降了 23.6 个百分点；黑色金属冶炼及压延加工业的价格上涨幅度为 9.3%，下降了 18.6 个百分点；有色金属冶炼及压延加工业价格上涨幅度为 3.3%，下降了 12.6 个百分点。以上三大重点行业合计影响生产者物价指数涨幅回落了大约 2.24 个百分点，构成了生产者物价指数涨幅回落的主要原因。

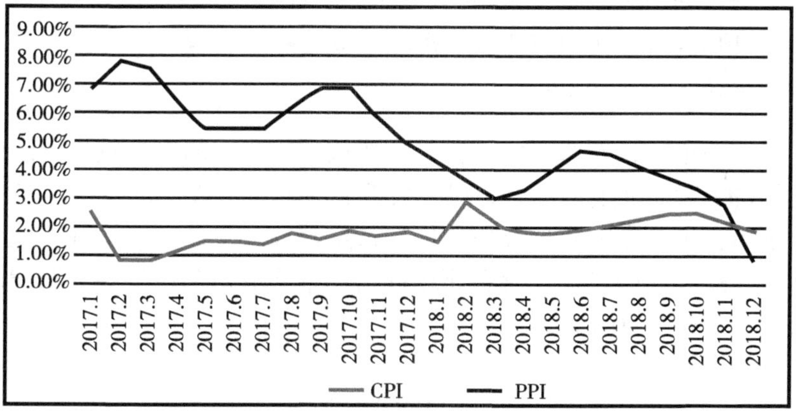

图 1–2　2017–2018 年月度 CPI、PPI

数据来源：国家统计局

4. 对外贸易

据海关总署发布的数据，2018 年我国对外贸易进出口总额为 30.51 万亿元，相比于上年增长幅度为 9.7%，其中出口总额达到 16.42 万亿元，与去年相比增加了 7.1%；进口总值达到了 14.09 万亿元，相比于 2017 年增长了 12.9%；贸易顺差达到了 2.33 万亿元，相比于上年收窄了 18.3%。从全年表现来看，我国对外贸易总体保持平稳，进出口规模创历史新高，其中有进出口实绩的企业高达 47 万家，相比于去年的43.6万家增长了2.3%，外贸市场的活力进一步提高。与此同时，中国的外贸市场多元化的程度进一步提高。与2017年相比，我国与“一带一路”国家、非洲以及拉丁美洲进出口增长率分别上升了3.6、6.7和6个百分点，其中对我国前三大贸易伙伴欧盟、美国和东南亚国家联盟的进出口总额分别增长了7.9%、5.7%和11.2%，占我国进出口总值的41.2%。

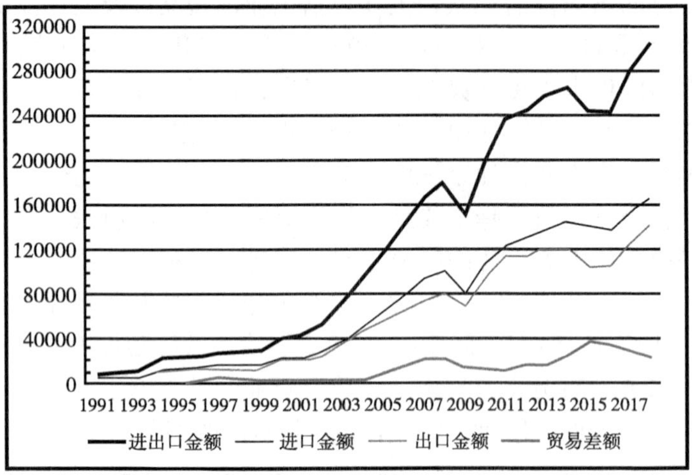

图1–3　1991–2018年我国进出口额及贸易差额（单位：万元）

数据来源：中华人民共和国海关总署

在过去的一年里，外部环境日益复杂严峻，但我国的对外贸易仍能保持稳定增长，这得益于营商环境的提升，以及民营企业对外贸发展的拉动。2018年，中国政府陆续出台了一系列减税降费、优化口岸营商环境的政策措施，使贸易便利化的程度有所提高。同时，民营企业在进出口方面取得迅速发展，对我国对外贸易的增长做出了超过50%的贡献。

5. 国际投资

2018年我国的对外投资总值为1298.3亿美元，相比去年增长幅度为4.2%，由此可见在全球跨国投资总值下降了19%的背景下，我们对外投资仍能保持增长态势。其中我国对外投资的方式相比以往也有很大的创新，我国的并购发展速度非常快，去年全年共完成并购项目405个，实际交易额702.6亿美元。除此之外，中国在实物投资、股权置换、联合投资、特许经营、投建营一体化等方面发展良好，其中非理性的对外投资行为得到了有效遏制。与此同时，我国对外投资结构继续得到优化，资金主要流向租赁和商务服务业、制造业、批发和零售业以及采矿业。其中，中国对“一带一路”沿线国家的直接投资相比去年增长幅度为8.9%，达到156亿美元。

在利用外资方面，2018 年全年我国实际使用外资总值达 1349.7 亿美元（折合人民币 8856.1 亿元），相比 2017 年增长了 0.9%。全国新设立的外商投资企业共 60533 家，相比去年增长了 69.8%。2018 年 12 月，全国新增外商投资企业共 5830 家，相比 2017 年 12 月增长了 20.5%。①

2018 年，在利用外资规模再创新高的同时，中国利用外资的产业结构和区域布局也得到进一步优化，高技术制造业的增长速度明显。随着我国经济的稳定发展，流入我国的外资逐渐由房地产和加工组装业转向高技术制造、科技研发、信息服务以及商业服务等高附加值领域。

6. 外汇与储备

截至 2018 年 12 月底，我国外汇储备余额达到 30727 亿美元②，相比于上年年末的 31399 亿美元有所下降，但从 2018 年全年的情况看，我国外汇储备总体上保持稳定。

2018 年，在外部环境不确定性增强的情况下，我国积极进行政策调整，稳就业、稳金融、稳外贸、稳外资、稳投资、稳预期工作取得初步成果，体现在宏观经济保持总体稳定、国际收支呈现了自主平衡的格局，为我国外汇储备规模的稳定提供了前提条件。

中国外汇储备的稳定有利于增强国家的综合国力，提高国际资信，促进国家利用间接调控措施调节国际收支，稳定人民币汇率，促进人民币国际化。同时，我国外汇储备的持续稳定也会吸引外商对华进行直接投资，有助于我国实施本国企业“走出去”的相关战略。

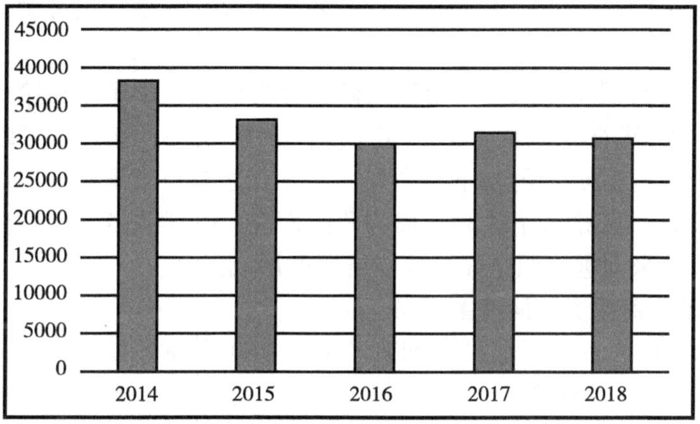

图 1-4　2014-2018 年年末国家外汇储蓄（单位：亿美元）

数据来源：中国国家统计局

① 中华人民共和国商务部

② 国家外汇管理局

二、2018年的重要经济事件及分析

对于我国来讲，2018年无疑具有十分重要的意义。目前，外部环境变化日益严峻、整个世界经济的增长动力在减弱，我国经济的运行依然保持在合理区间。面对经济转型时期不确定性的增加，中国实施了多方位的战略，如海南自由贸易试验区的建立、2018年版外商投资负面清单的发布、资管新规的发布、以及国有企业混合所有制的改革，使我国经济社会保持持续、稳定、健康的发展。

1. 中国（海南）自由贸易试验区建设开启

2018年这一年不仅是改革开放40周年，也是海南建省办特区30周年。4月13日，习近平总书记在海南建省办经济特区30周年大会上宣布，党中央支持海南全岛建设自由贸易试验区，支持海南逐步探索并稳步推进中国特色自由贸易港的建设，分步骤、分阶段地建立自由贸易港政策和制度体系。4月14日，中共中央、国务院发布了《关于支持海南全面深化改革开放的指导意见》，明确以现有自由贸易试验区试点内容为主体，结合海南特色，在中国海南岛全岛建设自由贸易试验区。10月16日，国务院批准设立中国（海南）自由贸易试验区并印发了《中国（海南）自由贸易试验区总体方案》。

中国（海南）自由贸易试验区的建设是国家做出的重大决策，是着眼于国际国内发展大局，并且经过深入研究、统筹考虑以及科学谋划之后才做出的，也体现了我国扩大对外开放同时积极推动经济全球化的决心。自由贸易试验区的实施范围为海南岛全岛，发展目标则是以国际先进规则为基准，持续进行深化改革的探索，以高水平的对外开放促进高质量发展，加快开放型、生态型、服务型产业体系的建设。

对于自由贸易试验区以及自由贸易港的开发建设，中国早在第十九次全国代表大会的报告中就有所提及。2017年10月18日习近平总书记明确提出，必须赋予自由贸易试验区更大的改革自主权，探索和建设自由贸易港。中国建立（海南）自由贸易试验区是为了使海南成为我国面向太平洋以及印度洋的对外开放新门户，从而以此来促进我国全面开放新格局的形成。

2.2018版外商投资负面清单发布

2018年6月28日，国家发展和改革委员会联合商务部发布了《外商投资准入特别管理措施（负面清单）（2018年版）》。与前几年的负面清单相比，2018的版本存在以下差异：第一，外商投资准入负面清单首次单独出台，而且负面清单不再分为"限制类"和"禁止类"两部分，而是以整体形式出现，文中具体说明了相应的特别管理措施。第二，全面放宽第一、二、三产业市场准入，涉及金融、交通运输、商贸流通、专业服务、制造、基础设施、能源、资源、农业等各领域，共22项开放措施。第三，大幅度精简了负面清单，2018版的负面清单只

保留了 48 条特别管理措施，相比于上一年的 63 条特别管理措施减少了 15 条，意味着我国进一步扩大了对外开放范围。

上述特点中，最值得关注的是负面清单的精简，因为这意味着我国推出了一系列重大的对外开放措施，其中具体包括：

首先，大幅扩大服务业开放范围。在金融领域，银行业外资股比的限制被取消，证券公司、基金管理公司、期货公司、寿险公司的外资股比被放宽至 51%，2021 年金融领域所有外资股比限制也将被取消。在基础设施领域，铁路干线路网、电网外资限制被废除。在交通运输领域，铁路旅客运输公司、国际海上运输、国际船舶代理外资限制被取消。在商贸流通领域，加油站、粮食收购批发外资限制被取消。在文化领域，禁止投资互联网上网服务营业场所的规定被取消。

其次，基本放开制造业。汽车行业取消了对专用车、新能源汽车外资的股比限制。2020 年商用车外资股比限制也将被取消，2022 年取消乘用车外资股比限制以及合资企业不超过两家的限制。船舶行业取消了外资限制，包括设计、制造、修理各环节。飞机行业则取消了包括干线飞机、支线飞机、通用飞机、直升机、无人机、浮空器等各类型外资限制。

最后是放宽农业和能源资源领域准入。在农业领域，取消小麦、玉米之外农作物种子生产的外资限制。在能源领域，取消特殊稀缺煤类开采的外资限制。在资源领域，取消石墨开采、稀土冶炼分离、钨冶炼外资的限制。

目前，中国经济已经从高速增长阶段转向高质量发展阶段，国际环境也在发生深刻的变化，贸易保护主义有所抬头。在此背景下，中国需要以更大的力度促进对外开放，推动经济全球化的深入发展。习近平总书记在 2018 年的博鳌亚洲论坛上指出，过去 40 年里，中国经济发展是在开放的条件下取得的，未来中国经济要实现高质量发展也必须在更加开放条件下进行，中国将采取对外开放的重大举措，大幅度放宽市场准入。

中国经济发展是我国主动融入经济全球化的过程，也是不断扩大开放的过程，随着产业环境、政策环境、法制环境的更加完善，我国已经具备更高水平开放的基础。2018 年版的负面清单扩大并增强了中国多行业领域对外资开放的范围和程度，通过新的开放措施，进一步深化我国与其他国家和地区间的投资合作，开展更广泛的资本、技术、管理、人才交流，实现更广泛的互利共赢。

3. 资管新规

2018 年 4 月 27 日，中国人民银行、中国银行保险监督管理委员会、中国证券监督管理委员会、国家外汇管理局四部委联合发布了《关于规范金融机构资产管理业务的指导意见》（以下简称“资管新规”），旨在规范金融机构资产管理业务，统一同类资产管理产品监管标准，有效防范和控制金融风险，更好地为实体经济服务。

近年来，我国金融机构的资产管理业务发展迅速，规模不断扩大。截至2017年底，不考虑交叉持有的因素，资管行业总规模已达到百万亿元。资产管理业务在满足居民财富管理需求、增强金融机构盈利能力、优化社会融资结构、支持实体经济等方面发挥了相当积极的作用。然而，由于同类资管业务的监管规则和标准不一致，使得监管套利活动频繁，一些产品多层嵌套，风险底数不明确，资金池模式暗含流动性风险，部分产品成为信贷出表的渠道，刚性兑付的现象甚是普遍，在正规金融体系之外形成了监管不足的影子银行，这种现象在一定程度上对宏观调控产生了干扰，提高了社会融资成本，影响了金融服务于实体经济的质量和效果，加剧了金融风险的跨行业、跨市场传递。

针对以上问题，我国此次发布的资管新规明确打破了刚性兑付现象，并作出了相关的细化安排。首先，在定义资管业务时，要求金融机构不得作出保本保收益的承诺，当产品难以兑付时不得以任何形式进行垫资兑付。其次是引导金融机构改变预期收益率的模式，强化产品净值化管理，并明确核算原则。三是明确刚性兑付的认定情形，包括金融机构违反净值原则对产品进行保本保收益、采取滚动发行等方式保本保收益、自行筹集资金偿付或委托其他机构进行代偿等。最后是对刚性兑付的行为进行分类惩处。存款类金融机构若出现刚性兑付，则要足额补缴存款准备金以及存款保险保费，非存款类持牌金融机构出现刚性兑付现象则由金融监督管理部门以及中国人民银行依法进行纠正并予以相应处罚。除此之外，外部审计机构的审计责任和报告要求也得到了加强。

资管新规的出台将对资产管理行业以及未来的盈利模式产生深远影响，资管行业即将进入统一监管时代。从长远来看，我国资管新规的出台有助于促进资管行业的规范发展，降低行业风险。资管新规的正式稿将过渡期延长至2020年底，可见监管层力保市场平稳发展的决心。

4. 国有企业混合所有制改革取得积极进展

作为深化国企改革的重要突破口，我国混合所有制改革今年以来持续发力，继续深入前进。2018年，国资监管系统企业累计实现营业收入54.8万亿元，与去年同期相比增长了10.3%；实现增加值12.4万亿元，相比去年增长了9.8%；实现利润总额3.4万亿元，相比去年增长了13.2%；实现净利润2.4万亿元，与2017年相比增长了12.1%。目前我国大部分国企在资本层面上已经实现了混合所有制改革，其中充分竞争领域的国企混合程度比其他领域的国企更高。

2018年8月17日，国务院国有企业改革领导小组办公室正式发布了《国企改革“双百行动”工作方案》，公布了404家双百企业名单，其中包括224家中央企业及其子公司，以及180家地方国资企业，标志着综合实施改革的大幅提速。2018年10月9日召开的全国国有企业改革座谈会指出，要突出抓好混合所有制改革，切实转换企业经营机制，增强企业内部的约束和激励，保护各类所有制产权的合法权益，科学地进行资产定价。要通过发展混合所有制经济，提高国有资本的配置效率，同时大力支持和带动非公有制经济的发展，实现各种所有制资本的取长补短、相互促进以及共同发展。除此之外，此次会议明确指出，我国国有企业改革已经处于关键阶段。

2018 年，我国国有企业混合所有制的改革已经涉足了深水区，在前三批共 50 家国企混改试点基础上，第四批混改试点已启动，预计 2019 年“双百行动”将进入实质落地期。

三、未来与展望

2018 年是我国实施“十三五”规划承上启下的一年，同时也是改革开放四十周年。第十九次全国人民代表大会报告指出：我国经济已由高速增长阶段转向高质量发展阶段。目前我国经济正处于转变发展方式、优化经济结构、转换增长动力的关键时期。总的来说，未来几年内我国经济上有以下两个方面值得关注。

第一，2019 年这一年对于实现我国的 2020 年全面建成小康社会的目标非常关键，维持经济中高速增长则是现阶段的重要目标之一。目前我国 GDP 增长率基本维持在 6.5%-6.7% 这个区间，然而我国经济所面临的不确定性却是前所未有的。因此，必须通过实施创新驱动发展战略实现从制造经济向创新经济的转型，同时通过刺激消费来拉动内需。

要实施创新驱动发展战略，加快新旧动能接续转换，那么就必须持续深入推进大众创业、万众创新战略的实施与发展。在去年的全国大众创业万众创新活动周中，国务院总理李克强作出重要批示，指出要进一步深化“放管服”改革，加强产权保护等制度建设，为各类市场主体营造市场化、法治化、国际化的创业创新生态。提升工业互联网平台的服务能力，推动“互联网 + 社会民生”的健康发展，改善公共服务，释放人民群众中蕴藏的无穷创造力，为加快培育新动能、不断提升我国经济的创新力和竞争力打下更坚实的基础。在未来的几年中，我国将围绕这些战略来进行相关经济措施的进一步部署，2019 年作为实施创新驱动发展战略的关键之年，其重要性不可小觑。

此外，作为拉动国民经济的三驾马车之一的消费，近些年来对我国经济方面的影响力日渐增强，而且已经连续五年成为推动我国经济增长的第一动力。2018 年在我国外部环境复杂严峻的背景下，经济面临下行压力。在目前这种形势下，我国十分有必要充分挖掘并释放社会消费潜力，使消费成为我国经济稳定和健康发展的重要支撑因素。然而，当前制约我国国内消费增长的因素同样突出。首先，居民按揭贷款所造成的挤出效应不容忽视，居民部门杠杆增加，抑制消费。其次，房地产以及汽车这两大消费需求受政策的影响较为突出。最后，理财产品收益率下跌使居民的资产利得方面收入减少，对消费增长不利。因此，我国有必要通过促进消费提质升级来增强消费对经济发展的基础性作用。

第二，当前全球经济虽然出现了稳中向好的趋势，但仍然增长乏力。特朗普上台之后，美国的对华政策发生了改变，尤其是近两年在贸易方面与中国发生了摩擦。中国作为一个对全球经济有较大影响力的国家，在未来几年内将会继续秉持对外开放战略，积极参与全球治理。对外通过“一带一路”加大在不同领域上的对外投资力度，为中国乃至世界经济增添活力。

随着经济实力的增强，我国已经逐渐成为全球治理的重要参与者之一。积极参与国际环境建设，主动优化与其他国家的关系，为国内发展寻找机遇。我们认为 2019 年将有三大机遇为我国的经济带来由内而外的支撑，对“对外开放、对内改革”的政策也将带来促进。

第一，我国实行大幅度放宽资本市场准入门槛的政策，已放宽了银行、证券和保险等金融行业的外资股比限制，同时扩大了外资金融机构的业务范围，并放宽汽车行业等制造业的外资股比限制。同时，国家发改委和商务部联合发布了《外商投资准入特别管理措施（负面清单）》（2018 年版），大幅放宽了市场准入。

第二，我国积极推动中美经贸磋商，缓解贸易摩擦给双方和世界经济带来的不利影响。自特朗普执政以来，中美已经举行了七轮经贸磋商，就贸易平衡、技术转让、知识产权保护、非关税壁垒、服务业、农业、实施机制以及双方关切的问题展开讨论，不断取得重要阶段性进展。

第三，去年全年我国积极推进“一带一路”建设，对外直接投资达 1298.3 亿美元，相比去年增长了 4.2%。其中，我国企业对“一带一路”沿线的非金融类企业直接投资相比去年增长了 8.9%①。“一带一路”为全球可持续发展增添了新动力，提供了新平台。同时，也为我国带来了日益显著的早期收获，提供了对外开放的新路径，也成为了中国经济新的增长点。

所以，2019 年作为新中国成立 70 周年，也是全面建成小康社会关键之年，我国经济发展所面临的外部环境虽然与 2018 年相比更为严峻复杂，但也存在新的历史机遇。一是以信息技术为代表的新一轮技术革命，高端人才、产业加速汇聚对我国实现产业结构升级、促进高质量发展都是战略性的机遇；二是供给侧、结构性改革对稳定经济的效应将继续显现，稳就业、稳金融、稳外贸、稳外资、稳投资、稳预期的政策会逐步发挥作用；三是参与全球经济治理体系的变革可以为我国营造出更好的外部环境。抓住以上三个历史机遇，我国的经济发展会更上一层楼，更加平稳健康地度过社会经济转型的关键时期。

---

① 数据来源：中华人民共和国商务部。

第二章　2018 年美国经济观察报告

巴玥[①]

一、经济、社会概况

2018 年，美国总统特朗普挑起的贸易争端引发了轩然大波。世界上许多国家的经济都受到了影响，美国自身也受到牵连，各项经济指标都出现了一定程度的波动。同时，美联储本年加快了货币政策正常化的进程，引发金融市场震荡。但在减税法案的刺激下，美国经济出现了阶段性增长，特别是第二季度，表现出强劲的经济增长势头，甚至创下了近三年来的最快增速。

1. 国内生产总值（GDP）

国内生产总值（GDP）是对于经济活动的最广泛的测定，也是经济健康度的一个重要指标。GDP 每年（季度变化 ×4）的百分比变化显示了整体经济的增长率。国内生产总值（GDP）是对于经济活动最广泛的测定，也是经济健康度的一个重要指标。GDP 增长由消费、投资、净出口三架马车拉动。从历史数据来看，美国的居民消费是其 GDP 中占比最大的一个部分，在 70% 以上。故居民消费表现在很大程度上影响着美国经济的发展。

美国商务部经济分析局的数据显示，2018 年全年，美国经济虽然有一定程度的波动，但仍旧处于繁荣发展阶段。2018 年初，美国总统特朗普签署的减税法案正式实行，规模达到了 1.5 亿美元。由于减税的刺激，美国经济在 2018 年的增速要明显快于 2017 年，第一个季度 GDP 环比增长 2.2%；第二个季度增速更为猛烈，达到 4.2%，创下了 2015 年以来的最快增速；下半年增速虽然有所放缓，但相较于前两年，还是有着良好的表现。

从 GDP 增长构成来看，消费依然是拉动美国经济飞速发展的主要动力，这其中，减税法案起到了重要作用。个人所得税的减免使得人均可支配收入有所增加，这提升了美国民众的购买力，拉动消费的增长。从 2018 年整年的数据中可以看

① 巴玥，北京外国语大学国际商学院。

出，消费对GDP的贡献在第二季度曾一度达到了2.57%，第三季度也达到了惊人的2.37%，处于历史高位。在国内私人投资方面，全年处于波动态势，第二季度对GDP产生负贡献，但第三季度这一数字达到了2.53%，处于近年来的最高水平，而第四季度又回落至0.82%。另外，在出口方面，年内也是出现了波动。由于特朗普挑起的贸易摩擦对美国进出口的影响，这一指标在近两年之内首次出现对GDP的负贡献。

总的来说，2018年，由于特朗普总统一系列经济政策的实施，美国各项经济指标都有着一定程度的波动。个人消费支出虽对GDP输出了稳定的贡献率，但投资以及出口的波动过大，明显地反映在了GDP的数据上。

表2-1 GDP及其构成增长率：2015-2018 单位：%

年份	季度	GDP	个人消费支出	国内私人投资	商品及服务出口	商品及服务进口	政府消费及投资总额
2015	Q1	3.3	3.5	12.8	–4.2	6.6	2.3
	Q2	3.3	3.4	2	3.8	3.2	4
	Q3	1.0	2.9	–1.2	–3.5	4.1	1.9
	Q4	0.4	2.3	–5.8	–2.2	–0.4	0.7
2016	Q1	1.5	2.4	–1.8	–2.4	0.5	3.4
	Q2	2.3	3.4	–1	3.4	0.8	–0.8
	Q3	1.9	2.7	–0.4	6.1	4.9	1
	Q4	1.8	2.6	8.1	–3.6	6.2	0.2
2017	Q1	1.8	1.8	4.9	5	4.8	–0.8
	Q2	3.0	2.9	5.7	3.6	2.5	0
	Q3	2.8	2.2	8.8	3.5	2.8	–1
	Q4	2.3	3.9	0.8	6.6	11.8	2.4
2018	Q1	2.2	0.5	9.6	3.6	3	1.5
	Q2	4.2	3.8	–0.5	9.3	–0.6	2.5
	Q3	3.4	3.5	15.2	–4.9	9.3	2.6
	Q4	2.6	2.8	4.6	1.6	2.7	0.4

数据来源：美国商务部经济分析局

表2-2 GDP构成对经济增长的贡献：2015-2018 单位：%

年份	季度	个人消费支出	国内私人投资	商品及服务出口	商品及服务进口	政府消费及投资总额
2015	Q1	2.36	2.15	–0.56	–1.02	0.40
	Q2	2.28	0.37	0.48	–0.49	0.70
	Q3	1.91	–0.22	–0.44	–0.61	0.33
	Q4	1.52	–1.04	–0.28	0.07	0.12

续表

年份	季度	个人消费支出	国内私人投资	商品及服务出口	商品及服务进口	政府消费及投资总额
2016	Q1	1.62	−0.31	−0.31	−0.06	0.60
	Q2	2.30	−0.17	0.39	−0.10	−0.15
	Q3	1.79	−0.07	0.71	−0.68	0.17
	Q4	1.75	1.30	−0.44	−0.88	0.03
2017	Q1	1.22	0.80	0.59	−0.69	−0.13
	Q2	1.95	0.95	0.44	−0.36	0.01
	Q3	1.52	1.47	0.42	−0.41	−0.18
	Q4	2.64	0.14	0.79	−1.68	0.41
2018	Q1	0.36	1.61	0.43	−0.45	0.27
	Q2	2.57	−0.07	1.12	0.10	0.43
	Q3	2.37	2.53	−0.62	−1.37	0.44
	Q4	1.92	0.82	0.19	−0.41	0.07

数据来源：美国商务部经济分析局

美国商务部 2019 年 2 月 28 日公布的经济数据显示，去年四季度美国 GDP 年化季环比增长 2.6%，高于早前市场预期的 2.3%。但在 2018 年全年美国 GDP 增幅止步于 2.9%。特朗普多次将美国经济表现和其政绩挂钩。去年美国二季度 GDP 增速达 4.1% 的高增长，然而特朗普政府单方面挑起的全球贸易摩擦，反而对美国经济施加了压力。贸易摩擦令美国四季度 GDP 增幅减少 0.22%，而第三季则减少了 2 个百分点。

表 2–3　美国近期国内生产总值变动

美国 国内生产总值	近期数据	前次数据	最高	最低	单位
国内生产总值增长率	2.60	3.40	16.70	−10.00	%
国内生产总值年增长率	3.10	3.00	13.40	−3.90	%
国内生产总值	19390.60	18624.48	19390.60	543.30	美元：10 亿
不变价国内生产总值	18784.63	18664.97	18784.63	2184.87	美元：10 亿
国民生产总值	18908.02	18766.40	18908.02	2098.40	美元：10 亿
固定资本形成总额	3364.23	3331.79	3364.23	1215.60	美元：10 亿
人均国内生产总值	53128.54	52319.20	53128.54	17036.90	美元
人均国内生产总值（以购买力平价计算）	54225.45	53399.40	54225.45	36543.08	美元
农业 GDP	212.00	216.90	236.10	168.40	美元：10 亿

续表

美国 国内生产总值	近期数据	前次数据	最高	最低	单位
建筑业 GDP	646.00	641.40	794.50	531.70	美元：10 亿
制造业 GDP	2139.80	2125.80	2139.80	1798.60	美元：10 亿
采矿业 GDP	429.80	429.80	472.80	241.80	美元：10 亿
公共管理 GDP	2180.70	2175.50	2188.00	2089.50	美元：10 亿
服务业 GDP	12821.80	12700.80	12821.80	9734.70	美元：10 亿
运输业 GDP	545.70	542.40	545.70	429.60	美元：10 亿
公用事业 GDP	280.80	284.30	291.30	217.20	美元：10 亿

数据来源：tradingeconomics

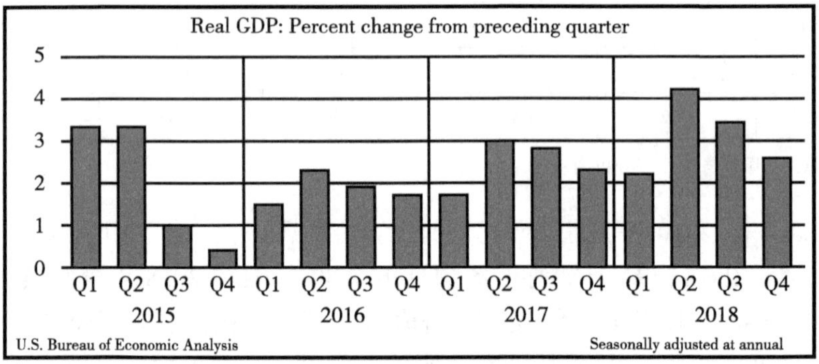

图 2-1　美国实际 GDP：与上一季度相比的变化百分比（单位：%）

数据来源：美国商务部经济分析局

2019 年 2 月 28 日，美国 GDP 数据公开当日，美股三大股指全线收跌。道琼斯指数收跌 0.27%，标普 500 指数收跌 0.28%，纳斯达克综合指数收跌 0.29%。

特朗普政府去年实施了 1.5 万亿美元的减税计划和大规模政府支出，被视为给美国经济打下的一支强心剂。然而从数据来看，其财政刺激效果在 2018 四季度已经见顶。美国零售销售、出口、房屋开工和企业设备支出等在 12 月数据中可以看出是大幅走软。此外，大多数制造业指标在 1 月和 2 月放缓，汽车市场需求也有所减弱。

咨询机构凯投宏观首席分析师雅什沃斯（Paul Ashworth）认为，“随着经济刺激影响消退，以及之前美国货币紧缩举措的滞后影响继续向经济中渗透，我们预计今年 GDP 增长将放缓至 2.2%。”而咨询机构 Naroff Economic Advisor 首席分析师纳罗夫（Joel Naroff）也表示，“由于减税效应正在消退，很难想象美国经济增长如何获得大幅提升。”据其分析认为，美国经济增长正在回归到奥巴马时期的节奏。

2. 就业与个人可支配收入

美国失业率在 2018 年全年保持平稳下降的趋势。其中，上半年失业率每月均有小幅下降，但在 6 月份回升至 4% 的水平；而下半年失业率在 4% 的基础之上继续下降，一度降至 3.7%，维持了 3 个月的时间，创 50 年新低，但在最后一个月内小幅回升至 3.9%。据美国劳工部数据显示，2018 年全年，美国新增非农就业人数超过 220 万人，较去年相比增加 7.3%；新增就业主要来自医疗服务业、制造业以及建筑业。

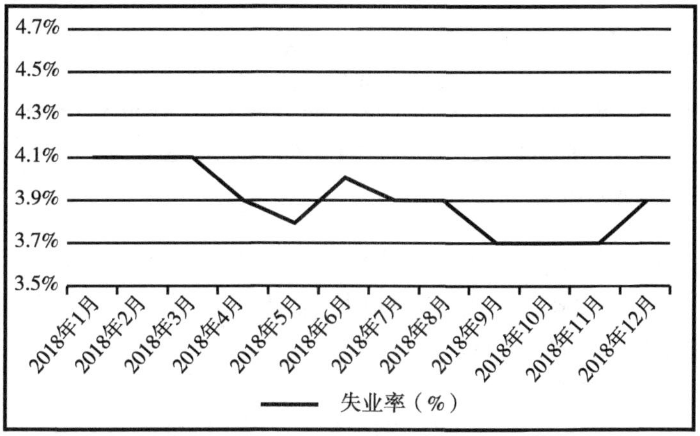

图 2–2　美国 2018 年失业率

数据来源：美国劳工部

2018 年是近四年来就业增长最强劲的一年（当时是 270 万人），也是美国连续第 8 年新增就业人数超过 200 万人。在市场十分忧虑美国经济将会大幅放缓之际，非农报告的表现却十分强劲，这有助于缓解市场对于经济健康状况的担忧，同时也令市场对美联储继续加息的担忧再起。

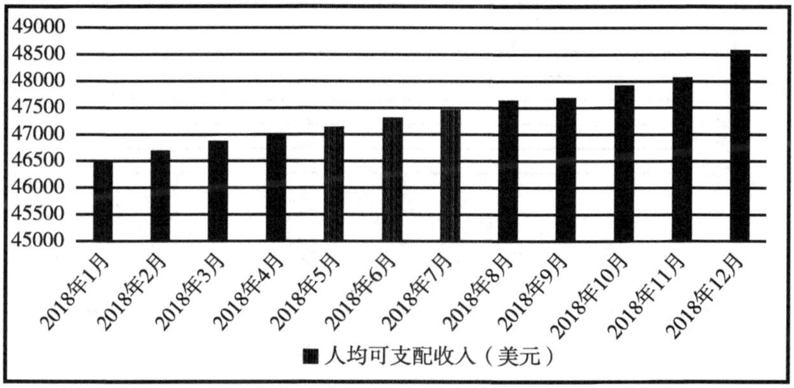

图 2–3　美国 2018 年人均可支配收入柱状图

数据来源：全球经济指标数据网

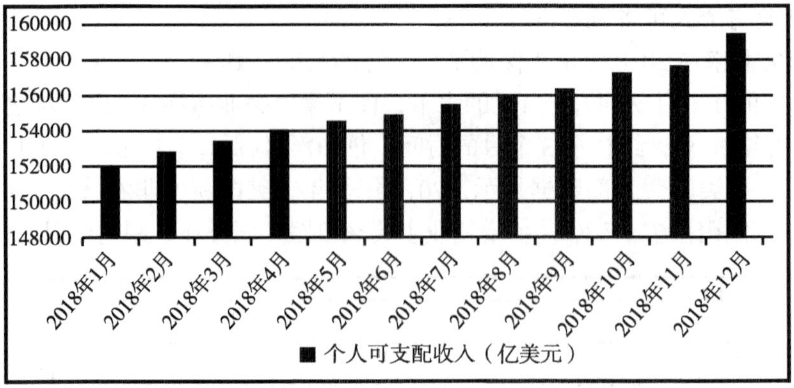

图 2–4　美国 2018 年个人可支配收入柱状图

数据来源：全球经济指标数据网

除了良好的就业环境外，美国可支配收入也十分乐观。截止到 12 月，个人可支配收入已经达到 159 422 亿美元；同时，在人均可支配收入方面，也已达到 48 546 美元，均同比增长 1% 左右。

3. 制造业、房地产发展

2018 年前三个季度，美国供应管理协会（ISM）制造业 PMI 略有波动，但总体保持平稳趋势；其中，2 月份与 6 月份均超过 60 点，9 月份也达到 59.8，处于历史高位，但 12 月却出现了明显下滑，环比下降 8.8%，跌至 15 个月新低。这其中的原因可能是中美贸易摩擦所催生的高关税打击了美国国内企业经营者的信心，扩张意图逐步收敛，最终反映在了 PMI 数据当中。

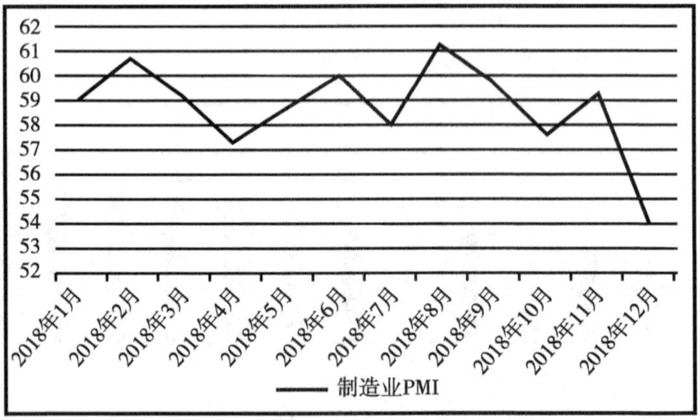

图 2–5　美国 2018 年制造业 PMI

数据来源：tradingeconomics

而在房地产方面，2018 年火热的房地产市场正在逐步降温。2018 整年，美国

30 年期和 15 年期的住房抵押贷款固定利率均呈现出攀升的趋势，同比分别上涨 15% 和 16.6%。同时，2018 年美国房价继续上涨，但增速放缓。根据美国房贷机构房利美 2019 年 1 月发布的调查报告显示，由于抵押贷款利率以及房价的上涨，12 月美国购房信心指数环比下滑 2.7%。

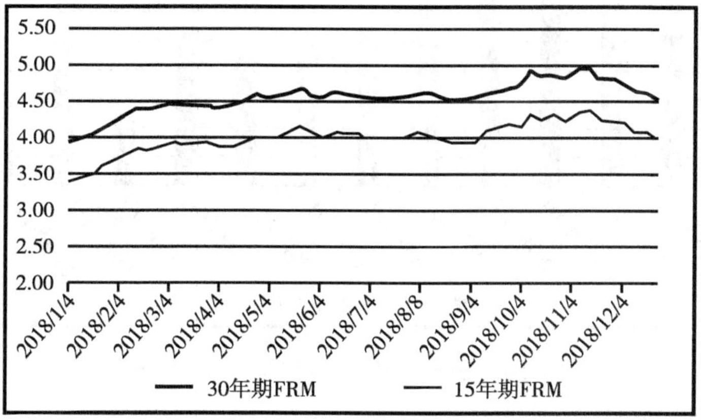

图 2-6　美国 2018 年住房抵押贷款固定利率折线图（单位：%）

数据来源：房地美官网

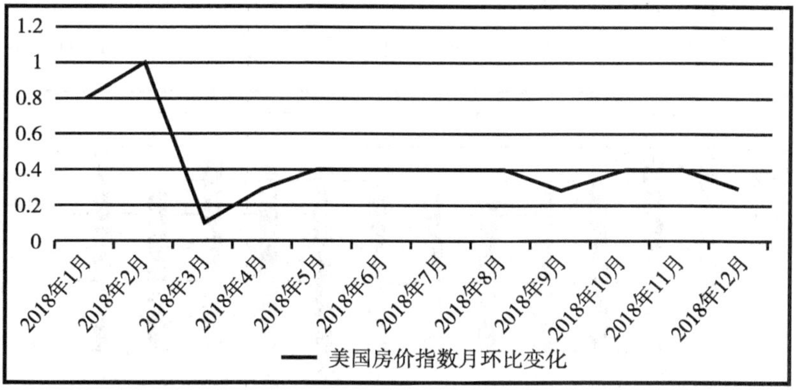

图 2-7　美国 2018 年房价指数月环比折线图（单位：%）

数据来源：tradingeconomics

纵观全年，2018 年上半年新屋销售保持稳中有增的趋势，但下半年逐月下滑，10 月份更是暴跌 8.9%，创 2017 年 12 月以来最大单月跌幅。而 11 月的数据显示新屋销售总数为 61.2 万户，环比大增 10.9%。房价的稳中有降可能是推动 11 月新屋销售大涨的主要原因之一。

即便如此，房地产市场并没有扭转颓势，12 月份又跌落回 56.2 万户，这进一步验证了先前火热的美国房地产市场正在降温。

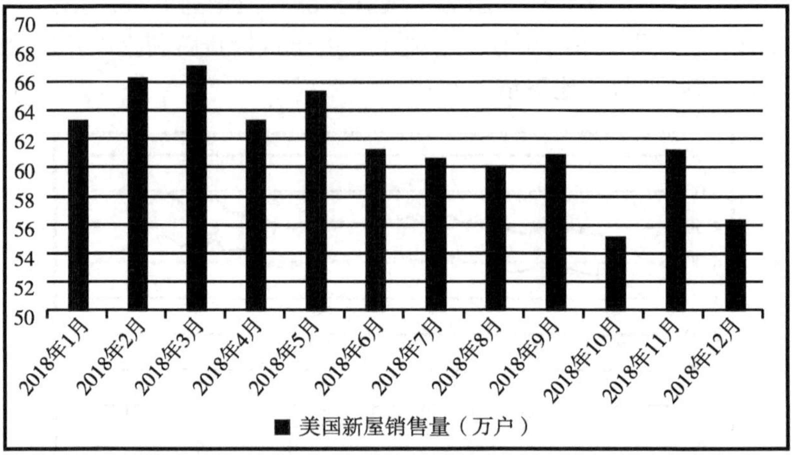

图 2-8　美国 2018 年新屋销售统计柱图

数据来源：美国商务部经济分析局

4. 国际贸易

根据美国商务部经济分析局以及美国人口普查局的统计数据显示，2018 年初，美国贸易逆差保持在比较高的水平上，但从 3 月份开始下降。6 月起，美国贸易逆差继续扩大，并持续到 10 月份，且全年贸易逆差总额超过 6000 亿美元。

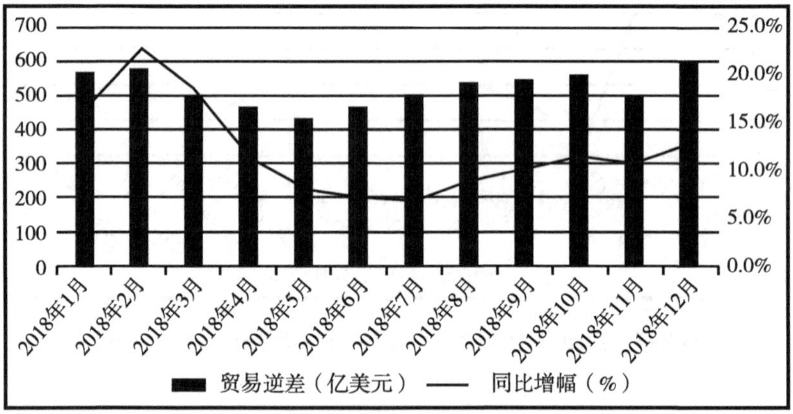

图 2-9　美国 2018 年贸易逆差图

数据来源：美国商务部经济分析局

特朗普的经贸政策是 2018 下半年贸易逆差扩大的主要原因：首先，减税法案使得美国消费者收入提高，于是进口消费也随之增加；其次，特朗普的关税政策并没有带来高涨的出口数据。相反，其他各国对美国采取的报复性关税措施使得美国的贸易逆差不断扩大。为了减小贸易逆差，特朗普自上台以来就开始向世界很多国家发起贸易战争，但尴尬的是，在这将近两年的时间里，贸易逆差不但没有缩小，反而扩大了 1000 亿美元以上。

二、2018 年的经济大事件

1. 减税法案正式实行

2017 年 12 月 22 日，特朗普总统签署 1.5 万美元税法个案，这是美国历史上最近 30 年规模最大的减税行动。该减税法案在 2018 年 1 月开始正式实施。通过这份法案的规定，美国联邦企业的所得税税率会从原本的 35% 降低到 21%，这有利于中产阶级以及创造就业。减税法案能够通过取决于很多因素，其中一个显而易见的因素就是美国在国际上地位逐渐变得薄弱，美国民众开始不满于现状，因此需要排除当前的党派之争和政治博弈，这体现了美国主流社会对于衰弱现象的担忧。

“美国第一”的理念在减税政策中体现了美国重新夺回全球经济决定性未来优势的决心，这就意味着未来全球大国竞争的主要战场将会从传统的政治与安全领域转向经济与产业领域。美国已经抛开传统全球经济政策，开始更多的从国内经济和产业形态去重塑自身的优势地位。减税政策的背景是美国超过 5000 亿美元的贸易逆差，这些逆差表明美国的全球经济行动力在不断下降，联邦金融还依赖于传统的持有量，而作为一个主权信用货币，美元的信心恐慌其实很大程度上已经动摇了美国的政治地位，减税政策的提出其实是为了应对新国家经济战略。

2018 年，减税确实是给美国的 GDP 增长和就业局面带来了一些帮助作用，但是在 2018 年末这种趋势就走向疲软，因为减税的推动力正在慢慢消退。根据美国经济学会 2018 年末发布的报告，在被调查的百多家企业中，84% 的企业家表示减税法案并未使得他们的企业改变自身的雇佣或者投资计划。在 2018 年前两个季度的时候，减税政策确实增加了资本支出，但是这项政策在第三个季度就开始走向疲软状态。2018 年全年美国 GDP 的增速是 2.5%，但是这样的增速与 2017 年的 2.2%，甚至是特朗普 2016 年的 1.5% 相比虽然是存在一定的进步，但是并不能确定这些都是由于减税政策带来的。减税政策实施一年之后，真正能够从减税政策中获益的是企业利润，第三季度企业利润增长了 782 亿元，在第二季度 650 亿元的基础之上获得了进一步的增长。从当前的数据可以看到，标普 500 指数每股盈利从去年开始就会突破 148 亿元，比 2016 年年底增长了 40%，也就是说企业、大股东和管理层真正从 2018 年的减税政策中获得了好处。

2. 特朗普挑起中美贸易争端

2018 年初，特朗普政府开始大规模对进口商品征收关税，中美贸易摩擦初见端倪。2018 年 3 月 22 日，美国总统特朗普于白宫签署总统备忘录，称其将根据“301 调查”的结果对从中国进口的商品大规模征收关税，并限制中国企业对美投资并购。2018 年 4 月 4 日，美国政府公布加征关税的商品清单，将对输美的 1333 项、共计 500 亿美元的商品加征 25% 的关税。而后，美国继续扩大对华加征关税清单，中国也被迫发起反击，对自美进口部分产品加征关税。商务部、外交部相继发声，商务部表示：“中方将奉陪到底，不惜付出任何代价，必定予以坚决回击，坚决捍卫国家和人民的利益。”

从 2018 年 3 月开始，美中双方就通信技术、航天航空、医药、农产品等多个领域实行了大规模征税或中止减税的贸易措施，双方贸易摩擦不断升级。特朗普挑起的贸易争端对双方乃至世界都产生了巨大的影响。首先，美国是中国的第一大贸易伙伴，美国此举很可能会使中国出口增速放缓，但中国由于“一带一路”倡议的推行，在沿线国家中可以找到一些替代市场，来冲抵部分因贸易争端引发的损失；而反观美国，其要承担的后果可能会更大。由于高关税造成的高物价，美国消费者的生活成本将会增高，且中国实施的反制措施也会使得美国的制造业、进出口贸易等受到严重打击。总而言之，特朗普挑起的中美贸易争端无疑是两败俱伤的，美国不能因此获得任何好处，对中国贸易逆差的事实也无法短期内改善。

3. 美联储四次加息

2018 年 12 月 19 日，美联储在结束了两天的会议后，宣布加息 25 个基点，上调联邦基金利率至 2.25%–2.50%。2018 年全年，美联储分别于 3 月 21 日、6 月 13 日、9 月 26 日以及 12 月 19 日共加息四次，成为美联储加息次数最多、频率最快的一年。美国总统特朗普曾多次表示反对加息，但保持政策独立性的美联储并没有因此受到影响。自 2015 年 12 月美联储启动本轮加息周期以来，美联储已加息 9 次，加息频率也呈现递增的趋势。

通胀和就业是美联储加息的重要决定因素。2018 年 12 月，美国失业率小幅回升至 3.9%，但仍旧维持低位，非农新增就业 31.2 万人，远超预期，且创下 10 个月最大增幅，薪资也有所上涨。CPI 方面，在剔除波动较大的能源和食品价格后，2018 年 12 月美国核心 CPI 环比上涨 0.2%。此外，2018 年美国整体 CPI 上涨 1.9%，低于美联储设定的 2% 通胀目标。就这两方面来看，2018 年美联储加息在一定程度上抑制了通胀率的上升，但就业市场的强劲势头并未受到影响，医疗服务业、食品服务业、建筑业、制造业及零售贸易就业人数均有所上涨。然而，美股市场却因此产生强烈震荡，长达近十年的牛市宣告结束。这是因为股市对利率较为敏感，美联储加息收紧流动性，导致利率上涨，流动性中的一部分回归银行，导致股市中资金减少，利空股市。

2019 年，美联储加息频率可能会有所放缓。在 2018 年最后的几个月内，美国国内通胀预期已经下降，再加上油价下行，2019 年初美国通货膨胀率虽有所上升，但在整个 2019 年上半年呈现出逐渐放缓态势。同时，由于英国脱欧、政府关门等事件的发生，美联储对于经济增长的描述由之前的“强劲”转为“稳固”，确认了当前经济形势有所放缓的现状。

4. 美股震荡

据美国电视新闻网（CNN）2019 年 1 月 1 日报道，2018 全年，道琼斯指数累积跌幅达 5.6%，标准普尔 500 指数累跌 6.2%，纳斯达克指数累跌 4%。自 2008 年金融危机以来，这是美股表现得最差的一年；更可怕的是，仅 12 月一个月，标普 500 指数累跌 9%，道指累跌 8.7 %，均创 1931 年大萧条以来当月最差表现。而在 2018 年最后一个交易日，美股出现回升，三大股指均上涨——道指涨 1.15%，纳指涨 0.77%，标普 500 指数涨 0.85%。

从 2009 年起，美股牛市已持续了九年之久，但 2018 年 9 月，这一轮最长牛市终结了。纵观 2018 年整年，美股在前三个季度内还是保持着强劲的势头，但到了第四季度开始出现明显震荡。美股震荡的原因主要有如下几个方面：首先，美国国债收益率提升，导致投资者将部分资金转入国债市场；其次，美联储于 3 月、6 月、9 月和 12 月分别加息 25 个基本点，本年的加息幅度大、节奏快，势必对股市有一定冲击；最后，中美贸易冲突也在一定程度上影响着美股的走势，而这或许也是年末美股回升的原因。

美股的震荡对全球的金融环境是十分不利的，也对全球经济的稳定与增长起到了反作用。此次美股暴跌波及到了亚太股市，日经指数跌幅超过 3%，韩国股市、新加坡股市跌幅也均超过 2%；此外，欧洲由于美股震荡以及英国脱欧的双重打击，股市的表现也不尽如人意，富时罗素（FTSE All-World index）追踪各个市场的数千种股票显示，今年跌幅达 12%。这创下该指数自全球金融危机以来的最差表现，与 2017 年近 25% 的收益形成鲜明对比；泛欧 STOXX 600 指数 2018 年累跌 13.2%，创 2008 年以来最大年度跌幅；欧元区蓝筹绩优 STOXX 50 指数累跌 14.3%，创 2011 年以来最大年度跌幅；德国 DAX 30 指数今年累跌 18%，一度陷入熊市。

2019 年 1 月 30 日，美联储在结束了 2019 年的首次会议后，宣布暂不加息，维持联邦基金利率为 2.25%–2.50%。这有可能使得美国股市在第一季度实现反弹，逆转 2018 年下半年的颓势。

三、未来与展望

2018 年以来，美国经济基本面还是比较稳固，内生增长动力有一定程度的增强，通货膨胀的压力回落的程度不大，失业率已经降低到 1969 年以来的最低程度，但是外贸规模继续扩大，贸易逆差额连续创下 7 月最高。总体上分析，美国的经济增长速度出现一定的回落，但是近期内增长动力较强。

2019 年美国经济运行存在一定的不利因素，主要体现在以下几个层面：

从政策方面来看，特朗普新政效果不如预期：美国经济增长并未能如特朗普政府最初预期的大幅上升到 3% 以上。其中对外政策是主要原因。贸易战无法从根本上解决美国的贸易逆差问题，相反会影响全球市场的信心，最终伤害到美国自身。

从经济增长率来看，下行趋势已经开始显现：2019 年，美国预期 GDP 增长率可能会低于 2.5%，大概率会出现下行。有一系列因素制约着美国的经济增长：

第一，美国经济扩张周期已经进入后半段。从 2009 年 6 月至今的美国经济增长周期是美国有史以来最长的一个周期。目前大多数数据都显示出随着美联储加息进程的推进，美国的房地产周期、库存周期和产能周期都将出现下行。

第二，特朗普执政会面临新的不确定性，特别是近期美国政府停摆事件的发生，反映出美国现行体制下的决策低效率正在产生负面影响。减税政策正在影响美国政府债务的可持续性，基础设施建设推进缓慢，贸易政策引发多国反制，财政赤字和贸易赤字增加同时加剧美国经济的脆弱性。

最后，美元走势不确定性将主导市场风险走向：针对 2019 年美联储的货币政策新走向，美元走势将处于风险漩涡的核心。总体上看，美元指数走弱的概率较大，但也存在大幅走强的尾部风险。从传统的基本分析出发，2019 年美国经济增长放缓、美联储加息周期接近尾声，以及美国政府可能需要弱美元政策获取竞争力，都是驱动美元走弱的重要力量。①

2019 年美国经济运行存在一定的有利因素，主要体现在以下几个层面：

从消费角度上分析，受到特朗普减税政策的利好因素的影响，近期美国的消费者的信心在一定程度上有所提升。

而从投资层面上分析，EPS 增长率、资本性投资增加量以及增量资金入市情况等指标显示，当前美股现状的上升周期还远未结束。特朗普政策当前公布的最大规模税改方案明确表示会取消企业替代最低税，并且将企业的所得税从原本的 35% 降低到 21%。税改红利也会大幅度提升企业投资美国企业的意愿。②

而从出口角度上看，受到特朗普强势的单边主义贸易政策的加持，近期美国一些工业用品材料等出口量攀升到历史上的最高位置，美国相关出口企业也再次迎来了黄金增长期。摩根士丹利认为，美国经济在 2019 年陷入衰退的可能性依旧不高，约在 15% 上下；但到了 2020 年下半年，将有明确信号表明经济已经进入

---

① 王家强：趋势向下，风险向上——2019 年美国经济、货币政策走向及市场影响 . 2019 年 2 月 15 日 . http：//www.sohu.com/a/294890152_522914.

② 金瑞庭：美国经济 2018 年形势及 2019 年展望 . [2018-11-16]. http：//www.sohu.com/a/275864439_692693.

扩张的最后阶段，衰退可能性由此上升到 30%。

增速放缓，美联储明年 6 月后有可能停止加息。美国经济繁荣运行的背后还要看到下行的风险，首先考虑到美国本次商业周期已经从复苏时期持续过热 35 个月，长度也已经接近历史上最长的记录，美国当前的经济增速已经在周期的最高点上。2018 年底美股的大跌美股标普 500 美国经济周期晴雨表表示，美国经济在未来的 12 个月份中将会面临一定的衰退趋势；除此之外，还存在一些基础设施建设滞后，贸易收支不平衡的问题，这些都严重削弱了美国经济长期的增长潜力。

根据美国商务部经济分析局的官方数据显示，2018 年全年，美国 GDP 增速为 2.9%，与 IMF 秋季《世界与中国经济展望报告》最新预测的数据持平。综合各方分析，虽然中美贸易冲突和特朗普新经济政策存在一定的不确定性，但 2018 年美国经济还是延续了稳步增长势头。

2018 年内美国经济表现的比较好，2019 年美国的经济增长速度可能显著放缓，但是从目前的市场上分析，当前的市场无需担忧衰退。首先从宏观经济层面，当前美国的就业增长比较强劲，未来工资水平可能会存在上升的动力，经济膨胀率已经接近于目标值，但是经济增长中却存在通胀超标的风险。

其次，在金融层面，美联储有可能会加息，2019 年预计还会面临 2–3 次加息的现象。由于当前的就业情况仍然比较好，因此美联储很可能会在失业率得到回升之前继续保持加息的步伐，预计会持续到 2020 年。

调查显示，当前美国的就业情况是史上最好的，各类经济指标都呈现出强劲的就业增长动力，高盛预计到了 2019 年美国的薪酬增长速度会达到 3.25% 到 3.5%。而在通货膨胀层面，美国的核心个人消费支出也将继续攀升，达到 2.25%。主要原因在于，未来一年里薪资增长强劲，产品市场遭遇产能限制，贸易问题将带来额外关税，诸多因素都将对产品价格构成上行压力，美国存在通胀超标的风险。

至 2020 年初，美联储的资产负债化水平将以 1 万亿美元的银行储备以及 3.6 万亿美元的总资产负债表规模宣告结束。2019 年之后最明显的衰退风险可能是较低的潜在增长率所带来的。2020 年和 2021 年的经济增长率预期值为 1.5%，一些正常的波动可能会提高经济负增长的风险。但目前来看，经济的扩张还将继续，衰退的风险并不高。

第三章　2018 年欧盟经济观察报告

刘婷[①]

一、经济总体概况

2018 年，欧盟经济总体表现稳健，但增速呈现逐渐放缓趋势，其中消费和投资对经济的拉动作用依旧显著，失业率的降低、工资的上涨促进了消费，宽松的货币政策刺激投资增长。与此同时，内外部风险也使欧盟经济面临下行压力，外部风险主要来自美国加息政策、全球贸易局势紧张升级等；内部风险包括英国脱欧波折、法国“黄马甲运动”、意大利财政预算矛盾等。2018 年欧盟各成员国经济增长表现依旧各有不同，德国、法国经济整体增速稳健，并呈现逐季递减趋势；希腊经济保持了正增长，意大利上半年与下半年经济表现差异明显。

1. 国内生产总值

欧盟统计局数据显示，2018 年欧盟第一季度至第四季度 GDP 季调同比增长率分别为 2.33%、2.17%、1.82% 和 1.44%，延续了 2017 年第四季度的递减趋势；与 2017 年各季度相比，2018 年欧盟经济各季度增速放缓，剔除英国后的欧盟 27 国各季度 GDP 季调同比增长率略好于剔除前。

2018 年欧盟各主要成员国 GDP 增速有所回落，德国第一季度到第四季度 GDP 季调同比增速分别为 2.05%、1.95%、1.16%、0.64%，呈现逐季减速态势，表现差于 2017 年；法国第一季度到第四季度 GDP 季调同比增速分别为 2.21%、1.71%、1.34%、0.92%，亦呈现逐季递减态势；英国第一季度到第四季度 GDP 季调同比增速分别为 1.29%、1.45%、1.56% 和 1.33%，前三季度呈现逐季递增态势，第四季度增速有所回落。

---

① 刘婷，北京外国语大学国际商学院。

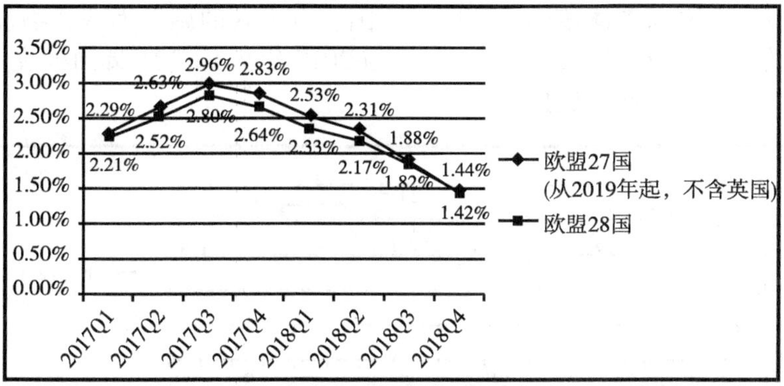

图 3-1　欧盟 GDP 季调同比增长率

数据来源：Eurostat database–GDP and main component

与此同时，希腊 GDP 增长率实现了自 2017 年二季度以来连续保持正值；西班牙 2018 年第一季度到第四季度 GDP 增速稳中有缓；意大利 2018 年第一、二季度 GDP 增速分别为 1.40%、1.20%，第三、第四季度 GDP 增速下滑明显，仅为 0.64% 和 0.08%。

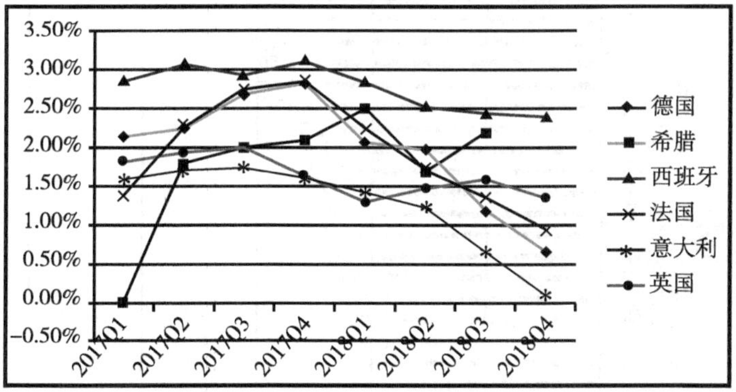

图 3-2　欧盟部分成员国 GDP 季调同比增长率

数据来源：Eurostat database–GDP and main component

2. 通货膨胀

2018 年欧盟通货膨胀水平总体维持在高位，基于调和消费者物价指数（HICP）计算出欧盟 2018 年各月份年化月度通胀率，基本都维持在 2% 的目标区位上下，虽然年底表现有所退步，但整体在 2017 年的基础上有所改善。根据欧盟统计局 2019 年 2 月 22 日更新数据计算可得 2018 年欧盟 28 国 HICP 同比上涨 1.89%，除去英国后这一数据为 1.80%。

分国别看，2018 年罗马尼亚、爱沙尼亚、匈牙利的通胀水平在欧盟各成员国中居前三位。主要经济体德国、英国、法国、意大利的调和消费者物价指数同比上涨分别为 1.9%、2.4%、2.1%、1.2%。与 2017 年大部分成员国处在 1%-2% 的物价涨幅相比，整体通胀率上升。

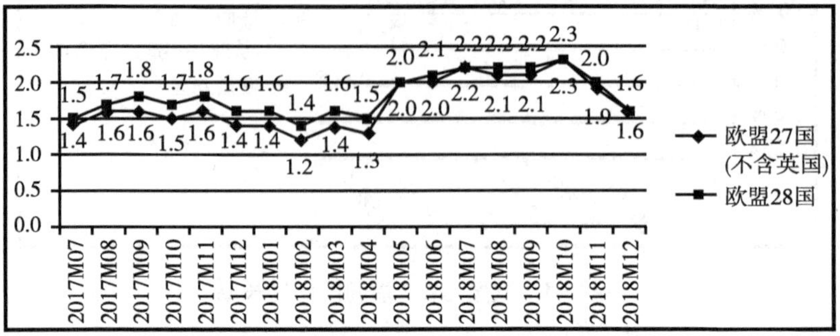

图 3-3　欧盟调和消费者物价指数（HICP）

数据来源：Eurostat database

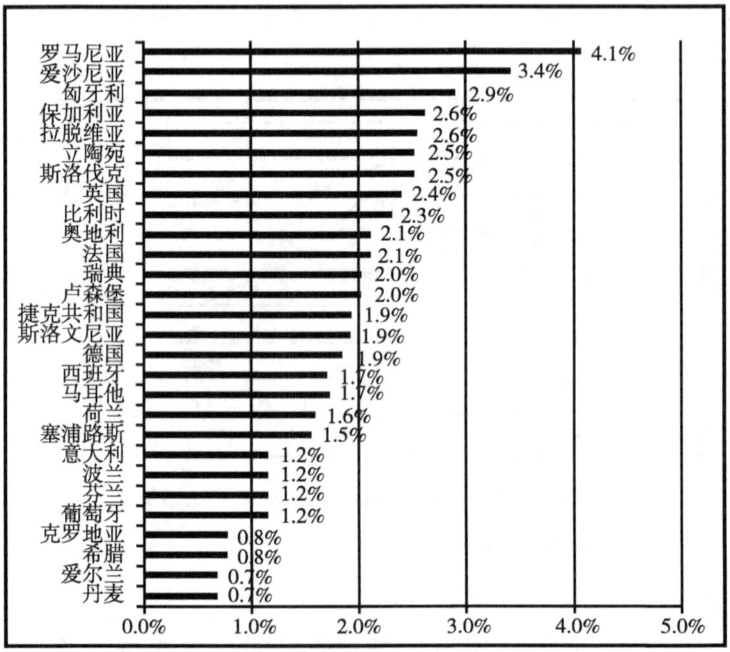

图 3-4　2018 年欧盟各成员国 HICP 增长对比

数据来源：Eurostat database

3. 就业

2018 年，欧盟 28 国总体失业率水平为 7.0%，除去英国后的数据是 7.3%，均降至历史低位。自 2008 年金融危机以来，欧盟失业率随经济变化经历了从上升到下降的过程。欧盟统计局最新数据显示，欧盟 28 国 2018 年第一季度至第四季度失业率分别为 7.1%、6.9%、6.8%、6.7%，就业状况逐季改善。2018 年欧盟月度失业率也呈现下降趋势，到 12 月已降至 6.6%，就业形势的改善为实体经济提供了有力支撑。

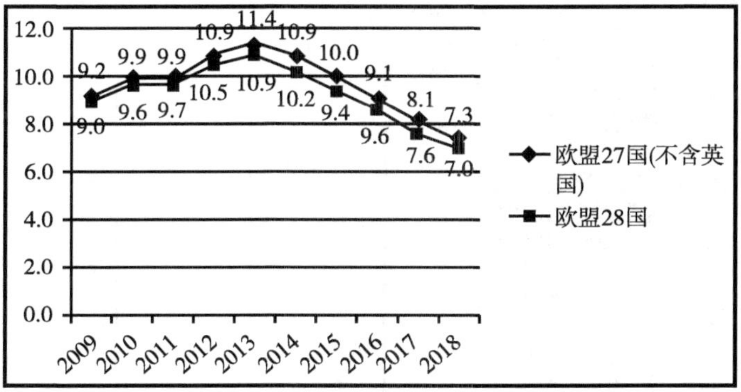

图 3-5 欧盟近年失业率变化（单位 %）

数据来源：Eurostat database

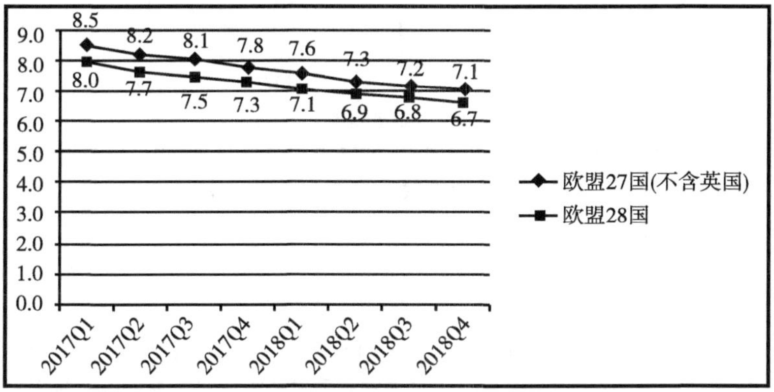

图 3-6 欧盟失业率季度数据

数据来源：Eurostat database

分国别看，欧盟各成员国 2018 年前三季度平均季度失业率如下图所示。各成员国失业率水平有所差异，希腊、西班牙分别以 19.63% 和 15.50% 失业率水平在各成员国中位列前两位；捷克共和国、德国的失业率在各成员国中最低，分别为 2.3% 和 3.43%。与 2017 年相比，各成员国失业率水平在 2018 年均有所下降。

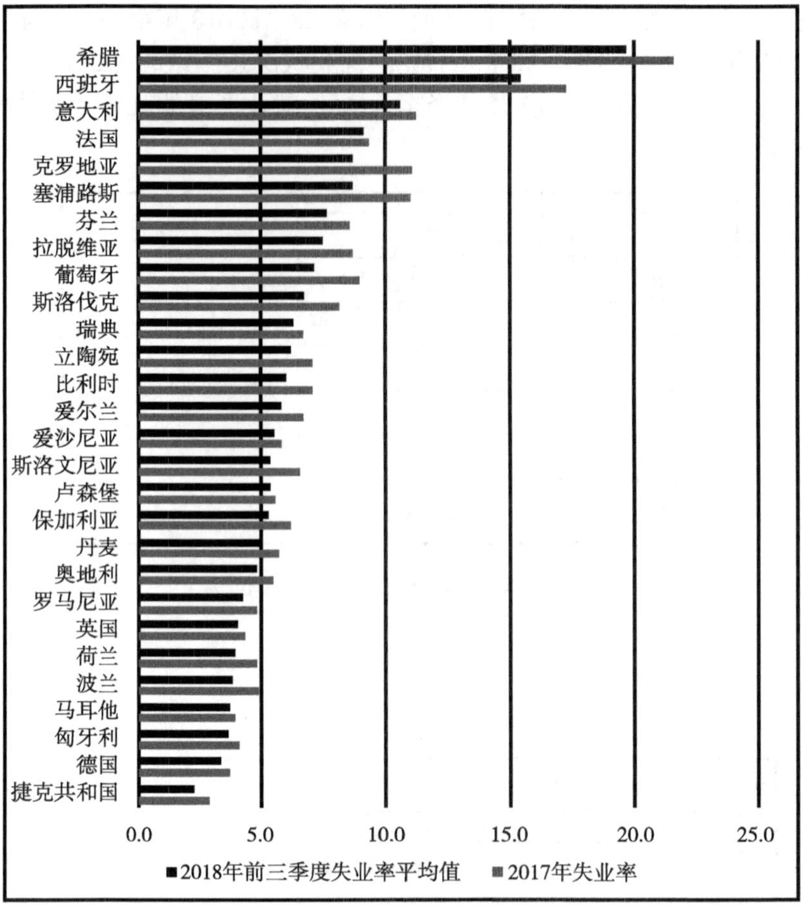

图 3–7　欧盟各成员国失业率对比

数据来源：Eurostat database

4. 进出口贸易

2018 年前三季度欧盟 28 国净出口同比增长率分别是 12.39%、2.41%、–20.70%，贸易状况逐季恶化。其中前三季度总出口增长率分别为 3.82%、4.45%、4.68%，总进口增长率分别为 3.10%、4.62%、7.10%，均呈现逐季递增趋势，但进口增长率随季度增速明显更快。

2018 年，欧盟各成员国净出口增长率差异明显，德国 2018 年前三季度净出口同比增长率分别为 6.23%、2.10% 和 –18.4%，呈现逐季下降趋势；法国则波动较大；意大利自 2017 年第四季度开始净出口增长率转为负值并且贸易状况持续恶化；英国在 2018 年前两个季度净出口增长率为负值的情况下于第三季度转为正值并且增幅较大。

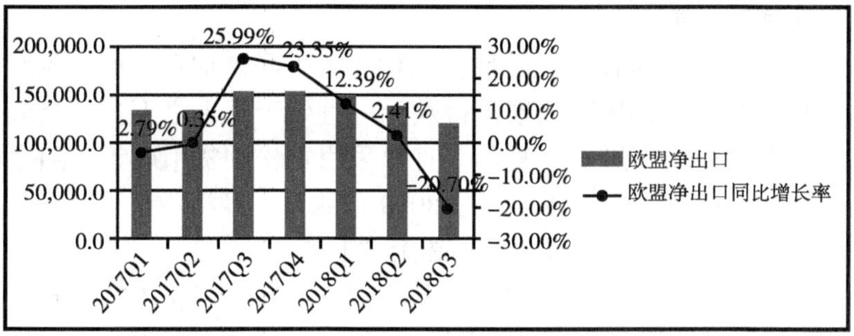

图 3-8　欧盟净出口贸易总额（季调）（单位：100 万欧元）与净出口同比增长率

数据来源：Eurostat database

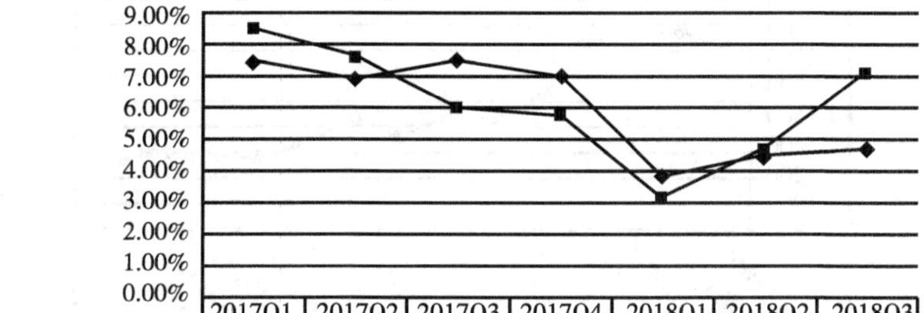

	2017Q1	2017Q2	2017Q3	2017Q4	2018Q1	2018Q2	2018Q3
出口增长率	7.48%	6.94%	7.48%	7.05%	3.82%	4.45%	4.68%
进口增长率	8.44%	7.60%	5.99%	5.74%	3.10%	4.62%	7.10%

图 3-9　欧盟进口与出口季度同比增长率变化

数据来源：Eurostat database

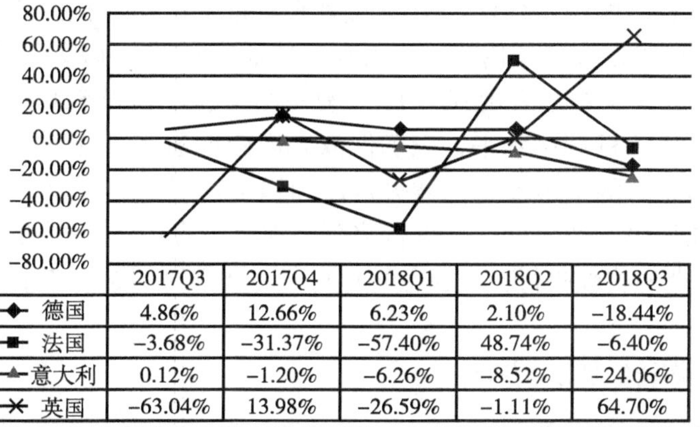

	2017Q3	2017Q4	2018Q1	2018Q2	2018Q3
德国	4.86%	12.66%	6.23%	2.10%	-18.44%
法国	-3.68%	-31.37%	-57.40%	48.74%	-6.40%
意大利	0.12%	-1.20%	-6.26%	-8.52%	-24.06%
英国	-63.04%	13.98%	-26.59%	-1.11%	64.70%

图 3-10　欧盟部分成员国净出口季度同比增长率变化

数据来源：Eurostat database

5. 欧元与货币政策

2018 年，欧元区的整体金融环境依然偏松，美联储加息、英国脱欧波折，意大利财政预算争端等内外风险因素使得欧元一直处于压力之下。自金融危机和欧债危机以来，欧央行为促进经济复苏一直都采用宽松的货币政策，随之而来的负面影响就是欧洲银行系统累积坏账超过 8000 亿欧元，经济不景气又导致居民收入下降、房价下跌，促使银行坏账数目呈螺旋式上涨。

2018 年，欧元兑美元汇率整体呈下降趋势，1 月份汇率 1.2200 略有上涨到 2 月份的 1.2348，8 月份汇率 1.1549 略有上涨到 9 月份的 1.1659，其余月份均呈下降状态，4 月到 5 月下降尤为明显，从 1.2276 到 1.1812。与 2017 年的整体上升趋势形成鲜明对比。

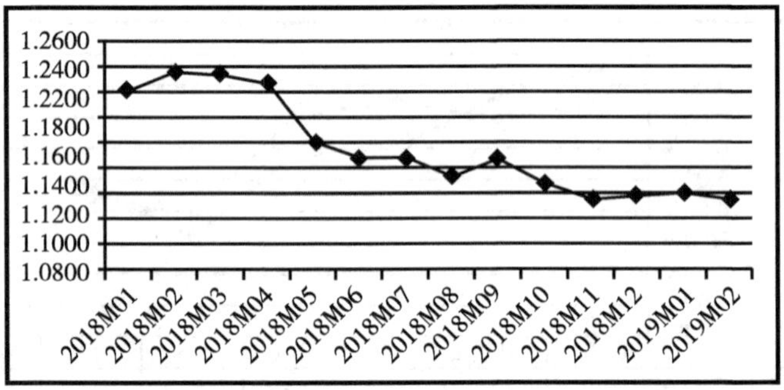

图 3–11　欧元兑美元月度汇率（单位：EUR/USD）

数据来源：Eurostat database

2018 年 12 月，欧央行如期结束了 2.6 万亿欧元的购债计划，但欧央行仍为宽松的货币政策留有一定余地。2019 年 1 月 15 日，欧央行行长德拉吉表示："近期欧元区经济发展速度弱于预期，全球风险带来的不确定性依然突出，仍需维持宽松的货币刺激政策以支撑国内物价压力和整体通胀的进一步增长。"

除此之外，欧央行还表示到 2019 年夏季结束前，其利率水平将维持不变，并且必要时会维持关键利率水平，以确保欧元区中期通胀率处于 2% 的水平。为了维持流动性和宽松的货币政策，欧央行还加强了针对债券再投资计划的前瞻性指引，表示基准利率上调之后，欧央行将延长对到期债券进行再投资的时间。声明出台后，市场普遍将欧央行首次加息的时间预期推迟到了 2019 年末甚至是 2020 年。

二、主要成员国大事件

2018 年，英国"脱欧"经过一番波折后最终达成了"推迟脱欧"决定，避免了"硬脱欧"的爆发；法国提升燃油税引发"黄马甲运动"，最终以改善福利支出收场；意大利政府就债务高企和预算问题与欧盟分歧不断；德国经济随着默克尔的卸任将面临更多不确定性。

1. 英国脱欧推迟

2018 年 11 月 13 日，英国与欧盟就脱欧协议草案达成一致意见，并获得了欧盟除英国以外 27 个成员国的一致通过，但英国内阁“疑欧派”的不满和持续施压让特雷莎·梅只得推迟原定于 12 月进行的脱欧协议草案投票，欧盟则表示不会重新修订脱欧协议，英国有序脱欧愿望破灭。2018 年 11 月 25 日，欧盟召开特别峰会对脱欧协议草案进行修改，并经各成员国议会批准后生效；2019 年 3 月 12 日，英国议会经过再次投票后否决了修订后的脱欧协议；之后又于 3 月 13 日投票否决了英国在 3 月 29 日“无协议脱欧”的提案；3 月 14 日，英国议院最终达成“推迟脱欧”的决定，如果欧盟批准，英国脱欧将至少推迟到 2019 年 6 月末，“推迟脱欧”的决定避免了之前一直为人们所担忧的英国“硬脱欧”情况的出现。

从 20 世纪 60 年代开始，英国经济缓慢复苏，希望加入欧盟能刺激其经济发展，但是由于货币流通和每年根据国家发展情况上缴的加盟费等问题，英国加入欧盟后并没有收获其预期的效益。2016 年 6 月 23 日，英国进行“脱欧”公投，最终以民众 52% 的赞成对 48% 的反对通过了“脱欧”决定，一时震惊世界；2017 年 1 月 17 日，特雷莎·梅首相阐明“脱欧”谈判立场，强调不会留在欧洲共同市场，有意寻求“硬脱欧”；此后，“脱欧”谈判一波三折并一直延续到 2019 年。

英国脱欧后将直接影响欧盟一体化进程，对欧盟内外贸易造成打击，与英国贸易关系紧密的其他成员国也会因此受到重大影响；离开英国发达的资本金融市场，欧盟的投融资成本将加大并且投融资渠道也会受到限制，影响投资扩张；英国脱欧引发欧元贬值，对欧洲银行业形成冲击甚至危及欧洲金融体系稳定；英国“脱欧”后，也会令欧盟其他成员国中的“疑欧派”抬头，不排除其他国家效仿英国进行公投脱欧的可能；英国脱欧后必然会打破欧盟内部原有的权力平衡，英法德“三足鼎立”的局面将转变为“法德轴心”，德国、法国在欧盟内的权利地位将增强；随着英国的退出，欧盟在国际事务中的整体影响力将有所下降。

2. 法国“黄马甲”运动

法国总统马克龙自 2017 年 5 月就任以来，推出了一系列改革措施，这些措施利在长远，但短期内触动了一些阶层的利益，引发民众不满。2018 年 11 月，马克龙总统将法国国内燃油税上调 6.2% 的举动成为“黄马甲”运动的导火索。“黄马甲”运动是法国巴黎近 50 年来爆发的最大骚乱，仅首日参与民众就超过 28 万，运动造成了交通瘫痪、学校停课、工厂停工等一系列不良社会影响。为了稳定民众情绪、消除社会动乱，马克龙总统做出了让步，宣布放弃上调燃油税并最终出台了上调最低工资标准等一系列优惠和福利措施以抵挡本次政府所面临的危机。

抗议活动造成了大量人员伤亡，削弱了马克龙总统的领导力，严重干扰了法国的社会稳定和经济运行。受“黄马甲”运动影响，法国 2018 年第四季度 GDP 同比增长率下降至 0.92%，欧盟第四季度 GDP 增长也受到牵连。运动还波及到了其他欧盟成员国，超出了最初的范畴，日趋复杂并且一直延续至今。

“黄马甲”运动的深层原因在于法国经济增长乏力，不足以覆盖其高福利支出，民众获得感缺失，财富分配不公等长期存在的沉疴。运动的爆发在一定程度上折射出欧盟部分成员国经济与社会发展不平衡累积的深层矛盾。

3. 意大利预算案之争

意大利经济自 2008 年金融危机以来就一直呈现低迷状态，是经济复苏最慢的西欧国家。2018 年第一季度到第四季度意大利 GDP 同比增长率分别为 1.40%、1.20%、0.64%、0.08%。一直以来，意大利政府都面临着巨额赤字和债务高企的问题，2018 年上半年，意大利政府债务数额高达 2.3 万亿欧元；1988 年至 2017 年间，意大利政府债务与 GDP 的比值平均约为 111%，严重超出了欧盟的规定。由于常年财政政策紧缩，意大利在基础设施、科研、教育等方面的投资力度严重不足，政府需要资金来复苏经济。

2018 年 6 月，意大利新政府上台；9 月 27 日，新政府宣布意大利 2019 年财政赤字率目标为 2.4%。而按照上届政府的规划，意大利 2019 年财政赤字率目标应减至 0.8%，以缓解政府债务高企的问题。根据欧盟《稳定与增长公约》，如果在规定的时间内意大利政府未按要求对赤字率目标作出修改，欧盟可启动“超额赤字处理流程”（EDP）对意大利进行持续的财政监督，在监督期内如果意大利的改进措施不符合欧盟标准将面临制裁。为了避免遭受惩罚，意大利政府最终将赤字目标调整为 2.04%，2018 年 12 月 19 日，欧委会同意接受意大利 2019 财年预算修正案，不会对意大利启动制裁程序，至此，持续两个多月的财政预算冲突趋于缓和。

有分析称，意大利就预算问题与欧盟的长期僵持也暴露了意大利执政联盟内部的分歧，五星运动党和联盟党有着各自的财政主张，新财政预算案的限制和收紧可能会加剧两个党派的矛盾。即便目前意大利与欧盟就预算问题达成一致，但意大利的根本债务问题仍然存在，其债务与 GDP 比值在欧盟所有成员国内仅次于希腊，预算赤字目标下调后，意大利政府如何兑现选民承诺，又能通过哪些额外的资源来补充开支，这些问题都有待解决。

4. 德国进入“后默克尔时代”

2018 年 10 月，德国总理安格拉·默克尔宣布不再寻求连任德国总理和基督教民主联盟领导人职务，并且在 2021 年总理任期结束后将不再谋求任何政治职位。2018 年 12 月 7 日，“小默克尔”安妮格雷特·克兰普－卡伦鲍尔在基民盟第 31 届全国党代会第一轮党主席选举投票中胜出，成为新一任党主席，默克尔也于同一天正式卸任执政党主席一职。

默克尔四次连任德国总理职位、担任基督教民主联盟领导人 18 年，曾带领德国乃至欧洲渡过了全球金融危机、欧债危机等众多难关，一直被誉为欧洲的“稳定器”。自 2005 年默克尔上任以来，德国经济在欧盟中一直都处在领先地位，出口额和外贸盈余频频创新高，失业率也降至了两德统一以来的最低水平 5%。受默克尔不再连任消息的影响，欧元出现短暂下跌，德国国债收益率上涨。作为欧盟最大的经济体，德国向来被视作欧盟经济增长的引擎，默克尔的退出无疑会加大德国经济的不确定性，为欧盟政策和欧洲一体化走向增添变数。

三、与国际主要大国的关系

1. 欧美关系

欧盟作为美国的传统盟友，在面对特朗普的贸易制裁上并没有得到额外的恩惠，欧盟对美国贸易顺差节节上涨，特朗普自上任以来对欧盟进行连续发难，2018 年以来欧美贸易冲突进一步扩大。2018 年 6 月 1 日起，美国开始对欧盟出口美国的钢铁和铝产品分别加征 25% 和 10% 的关税，打破了欧盟对美国回归传统政策的幻想，作为回应，欧盟也列出了价值 64 亿美元的报复性贸易产品清单。虽然欧美双方在 2018 年 7 月宣布开始进行自由贸易磋商，但并未取得实质性进展。

特朗普反对自由贸易，崇尚美国优先，上任后便退出了“跨太平洋伙伴关系协定（TPP）”，与欧洲中断“跨大西洋贸易与投资伙伴协定（TTIP）”谈判，将重点转向谋求签署“公平、对等的双边自由贸易协定”。特朗普也并不支持欧洲一体化，认为欧盟作为一个整体不利于与美国达成双边的自由贸易协定，他支持英国“脱欧”，甚至劝说法国也退欧。

在伊核问题上欧美分歧不断，美国退出伊核协议的举动影响了欧盟在伊朗的经济利益，德国作为伊朗的主要投资国，占欧盟对伊朗投资总额的 60%，美国对伊朗的经济制裁令德国与欧盟经济受损，冲击了欧盟在中东地区的战略利益。德法领导人曾在美国宣布退出伊核协议后相继对其进行访问，劝其尊重该协议并遵守国际贸易自由化规则，但均无功而返。

除此之外，欧美在巴黎气候协定、国家主权等本质问题上也分歧不断，严重冲击着欧美关系和跨大西洋联盟关系，特朗普的单边主义倾向也使得欧美关系从相互间开放合作转向不确定。

尽管如此，跨大西洋关系并未完全破裂，一方面是因为欧洲一体化建设目前难有重大进展，欧盟仍需要将巩固大西洋联盟放在重要位置；另一方面，欧盟各成员国诉求不同无法就制衡美国发出一致意见，处于各自需要和形式变化，欧美间仍存在相互妥协和重新分配利益的空间。欧美之间尽管有种种矛盾分歧，但仍属于西方世界的“内部矛盾”，并不会从实质上改变欧美关系的基本格局，欧美在政府层面的战略合作仍在持续。随着欧美经济实力的消长变化，欧美之间的关系有所变化，未来双方的关系取决于双方经济实力的长远走向，如果美国经济向好，则欧美关系更加顺畅，反之则矛盾凸显。

2. 欧俄关系

2018 年 3 月，欧盟与俄罗斯的关系受俄罗斯前特工在英国中毒事件的影响而降至低点；5 月，德国和法国领导人相继对俄罗斯进行访问，就伊核问题和“北溪－2”[①] 天然气管道的建设等问题同俄罗斯进行了商讨，欧俄关系显露缓和迹象；6 月，欧盟宣布延长对俄制裁；10 月欧盟部分成员国指控俄罗斯对其实施网络攻击；与此同时，北约与俄军事对峙加剧。2018 年的欧俄关系发展可谓扑朔迷离，双方领导人一直在试图寻求改善紧张关系的途径，但未能找到相互妥协的利益契合点。

美国退出伊核协议的举动促使欧盟改善对俄关系，俄罗斯与欧盟在伊核协议和钢铝关税问题上均对美国展现强硬姿态。欧美关系裂痕的加大为欧俄合作提供了新契机，欧俄双方都展现出了改善双边关系的强烈意愿，但欧盟与俄罗斯之间仍存在根本分歧并制约着双方关系的进展，欧盟对俄罗斯的制裁也并没有完全解除。

3. 欧日关系

2018 年 7 月 17 日，欧盟同日本签署了日欧经济伙伴关系协定（EPA），根据该协议，欧盟将取消对日本 99% 的商品关税，日本将取消对欧盟 94% 商品的关税，并且在未来数年内也会将该比例提升到 99%。该协议于 2019 年正式生效，欧日双方将建立一个覆盖 6 亿人口、占全球 GDP 近 1/3 的“超级自贸区”。

欧盟与日本的 GDP 之和占到全球总量的近 30%，双方贸易总量占全球贸易总量的近 40%，协议生效后，欧日将形成世界上体量最大的自由贸易区之一。欧盟可以以低关税出口其农产品到日本，日本可以出口其在欧盟市场上有竞争力的汽车和电子产品，双方还承诺开放金融服务、电子商务、电信、交通等领域，欧盟将可以进入日本政府采购市场，双方还对比较敏感的产业设定了过渡期限。

早在 2013 年，欧日双方就开始了 EPA 的协商，协议涵盖知识产权、关税、电子商务交易规则等 27 个领域，2017 年 7 月在原则上达成。此前，欧盟一直将与美国的跨大西洋贸易及投资伙伴协议（TTIP）谈判列为重点，日本则将重心放在跨太平洋伙伴关系协定（TPP）上，特朗普上台之后，美国贸易政策发生了明显变化，不仅退出了 TPP 谈判，与欧盟的 TTIP 谈判也陷入停滞，美国不断推出保护主义贸易政策，将日本和欧盟都列为贸易打击对象，这无疑加快了日欧经济伙伴协定的谈判进程。

---

① “北溪 –2”项目于 2017 年 4 月正式签署，由俄罗斯与法国、荷兰、奥地利、德国等国的多家能源公司共同推进，旨在铺设一条由俄罗斯经波罗的海到德国的天然气管道，能够满足欧洲 10% 的天然气需求，预计于 2019 年建成。

日本预计该协定可为其增加约 29 万个就业机会，促使其 GDP 增长 1%，即 5 万亿日元；欧盟每年支付给日本的 10 亿欧元关税也将得到减免，推动欧盟增加 200 亿欧元对日出口额。

协议将不仅加强欧日之间的经济合作，还促进双方在安全、战略等方面的协调与合作，在当前贸易保护和摩擦升级、多边贸易体制受到冲击的情况下，这一协定的签署表达了欧日双方抗击贸易保护主义，支持自由贸易的共同意愿，对欧日双边贸易和投资起到积极作用。

4. 欧中关系

中国是欧盟第二大出口国和第一大进口国。2018 年，中国对欧盟进出口同比增长率分别为 9.2% 和 7%。2018 年 1 月至 9 月，中欧贸易额为 5067.4 亿美元，同比增长 12.7%，欧盟从中国进口的主要产品有机电、纺织品、原料等，欧盟出口中国的主要产品有机电、运输设备、化工产品及精密仪器等。

欧中关系长期保持积极稳定，双方政界领导人互访频繁，合作领域广而深。2018 年是中国欧盟全面战略伙伴关系建立 15 周年，也是中国欧盟领导人会晤机制建立 20 周年。欧盟与中国目前已经在政治、经贸、人文、科技、能源、环境等领域建立起近 70 个对话和磋商机制。

2018 年 6 月 25 日，第七次中欧经贸高层对话会[①]成功召开，双方在多领域达成共识，包括：抵制单边主义、贸易保护主义，一同维护以世界贸易组织为核心、基于规则的多边贸易体制；共同推进加快中方加入《政府采购协定》；继续推动实施“一带一路”合作倡议，加快建设中欧互联互通平台；加强金融合作等。

2018 年 7 月 16 日，第二十次中国欧盟领导人会晤在北京举行，李克强总理同欧洲理事会主席唐纳德·图斯克、欧盟委员会主席让 - 克洛德·容克会面并共同出席了第 13 届中欧企业家圆桌会。会议成果包括：推动“一带一路”倡议对接欧洲倡议；加强双方在数字经济和循环经济上的合作；共同应对钢铁产能过剩问题；推动食品安全高标准；继续落实《中欧海关协定》；双方致力于加强中欧工业对话和协商机制；双方一致认为应优先谈判《中欧投资协定》，致力于加强区域政策合作；继续开展中欧年度能源对话；承诺支持二十国集团在全球经济和金融治理中的积极作用等。

四、2019 年欧盟经济展望

2019 年年初，欧盟经济增长的势头受到抑制，但基本面仍然稳健，逐渐改

---

① 中欧经贸高层对话是中国与欧盟间最高级别的经贸对话机制，成立于 2007 年，帮助双方深化合作，解决重大经贸问题。

善的劳动力供需状况、有利的融资条件和略微扩张的财政导向使欧盟经济保持缓和增长，同时，受到全球贸易增长放缓，部分成员国社会局势紧张、财政状况不佳，宽松政策退出、政治与经济风险交织等因素的不利影响，2019 年欧盟经济仍存在不确定性且面临较大的下行风险。

欧盟主要成员国风险。默克尔的卸任对德国发挥“稳定锚”的作用产生了影响；意大利就财政预算问题与欧盟的矛盾可能会持续，进而触发欧盟超额赤字程序，引致意大利主权信用危机；英国“推迟脱欧”，对欧盟影响延续；希腊、意大利等国政府债务持续高企且经济低迷。

政策方面。2019 年美联储货币政策可能会转向，考虑到经济增长疲弱，欧央行对加息可能会持审慎态度，从而延续低利率状态以促进经济增长。同时，考虑到通胀走势和欧洲政经风险上升，预计欧央行将采取谨慎而渐进的加息节奏。此外，欧央行行长德拉吉将于 2019 年 10 月卸任一事也增加了未来货币政策的不确定性。在财政政策方面，产出缺口的闭合让德国充裕的财政盈余难以发挥刺激作用，意大利虽然存在显著的产出缺口和财政刺激空间，但财政预算危机和欧盟的限制使其无法发挥政策效力。

结构方面。欧盟一体化进程倒退，内部经济发展不平衡加剧，政治不确定性增加，不排除在 2019 年 5 月欧盟议会选举前后出现其他民粹主义主张脱欧的举动。人口老龄化问题使得劳动力成为欧盟经济最为重要的资源要素，劳动力短缺严重影响了欧盟经济复苏。

全球制造业 PMI、新订单指数、OECD 领先指数等先行指标下行，预示着 2019 全球经济将有所回落。主要成员国法国、德国经济步伐缓慢，信贷环境收紧；面对政治上的不确定性，企业投资也在推迟，消费仍将是推动欧盟经济增长的主要因素之一。欧委会预计 2019 年欧盟 GDP 增幅将下调至 1.5%。尽管工资增长较快，但能源价格大幅下跌、食品价格下降，欧委会预计 2019 年欧盟通胀率将为 1.6%。

第四章　2018年日本经济观察报告

丁红卫　曹丹[①]

一、经济总体概况

2019年1月29日日本内阁府发表的《月例经济报告》认为，日本经济持续缓慢增长趋势。本次经济向好自2012年12月开始，已持续74个月，或将成为战后持续时间最长的好景气。2018年日本企业的库存投资进入调整期，增速放缓，加之全球经济陷入低迷状态，日本的对外出口出现逆差。但得益于个人消费与企业设备投资的增加，日本GDP的实际增长率为0.8%。

与2008年以前不同，本次日本经济恢复有两个特征。首先是增长的区域差距缩小。得益于日本政府推动区域经济发展相关政策的实施以及赴日观光游客的增加，日本各个区域的经济均呈现向好态势。由于通缩，以往日本多年出现实际经济增长率高于名义增长率的情况，但本次经济恢复与以往不用，由于物价恢复增长，日本名义GDP与实际GDP均呈增长态势且名义GDP高于实际GDP。

2018年日本的CPI同比保持正值，虽未达到2%的通胀目标，却避免了陷入通货紧缩的恶性循环。就业市场平稳改善，2018年全年完全失业率仅为2.5%，就业人口增加，同时薪资水平提高，个人消费扩大；前三季度连续实现了对外贸易的顺差，但第四季度大幅下滑，全年贸易收支为逆差，但对外直接投资较为活跃；矿工业生产指数整体保持少量增长，制造业缓慢复苏；股市在10月与12月有两次比较大的回落，整体态势良好，平均股价相较于2017年有所下降；日元汇率市场表现平稳，日元对美元汇率的年度变动幅度达史上最小值。整体来看，日本经济平稳缓慢恢复。

1.GDP缓慢增长

2018年上半年，日本国内生产总值（GDP）保持增长，前两个季度的实际GDP同比增长率分别为1.3%、1.5%。7—9月受西日本暴雨以及台风的影响，关西国际机场一度瘫痪，国内生产以及出口交通受阻，第三季度增长率仅为0.1%。

---

① 北京外国语大学北京日本学研究中心。

第四季度经济恢复增长，全年实际 GDP 增长率为 0.8%，日本经济整体回暖。

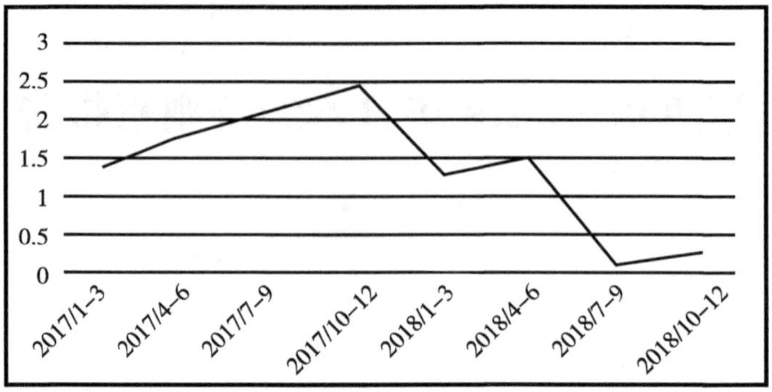

图 4-1　2017-2018 年日本实质 GDP 增长率（前年同期比）（%）

数据来源：日本内阁府

观察各项经济指标对 GDP 增长的影响可以发现，出口对 GDP 的拉动作用减弱，尤其是 2018 年第三季度，受自然灾害的影响生产与交通受阻，净出口对 GDP 的拉动作用为负。外部需求减少的情况下，国内需求成为拉动 GDP 增长的主要动力。从国内需求的几项主要指标来看，政府最终消费对经济增长的拉动作用最为稳定，长期保持在 0.1% 的水平。企业的设备投资在前两季度对经济增长的带动作用明显，第三季度突然由第二季度的 1% 跌为 0.2%，且企业的库存投资也继 2017 年第四季度之后呈现低迷态势，对经济增长的带动作用减弱。民间最终消费的拉动作用相较于 2017 年回落明显，日本消费有待增强。值得注意的是，民间住宅对 GDP 增长的拉动作用由正转为负，反映出日本房地产市场的低迷态势。此外，海外贸易的净输出比重分别为 0.3%、0.5%，-0.2%、-0.5%，其中第三季度与第四季度的海外贸易受日本国内暴雨及美国保护主义的影响较大。

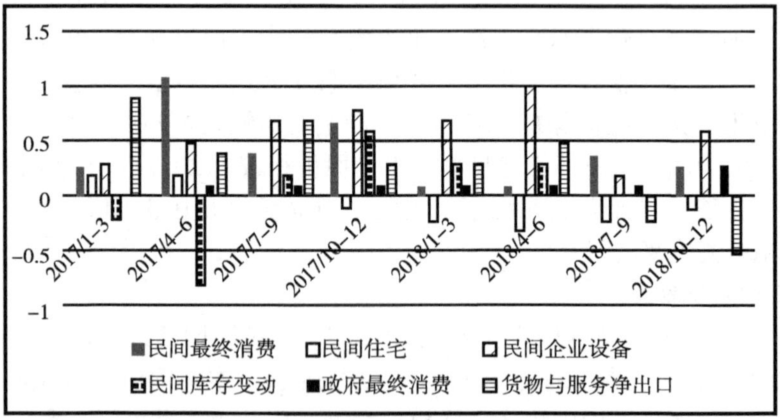

图 4-2　2017-2018 年日本各项指标对 GDP 的拉动（%）

数据来源：日本内阁府

2. 物价上涨缓慢

安倍三支箭的目标之一是实现“2% 的通货膨胀率”，为实现该目标，日本银行于 2013 年 1 月开始相继实施了负利率以及量化宽松的货币政策。然而六年过去，这一通胀目标依然未能实现。之所以将目标定为 2%，是因为美国与欧洲各发达国家的通胀目标为 2%，与欧美各国保持相同的通货膨胀率可以有效防止日元汇率走高。

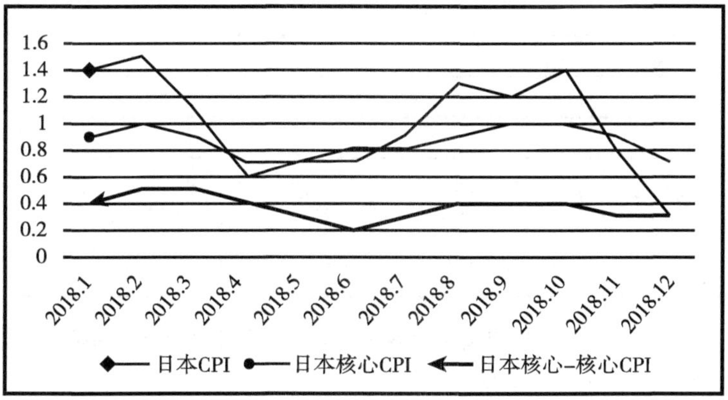

图 4–3　2018 年日本 CPI 同比（单位：%）

数据来源：日本总务省统计局

注：核心 CPI 指去除生鲜食品的指数、核心核心 CPI 指去除生鲜食品及能源的指数

具体来看日本全年 CPI、核心 CPI，核心 – 核心 CPI 数值走向大致相同，三项指标均保持了正值并缓慢上升的趋势。物价水平虽有所回升，全年有六个月 CPI 同比超过 1%，通缩情况得到进一步缓解，但离 2% 的通胀目标仍有一定差距。今后随着国际石油价格的下跌以及国内幼儿教育免费化、手机通讯费降低，CPI 能否继续保持正值尚存在较大不确定性。为缓解明年消费税再度上涨可能会带来经济低迷的影响，日本银行表明 2019 年货币政策是实行“前瞻性指引”，推行“消费税的轻减税率制度”，同时货币政策依旧保持量化宽松的基调。

3. 就业情况改善、劳动力短缺

2008 年金融危机过后，日本 2009 年与 2010 年的完全失业率一度升至 5%，随着经济缓慢恢复，对劳动力的需求逐渐增加，就业情况改善。与此同时，日本长期受少子高龄化的影响，劳动力供给的增加没有跟上劳动力需求的步伐，出现劳动力短缺的情况。2018 年全年完全失业率走势稳定并呈现较低水平，全年平均为 2.4%。有效求人倍率达到历史最高水平，年平均为点 1.61。

2012—2018 年间，日本的总人口减少了 498 万人，但这期间日本的就业人口逆势增加了 378 万人。新增部分多为女性和 65 岁以上人员的就业增加，说明日本政府所提倡的增加女性就业、推迟退休以及退休人员再就业等措施取得一定效果。但从就业形态来看，非正式员工的新增就业人数远远超过正式职员，收入差距有扩大的风险。

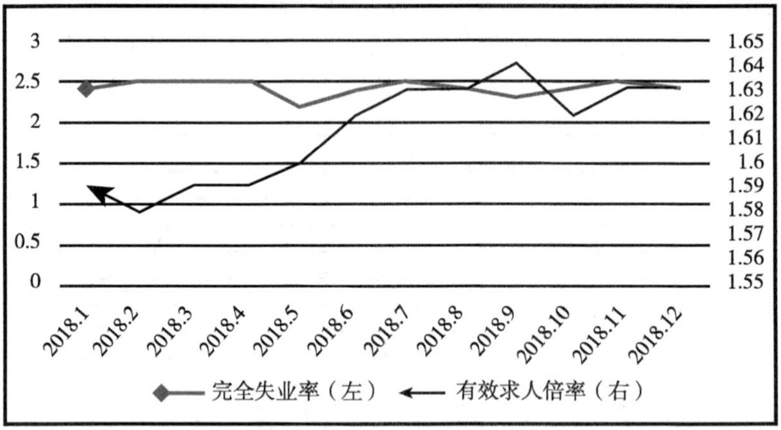

图 4–4　2018 年日本完全失业率（%）与有效求人倍率

数据来源：日本总务省统计局与厚生劳动省

注：有效求人倍率：有效需求人数与有效求职数的比值

日本银行公布的“全国企业短期经济观测调查”中的一项“就业人员判断DI”是表现企业劳动力不足的一个代表性指标，是经由回答就业人员“过剩”的企业比率减去回答“短缺”的企业比率得出。数据显示，此项指标从 2010 年开始下降，2017 年末 2018 年初已下降至 20 世纪 90 年代泡沫经济期同等水平。虽然劳动力不足的情况已蔓延至所有产业，但是不同产业以及不同规模的企业，其短缺程度有所不同。从厚生劳动省的“劳动经济动向调查”中可以发现，医疗福祉、餐饮娱乐、邮政运输等服务业以及建筑业等非制造业的劳动力短缺程度比较严重，金融与保险业回答劳动力不足的企业数则相对较少不足两成。从企业规模看，员工数不足千人的中小规模企业劳动力较为短缺，千人以上的大型企业则更倾向于多招收一些非正式的兼职员工。

面对劳动力短缺的现状，日本政府和企业实施应对措施。主要包括提高工资水平、改善就业环境等，住宿餐饮等服务业由于兼职人员的紧缺，许多企业提高了小时工资；积极吸纳外国劳动力。并且自 2019 年 4 月起，日本将放宽就业在留资格限制，预计可以增加 50 万外国人在日本就业。在此之前，以就业为目的的在留资格只承认医生、律师等 18 种职业，对专业文化水平要求较高。此项新政策一是为了缓解日本国内劳动力短缺的情况，二是解决旅游服务人员紧缺的问题，应对东京奥运会期间外国游客激增的情况。除此之外，制造业企业为节省人力、提高机械化自动化水平而进行设备投资的趋势显著。

4. 对外贸易与对外投资

20 世纪 80 年代以来，日本的对外贸易出口额长期大于进口额，巨额的贸易盈余一度成为日美贸易摩擦的原因，使日本不得不选择“自主规制对美出口”。贸易顺差是日本商品具有国际竞争力的体现，这一状态长期持续，即使在泡沫经济崩溃后经济长期低迷的情况下也没有改变，直至 2011 年日本的贸易收支才首次由顺差转为逆差。2016 年，日本再次实现贸易顺差，2017 年与 2018 年前三季度继续保持。但由于 2018 年第四季度出口大幅减少，2018 年日本对外贸易时隔三年再次出现逆差。这一结果的出现，主要是受到日本制造业企业的海外转移、中国商品竞争力的提高导致的对华出口减少、对美贸易顺差的缩小、石油等能源价格上涨、日元汇率的变动等多种因素的影响。

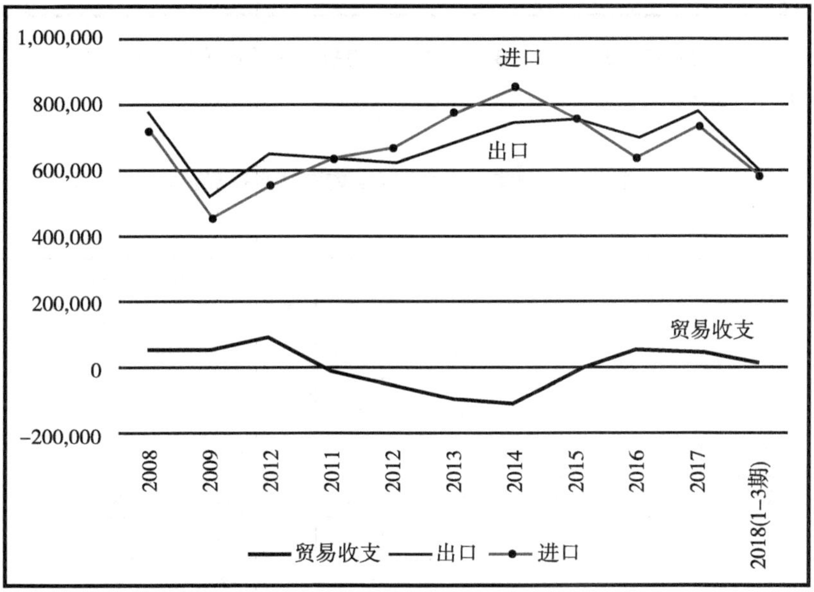

图 4-5　2008-2018 年日本进出口贸易额变化趋势（亿日元）

数据来源：日本财务省

另一方面，2018 年日本的对外投资延续 2016 年以来的良好态势，表现活跃。日本 2016 年与 2017 年的对外直接投资总额达到史上最大的两次规模，2018 年前三季度的对外直接投资额同比 2017 年虽然下降了 8.8% 左右，但整体态势良好。从具体类别来看，体现日本企业对外 M&A（并购）活动的股权资本稍有下降，收益的再投资（海外子公司的内部留存收益）基本保持不变，负债性资本稍有增加。

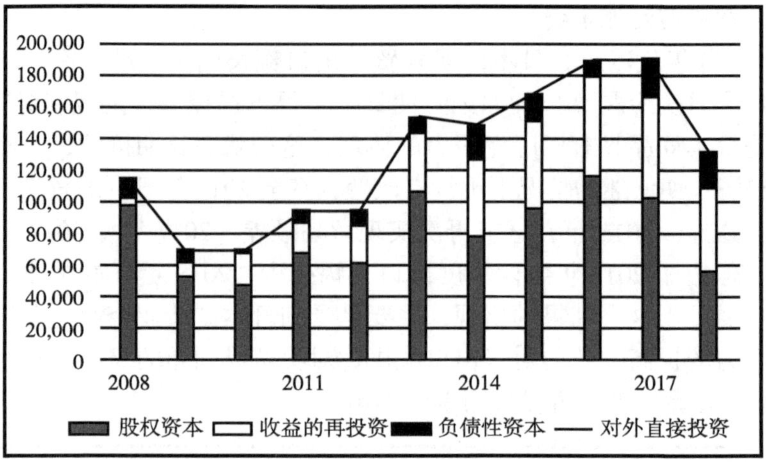

图 4-6　2008-2018 年日本对外直接投资情况（亿日元）

数据来源：日本财务省

表 4-1　日本对各地区 / 国的对外直接投资

（单位：亿日元、%）

地区			2016 年	2017 年	2018 年（1-11 月）		
						占比	同比增长率
亚洲			16,477	42,910	56,074	33.7	61.3
	中国		10,259	10,854	10,690	6.4	14.7
	韩国		1,786	1,897	5,068	3.1	185.7
	东盟		-4,298	24,704	32,994	19.9	74.4
		新加坡	-18,704	10,845	18,085	10.9	142.0
		泰国	5,044	5,303	7,019	4.2	—
		印度尼西亚	3,224	3,812	3,433	2.1	—
		马来西亚	1,534	1,063	800	0.4	—
		菲律宾	2,508	1,128	949	0.5	—
		越南	1,805	2,241	2,277	1.4	—
	印度		4,463	1,171	3,165	1.9	202.3
北美			58,826	59,331	25,956	15.6	-50
	美国		58,028	58,332	23,202	14.0	-54.5
欧洲			76,654	66,930	56,508	34.0	-2.3
	欧盟		73,360	63,906	52054	31.3	-7.0
世界			188,457	189,449	166,146	100	2.5

数据来源：日本财务省

分地区来看，日本对外投资主要集中在欧洲、北美以及亚洲。在亚洲地区，对中国与东盟的投资占比较大。2016 年后对中国的直接投资规模平稳推移，而对东盟国家尤其是对新加坡的直接投资规模急剧扩大。近些年，日本增加对亚洲直接投资的同时，对欧美的直接投资额有所减少，尤其是对美直接投资的规模缩小过半。对欧洲投资额的减少主要受到对英国投资额减少的影响。2016 年日本软银集团斥资 320 亿美元收购英国半导体企业 ARM，成为最大规模的对英收购案。2017 年对英收购的力度减弱，加之英国脱欧的影响，日本对英的投资规模缩小，2018 年依然受此影响。然而，日本对欧洲其他国家，如德、法、荷兰的直接投资额有所增加。对美国投资额的减少主要受到了中美贸易摩擦的影响。可见，美国加大对华企业的限制在一定程度上也限制了别国企业的对美投资。

5. 制造业缓慢复苏

日本经济产业省公布的矿工业生产指数是把握制造业动态的重要指标。观察 2018 年的数据可以发现，库存指数连续 9 个月实现增长，且经产省预测接下来的 3 个月将保持增长态势。生产与市场投放额指数仅 6—8 月同比减少，其他时间较 2017 年保持微量增长。这说明日本制造业整体呈缓慢复苏趋势。

2018 年日本企业的研发投资自 2016 年以来持续增长，2018 年总额接近 15 万亿日元。全产业设备投资同比增加 9.6%，以增强生产能力为主的工作机械类设备投资增幅最大，达 21.1%，其他依次为运输（16.8%）、旅馆与餐饮（15.9%）、电动汽车用锂电池等化学领域（12.4%）、电动车以及其他汽车产业（7.2%）。

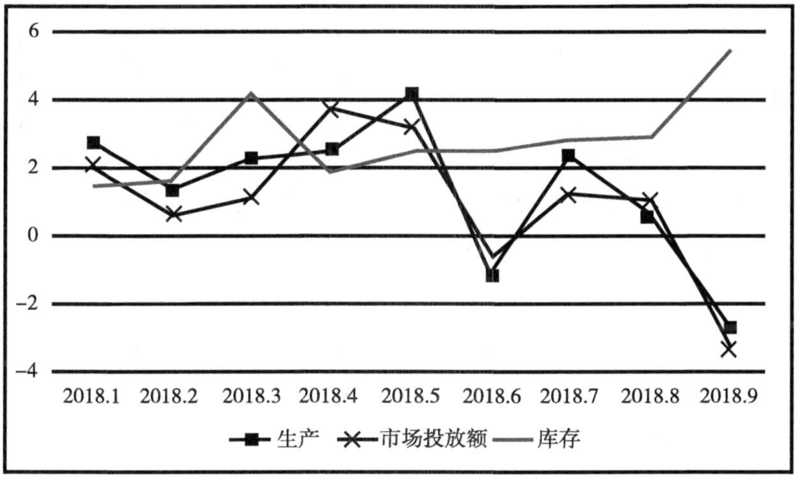

图 4–7　2018 年日本矿工业原指数（生产・市场投放・库存）同比（2010 年基准、%）

数据来源：日本经济产业省

6. 金融市场稳定

汇市方面，2018 年日元对美元汇率走势较为平稳，年度变动幅度在 10 日元以内，为历史上最小幅度。日元对欧元汇率走势与美元基本一致，保持平稳趋势。2018 年美元兑日元的起始值为 112.7 日元，随后日元走高在 3 月份达到年度最高值 104.56 日元。2018 年 1 月 9 日日本银行宣布将减少对长期国债的购买，日本的长期利息也在一个月内从 0.05% 逐步升至 0.10%，向投资者释放出日本金融政策将走向正常化的信号。与此同时，美国财政部长也认可了美元走低的趋势，推动了日元升值。然而这一状态并未持续很久，随着美国企业业绩的增长以及就业情况的持续改善，美元重回上升趋势。而美元兑日元汇率的年度变动幅度之所以小，是因为 2018 年美元与日元是主要货币中最为稳健的两种货币。在欧洲经济形势不稳、原油价格变动等背景下，投资者倾向于选择投资美元与日元，因此二者的变动趋势与幅度基本一致，二者之间的汇率变动因此较小。

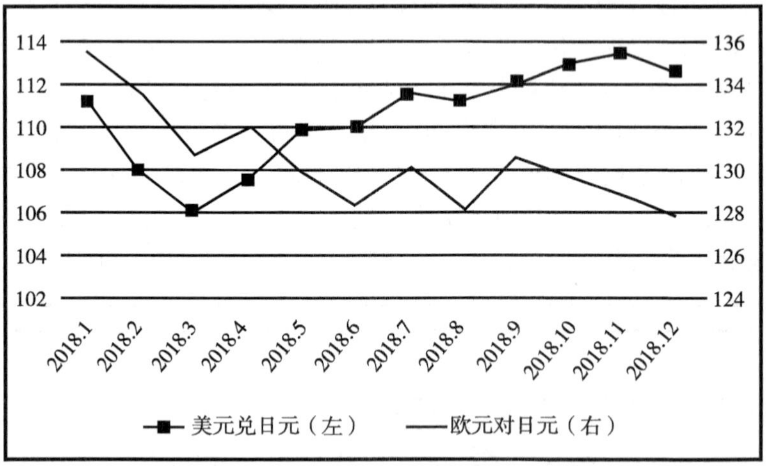

图 4–8　2018 年美元、欧元兑日元（月平均值）走势图（单位：日元）

数据来源：日本七十七银行

股市方面，2018 年日经平均股价于年初和年末有所回落，整体处于上升趋势，年终值相较于 2017 年有所下降。年初日经股价的下跌主要受到对中国设备投资的回落以及美国利率上升的影响。截至 2018 年 1 月，日经股价上涨很大程度是由于对中国进行半导体投资的日本企业的股价上涨。2017 年 1 月至 2018 年 1 月，在中国进行半导体投资的东京 Electron 股价涨为原来的 2.2 倍，进行机器人投资的安川电机股价更是涨至原来的 3.3 倍。而 2018 年这一效果回落，加之 2 月美国的薪金水平上涨、银行利率急剧上升，所以日经平均股价在第一季度连续下跌。年末日本股市的下跌同样受到美国的影响，引领美国经济成长的大型 IT 企业亚马逊与苹果 9 月发布的决算使市场期待落空，奠定了股价下跌的基调。

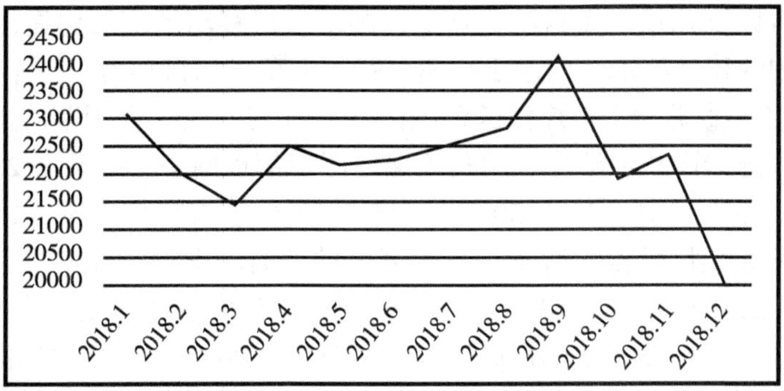

图 4-9　2018 年日经平均股价走势图（单位：日元）

数据来源：日本经济新闻《日经平均 profile》

二、2018 年经济产业政策的重点

2008 年金融危机过后，世界经济缓慢复苏，与此同时，贸易保护主义抬头、网络攻击的风险加剧，影响经济发展的不确定因素也在增加。近些年日本经济虽然逐渐步入良好循环，但是投资与消费的增长依旧乏力。在此背景下，日本经济产业省提出的 2018 年度经济产业政策重点包含五大支柱，以及一贯以来的受灾地重建政策。

1. 通过产业互联实现“Society 5.0”

2017 年 12 月出台的《新型经济政策一揽子计划》强调未来三年里致力于生产效率改革，税制改革等方面，尤其致力于向“Society 5.0”转变，发展尖端产业提高经济总体的生产性。2018 年 6 月出台的《未来投资战略 2018》再次强调了向“Society 5.0”“数据驱动型社会”的转变。第四次工业革命催生的“Society 5.0”主要有以下几点变化：①生活及产业方面的变化。如自动化缓解了物流革命所面临的劳动力不足问题；远程实时化摆脱了地理、时间等要素的制约而创造出新的产业服务。②经济活动“量”的变化。即 21 世纪是“数据驱动型社会”，经济活动中最重要的是及时掌握大量的优质实时数据，从而成为技术创新引领者。③行政、基础设施建设的变化。④地域、社区和中小企业的变化。5G 通信技术、3D 打印技术及物联网等技术使得企业创新生产的侧重点发生变化。在线医疗和自动驾驶等技术使得老年人生活便利性提高，焕发社区活力。⑤人才的变化。随着 AI 和机器人逐渐取代简单反复性的工作，当今人才需要不断反复地去学习，培养自己适应 AI 时代的能力。

为实现向“Society 5.0”的转变，日本政府在 2018 年 6 月出台的《经济财政运行及改革的基本方针 2018》中制定了重点推进区域的“旗舰计划”（FP）。FP

的主要内容有以下几点。①自动化计划，即下一代移动系统的构建计划。2020 年实现无人驾驶的移动技术，应用于高速公路的卡车排队自动行驶技术[①]于 2022 年尽早投入商用。②新一代医疗保健系统的构建计划。建立全国范围内医疗机构可以共享的个人健康诊断、治疗、用药等保健医疗信息网络，并于 2020 正式运转。③经济活动“量”计划。以 2050 年为目标，在运用数字技术推进能源管理、发电、氢能利用等能量转换・脱碳化技术开发的同时，促进企业实现信息公开、主动提出有意义的方案并开展ESG投资[②]。推进电动汽车、燃料电池汽车等下一代汽车技术的普及。④行政・基础设施建设相关计划。2018 年日本中期国会提出“数字技术优先”法案称 2018 年 –2020 年推进行政、基建数字化管理。即实现“护理”“迁居”“去世・继承”相关手续的一站化、公共身份认证等智能手机即可操作的联机手续，并完善相关法律制度。⑤地域、社区，中小企业相关计划。推进价值链与数据相连接，基于市场信息实现生产与出货的最优化，达到成本最小化，推进农林水产业的智能化。

2. 积极开展对外经济合作与经济外交

首先，通过自由、公正、高水平的规则推进对外经济政策。日本政府将积极推进与欧盟经济伙伴协定（EPA）的签订，促使 TPP 早日生效，推动实现高质量的 RCEP，强化日美的合作关系，以此来构筑高水准的通商规则。同时与欧美等国协力合作，整备数字化贸易领域的国际规则。

日本还着力推进与世界其他地区和国家的合作。日本政府明确了与俄罗斯进行经济合作的八项计划，将派遣专家考察指导俄罗斯的企业，同时接收俄罗斯的企业员工赴日学习生产管理技术等。日本政府还将推动日本企业积极参与新兴国家的基础设施与城市化建设，为进入亚洲市场的日本企业提供支持，推进与中东及非洲国家的双边合作以求获得市场。

最后，积极为企业开展海外事业提供支援。具体包括通过日本食品海外推广中心（JFOODO）增加农林水产品的出口，支援 2020 年迪拜世博会日本展馆的建设以争取 2025 年举办世博会的权限，为 Cool Japan 事业的开展提供资金及经营支持。

3. 以企业发展带动地区经济

首先要发掘各地区的中坚企业，进行重点支持。日本政府将积极利用区域经济分析体系 RESAS 的数据，挑选出 2000 家拉动区域经济发展的中坚企业。基于区域未来投资促进法，对中坚企业的研究开发、市场开拓等活动提供补助金支持。

---

① 即通过在卡车上搭载摄像头和雷达来识别道路上的白线，并用电脑调整行驶方向和速度等来使卡车保持一定车距排成一列自动行驶的技术。开发目的是以高效行驶减少油耗，并减少二氧化碳排放量，以应用于高速公路为出发点。

② 即在环境（Environment），社会（Social），治理（Governance）等方面的投资。

其次是推动中小企业相关政策的实施。具体包括促进企业的“继承·重组·统合”业务的进行，对企业的家族继承与对外并购给予政策优惠；鼓励中小企业加大对 IT 技术的利用力度，对中小企业利用物联网与 AI 技术的研发项目提供补助、简化其申请补助金的手续；通过创造良好的劳动环境吸引女性、高龄者就业以及外国劳动力，缓解企业劳动力不足的现状；改善中小企业的交易环境，如实地听取经营者的意见、对受到上游企业经营失败的影响而倒闭的中小企业进行补贴，扶植其开展新事业。

4. 克服环境与能源的制约、扩大投资

日本政府将推动使用含碳量较低的能源，最大限度地导入低碳能源，与企业合作实现节能减排。具体措施包括利用节能补贴吸引企业进行节能设备投资，给予积极推进节能事业的企业税收优惠，对新能源汽车进行补助等，同时，大量开发利用可再生能源。具体措施包括支持太阳能板的研究开发活动，降低成本；推进氢能源的使用，提供氢能源站事业补助金，助力燃料电车汽车的普及。而对于核能，日本政府采取了更加谨慎的态度，将资助提高核能安全性的技术开发事业，强化核能的安全防灾对策。

强化能源安全建设也是这一政策的重要一环。具体措施包括对日本企业在海外勘探油气田给予资金支持，出资委托国内科研机构进行能源地质勘探研究，向石油、天然气、金属矿物等资源机构提供船舶建造费补助，从国内外两方面增强能源安全。

三、2018 年大事件分析

1. 中日启动第三方市场合作

2017 年与 2018 年分别是中日邦交正常化 45 周年与《中日和平友好条约》缔结 40 周年，日中交流回暖。

在政治层面，中日两国高层领导人实现互访。2018 年 5 月，国务院总理李克强访日，并在出访期间与日本签署了一系列协议，涵盖社会保障、医疗养老、金融、环保等诸多领域。10 月 25 日至 27 日，日本首相安倍晋三正式访华，表明日中双方应坚持和平友好的大方向，持续深化互利合作。

在经济层面，中日双方企业间的合作不断深化。在上海举办的首届中国国际进口博览会上，日本参展企业的数量最多，体现了其希望开拓中国市场的意愿。2018 年中国的访日游客预计突破 800 万，创历史新高，这也推动了支付宝与微信等手机支付方式在日本的普及。

2. 自然灾害频发

日本明仁天皇提出希望生前退位后，日本政府经过商讨最终决定于 2019 年更改年号。然而2018年作为平成时代的最后一年，却自然灾害频发，并不平静，日本的年度汉字“灾”也体现了这一点。

2018年1月，首都圈经历了暴雪天气，东京积雪达23厘米，关东地区交通相继瘫痪。2月初日本海一侧也遭遇暴雪袭击。6月18日大阪北部发生六级地震，6人死亡，443人受伤，多处房屋坍塌，经济损失严重。地震刚过去十天左右，西日本地区又遭到了暴雨的侵袭，多地发生泥石流，暴雨持续10天左右。7月份各地经历罕见的高温天气，记录史上最高观测值41.4度。9月4日台风“飞燕”过境大阪，关西机场受损严重，被迫关闭。关西国际机场停运的两周为日本造成巨大的经济损失。紧接着9月6日，北海道发生6级地震，全境停电。

3. 大阪获2025年世博会举办权

巴黎时间2018年11月23日，日本大阪被选为2025年世博会的举办地，继1970年以来，大阪时隔55年将再次承办世博会。2025年大阪世博会将围绕“健康生活的多种方式”和“可持续社会经济系统”两大核心探索如何实现社会可持续发展。

此次大会虽然对关西地区的经济发展利好，但也存在财政方面的问题。全场建设费用预计需1250亿日元，目前资金保障依然未能落实，投入巨额的税金也需要取得国民的理解。但预计世博会将会加快大阪地区的交通建设以及沿湾地区的开发。

4. 日产会长戈恩被捕

2018年11月19日，日产董事长戈恩因违反金融商品交易法被东京地检逮捕，其被指控在2011财年至2015财年间，瞒报收入达50亿日元。戈恩被捕事件对汽车业界造成巨大影响，截至19日晚三菱股票下跌5.56%，法国雷诺股票暴跌13%，2017年9月正式成立的雷诺–日产–三菱联盟今后的业绩将受影响。

日产汽车2017年被爆出由无资格人员实施新车检测的丑闻，2018年又被指出油耗检测数据造假，此次戈恩被捕无异于雪上加霜。加之特朗普就任美国总统后，屡屡指责日本汽车市场整体呈现封闭性，不断对日施加贸易压力，日本汽车制造业本就面临严峻形势，戈恩事件可能使情况更加严峻。

四、2019年展望

日本首相安倍晋三发表的新年感言称日本将于2019年迎来历史转折点。为方便引进国外劳动力，日本新年度于2019年4月1日开始实施《改正入国管理法》；4月30日明仁天皇退位，5月1日皇太子继位，日本将迎来新的年号“令和”；6月底日本将首次在大阪举办G20峰会，10月1日起消费税将上调至10%。此外，东京奥运会的准备工作也将进入最后阶段。

1. 经济社会展望

投资、出口、消费被称为拉动经济增长的三驾马车，近年来日本经济保持平稳复苏态势也正是得益于三者的增长。2019 年，设备投资能否恢复高水平，出口能否扩大，消费增长能否克服消费税上涨的负面影响，将影响日本经济的走向。

在企业投资方面，随着美国金融政策正常化，日美利率差的扩大将促使日元汇率走低，有利于企业增加出口。加上国内消费力的恢复，企业的收益将增加。在企业收益良好的背景下，建设投资与研发投资将得到坚实推进。除了东京奥运会带动的基础设施与不动产投资外，随着外国观光客的增加，住宿、物流的设施也亟需扩充更新。在物联网、AI、无人驾驶等高新技术快速发展的背景下，日本企业对研发的投资也势在必行。相比于建设投资与研发投资，日本企业的设备投资可能并不会有明显增长。2008 年金融危机过后，大部分企业的设备运转率远远低于危机前的水平，即使面对需求增长，也有增加供给的余力。加上许多企业在海外设置生产据点，可以满足当地的需求，而国内需求的扩大也十分有限，因此企业增加设备投资的动力不足。

出口方面，全球贸易活动逐步恢复，“Slow Trade①”现象有望消失，全球范围内制造业活动的活跃扩大了对生产机械的需求，为日本企业出口提供了市场。前些年出口之所以低迷，是因为 2008 年经济危机后日元大幅升值，大部分日本企业被迫将生产据点转移至海外，国内生产率降低，出口减少。而安倍经济学登场后，日元汇率大幅回落，国内工厂的海外转移也放慢了步伐，日本国内的生产活动重回视野。同时，日本的电子产品与机械设备依然具备国际竞争力，海外需求强劲。

消费方面，2019 年 10 月消费税上调后日本经济是否回落成为人们关心的话题。回顾上一次（2014 年 4 月）消费增税时的情况，可以发现日本经济受到了巨大的负面影响。物价上涨本就导致购买力低下，再加上个人所得税制的改革与国民年金保险费的上涨，家庭负担加重，抑制了个人消费支出。而 2019 年消费税的上调幅度低于 2014 年，并且没有新增的所得税与社会保障费用负担，影响较 2014 年缓和了许多。而从个人收入来看，日本企业面临劳动力短缺的现状，有将非正式职员转为正式职员的趋势，并且如果劳动力不足状况持续下去，工资上涨势在必行，这些都将增加人们的收入。因此个人消费并不会急剧回落。

2. 2019 年 10 月日本消费税上调至 10%

日本自 2012 年开始实行的“社会保障与税制一体化改革”指出，将于 2014 年起分阶段上调消费税至 10%，税收的增加部分将全部用于社会保障支出。2014 年，日本时隔 17 年将消费税上调至 8%。随后日本政府虽提出将消费税上调至

① Slow Trade：2008 年经济危机过后，全球贸易增长率持续低于全球经济增长率的现象。

10%，但实施时间却一再延期。2018 年，日本政府开始推行面向全年龄段社会保障的制度转变，本次加税正是要为此提供资金支持。

为了防止加税后消费陷入低迷状态，政府表明会本着“半额税收回馈给国民”的原则推出在中小零售业消费将获得 2% 的点数回馈、对大型耐用消费品（房子、车子等）减税等措施；此外，考虑到低收入的民众群体，日本政府还引入了“消费税的轻减税率制度”，即基础饮食产品（酒类除外）和报纸将继续适用于 8% 的消费税，其他产品消费税则上涨为 10%。政府预估，此次消费税上调 2% 将会带来超 5 万亿日元的税收，其中因轻减税率的导入会导致税收缩水至 4 万亿日元，3 万亿日元左右用于幼儿教育义务化等支持养育子女及社会保障方面，1 万亿日元左右的税收将用于财政健全化。

考虑到本轮增税的诸多不确定性，2018 年底日本通过内阁决议，确定分三年时间集中实施 7 万亿日元规模的以防灾、减灾、国土强韧化为目的的基础建设投资，目的在于减轻因消费税提高可能带来的经济下滑。

3. 日本与中美贸易战

中美贸易摩擦不断升级的同时，日本、墨西哥、欧盟等国家和地区也受到美国贸易保护主义的影响。2018 年 3 月，特朗普政府对进口钢铁和铝分别征收 25% 和 10% 的关税以限制进口，拉开了贸易保护主义的帷幕。2018 年 10 月 27 日，特朗普政府欲对日本汽车征收 20% 的关税以求开放日本市场。为缓和美国贸易摩擦所带来的不利影响，扩大对外出口和多边经济合作，进一步复苏日本经济，日本积极促成中日韩自由贸易协定、CPTPP 协议；签署日欧经济合作协定 EPA、中日 AEO 互认安排等协定。其中，中日韩自由贸易协定与中日 AEO 互认安排就扩大日本对华出口以及开展第三方合作市场，维持多边贸易稳定等方面达成一致，中日关系回暖。但是 2018 年 12 月份就中国通信公司华为 CFO 孟晚舟事件后，日本相继以信息安全为由，在事实上排除中国通信设备（中国华为和中兴通信公司）后又提出了排除中国企业的 5G 审查标准。分析以上事件可以看出中美贸易摩擦升级使日本也受到不利影响。但是日本在积极与中国开展合作的同时还欲与美国步调保持一致来牵制中国在高科技领域的发展，谋求日本利益的最大化。

目前，中美贸易摩擦虽然导致日本第四季度出口减少，但是影响并不大。针对经济学家的调查也显示，短期内日本经济不会因中美贸易摩擦而受到巨大的影响，但贸易保护主义可能给全球贸易带来更多不确定性，对金融资本市场的影响值得关注。诸多日本学者认为，中美贸易摩擦背后反映的是美国对中国经济发展与可能与之相匹配的军事、外交力量不断壮大的担忧，只要这一担忧存在，中美两国间就可能反复出现紧张局面，贸易战等类似事件极可能长期化。中国无意挑战美国，但长期来看，中国经济的不断发展扩大最终可能改变全球秩序，届时世界将向多元化体制转变。同时，可能出现日美同盟弱化、美国会将西太平洋地区的安保负担转移到日本等局面，日本若为此增加防卫能力则必将导致中日关系紧张。因此，在亚洲地区中日两国保持良好的经济文化交流关系至关重要。在中美关系出现问题之际，日本不应仅仅在中美之间平衡利害，应从更长期的视角出发，优先稳定自身的方针政策、明确自身的发展方向，走自己国家的发展道路才能赢得全球各国的信赖。

第五章　2018 英国经济观察报告

张森冰 ①

一、经济、社会概况

1.GDP 保持上行，但增速不断下滑

以不变价计算，2018 年英国 GDP 为 2.03 万亿英镑，较 2017 年仅增长 1.4%，连续第四年下滑，与历史数据相比处于较低水平。近五年英国季度 GDP 增长率，从 2014 年第二、第四季度的 3.1% 高点，不断下降至 2018 年第一季度的 1.3%，随后两季度小幅上扬至 1.6%，又于 2018 年第四季度回调至 1.3% 低点。

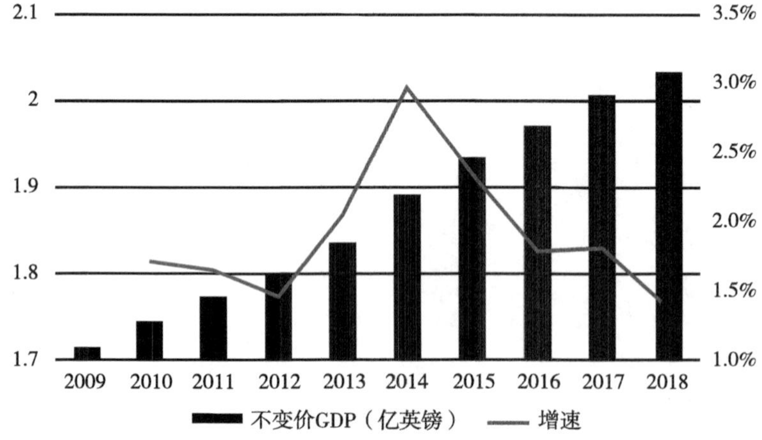

图 5-1　近十年英国 GDP 及增长率（不变价）

数据来源：英国统计局

英国 GDP 增速放缓受多个因素影响。首先，金融危机后英国经济逐步复苏，GDP 增长提速，于 2013 年恢复至金融危机前水平，GDP 增速于 2014 年筑顶，本轮回调可能是小周期 GDP 增长变化的正常表现。其次，英国经济增速放缓亦受脱

① 张森冰，北京外国语大学国际商学院。

欧影响。2013 年卡梅伦首次将脱欧事宜提上日程，2016 年英国正式就离开欧盟进行公投，并于随后两年多时间内同欧盟开展脱欧谈判。脱离区域经济共同体使得英国经济增长前景堪忧，不仅影响到国内民众的发展信心，亦不利于外来投资增长。

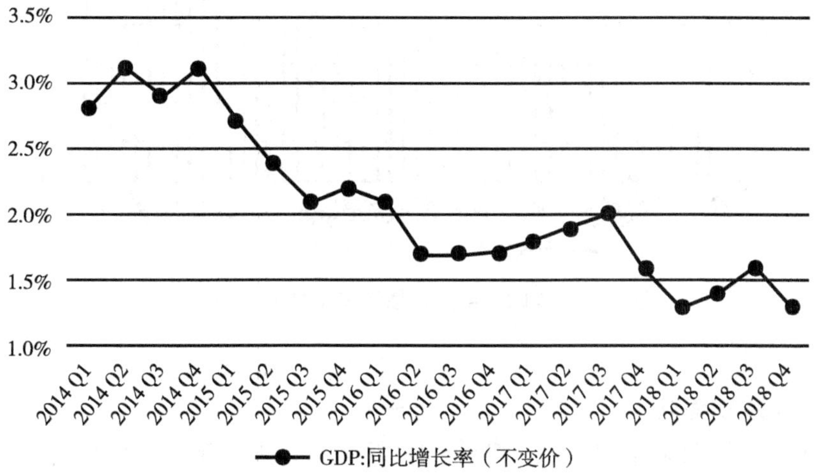

图 5-2 2014-2018 英国季度 GDP 同比增长率

数据来源：英国统计局

2. 人口稳定增长

近十余年，在移民和净出生人口驱动下，英国人口规模稳定增长。英国国家统计局于每年六月份公布前一年的年中人口估计值，根据 2018 年 6 月公布的数据，2017 年 6 月英国人口约为 6604 万，较上期增长 0.6%。21 世纪以来，英国人口增长率逐步进入上升区间，并于近十年稳定在 0.6%–0.8%，主要驱动因素为净移民和净出生人口增长。以 2017 年为例，净移民 28.2 万，净出生人口 14.8 万，合计全年净增长 43 万。以 0.6% 的增长率估算，2018 年 6 月英国人口总数约为 6644 万，较 2017 年同期增加 39.6 万。

人口结构方面，英国 65 岁及以上人口占比近 20%，老龄化程度较高。根据 2018 年 11 月英国统计局发布的《英国人口概要》①，截至 2017 年 6 月，英国 65 岁及以上人口占比从 2007 年的 15.9% 上升至 18.2%，预计 2027 年将达到 20.7%，社会老龄化程度不断加重。

① UK Office for National Statistics. Overview of the UK population：November，2018. https：//www.ons.gov.uk/peoplepopulationandcommunity/populationandmigration/populationestimates/articles/overviewoftheukpopulation/november2018

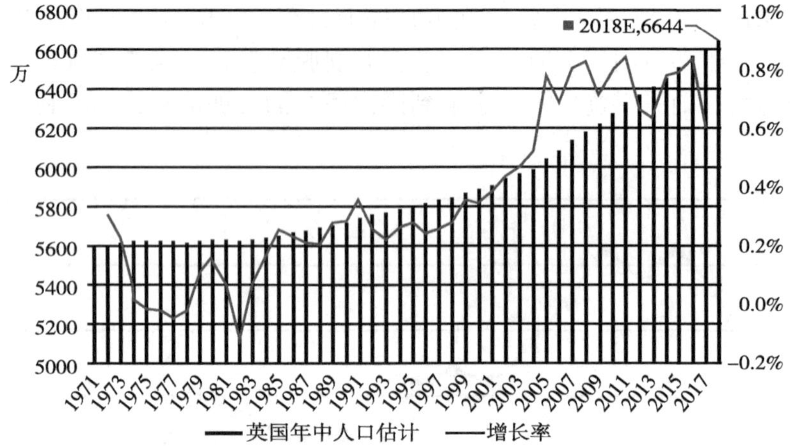

图 5-3　英国年中人口估计值（1971-2018）

数据来源：英国统计局

3. 就业表现强劲

2018 年英国就业形势延续近年来的良好势头，失业率在低位徘徊，从年初的 4.2% 小幅下降至年末的 4.0%。近五年英国失业率一路走低，从 2014 年初的 6.8% 不断下降至 4.0%，这是 1975 年初以来英国失业率的最低值。

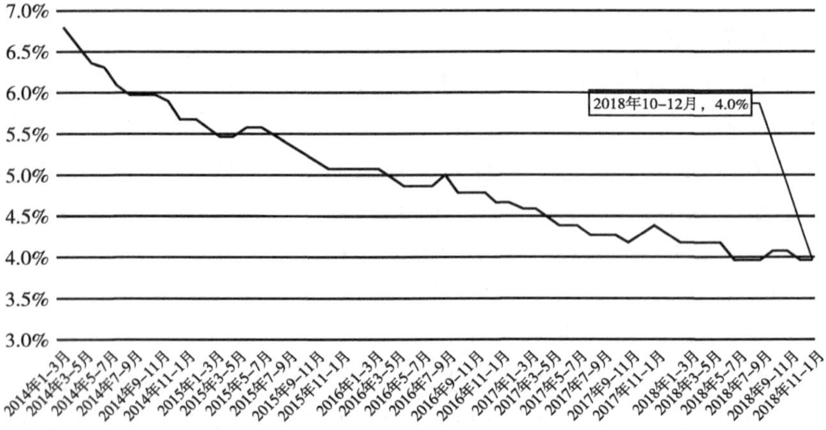

图 5-4　2014-2018 英国季调失业率

数据来源：英国统计局

与此同时，2018 年英国劳动市场平均薪资小幅上涨。根据 2019 年 2 月份英国统计局发布的 2018 第 4 季度就业情况分析[①]，2018 年底，英国就业者平均每周

① UK Office for National Statistics. UK labour market: February 2019. https://www.ons.gov.uk/employmentandlabourmarket/peopleinwork/employmentandemployeetypes/bulletins/uklabourmarket/february2019#average-weekly-earnings

名义薪水由 2017 年底的 £480（£ 是英镑）上涨至 £495，以 2015 年为基期计算的实际平均周薪则从 2017 年的 £459 上调至 £464，但仍不及金融危机前的峰值 £473。

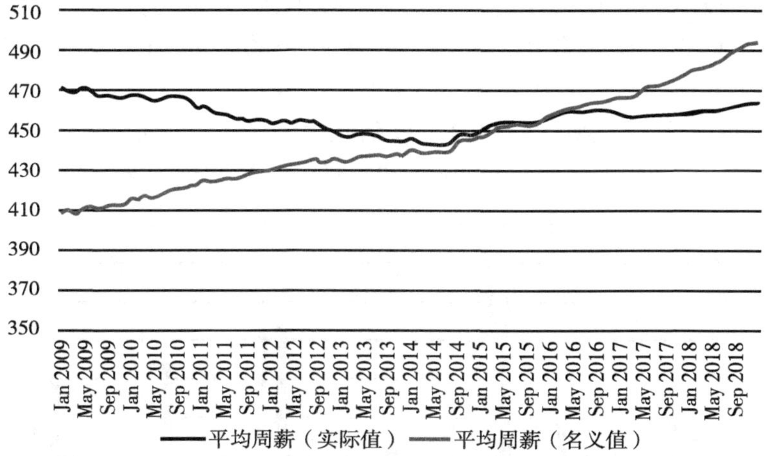

图 5-5　2009-2018 英国实际及名义平均周薪（单位：英镑）

数据来源：英国统计局

4. 通胀回调，但仍处于正常区间

2018 年英国包括住房在内的居民消费价格（CPIH）涨幅从 2017 年年底的 2.7% 下降至 2018 年年末的 2%，回调 0.7%。主要降幅发生在一季度，随后几个季度小幅波动下降。对比 2017 和 2018 两年年末各消费类别同比涨跌幅情况，可发现 CPIH 下降的主要原因是食品饮料、鞋服及家居产品这三个消费类别在 2018 年年末的涨幅不及 2017 年，三者涨幅分别低于 2017 年年底的 0.27、0.24 以及 0.15 个百分点。

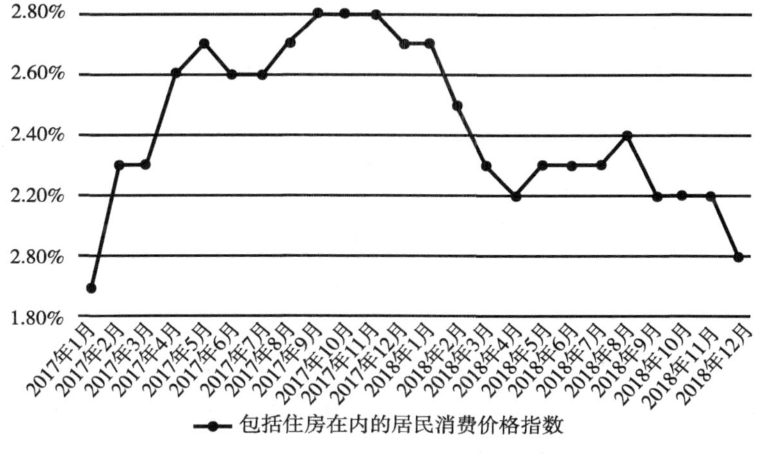

图 5-6　2017-2018 英国 CPIH 走势

数据来源：英国统计局

即便如此，放大时间范围至最近十年，2% 的居民消费通胀仍然不失为较为中等的水平。金融危机前，英国 CPIH 基本保持在 2% 以下，金融危机后英国 CPIH 迅速上行，并于 2008 年 7 月达到峰值 5.2%，随后又迅速下跌，并于 2009 年 7 月录得 1.1% 低点。此后数年，英国经历了漫长的复苏，CPIH 剧烈波动，2010 至 2012 年处于高位，一度触及 5.2% 的峰值，随后两年稳定在 2.5% 左右，又于 2013 年年底开始下行，2015 年更是一度陷入通缩。2017 年起，CPIH 再次稳定在 2.5%–3%，直到 2018 年年初开始回调至 2% 的金融危机前通胀水平。

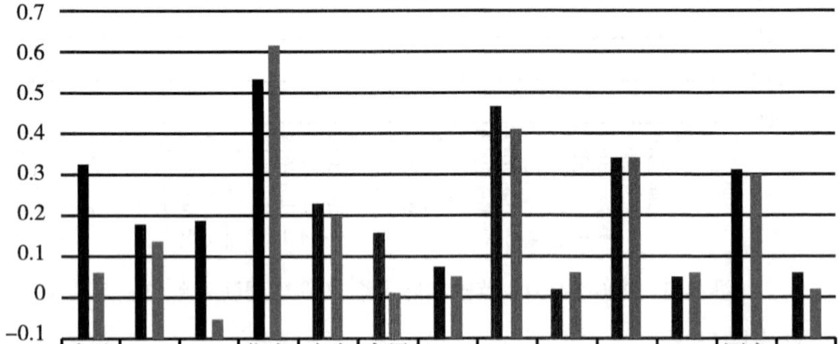

	食品饮料	烟酒	鞋服	住房服务	自有住房	家居产品	医疗	交通	通讯	文娱	教育	酒店餐饮	杂项
■2017年末	0.33	0.18	0.19	0.54	0.23	0.16	0.07	0.47	0.02	0.34	0.05	0.31	0.06
■2018年末	0.06	0.14	–0.05	0.62	0.20	0.01	0.05	0.41	0.06	0.34	0.06	0.30	0.01

■2017年末 ■2018年末

图 5–7　2017、2018 年英国各消费类别同比涨跌幅（单位：%）

数据来源：英国统计局

5. 进出口总量上升，贸易赤字进一步扩大

2018 年英国国际贸易总量进一步上升，进出口总额由 2017 年的 1.26 万亿增长到 1.29 万亿英镑，同比增长 2.5%，高于同期 GDP 增速。其中货物及服务出口额由 0.62 万亿上升至 0.63 万亿，同比增长 1.9%；而进口额从 2017 年的 0.64 万亿上升至 0.66 万亿，同比增长 3.2%，出口增速不及进口。

贸易余额方面，2018 年贸易赤字进一步扩大，较 2017 年大幅上升 35% 至 323.2 亿英镑。回顾 20 世纪 50 年代中期以来英国贸易情况，八零年代前英国对外贸易基本保持平衡，20 世纪最后 20 年里虽然存在波动，但不同年份双向波动且偏离幅度较小；而本世纪以来，英国开始长期处于贸易赤字状态，且近十年来呈大幅震荡趋势，季度贸易余额最高点为 2013 年一季度（–24.7 亿英镑），最低点则为 2016 年三季度（–137.4 亿英镑）。2017 年各季度贸易余额小幅波动，而 2018 年则一路下行，由一季度的 –49.2 亿英镑跌至四季度的 –103.6 亿英镑。剔除异常值后，2018 年英国贸易赤字更是达到了 362.4 亿英镑。

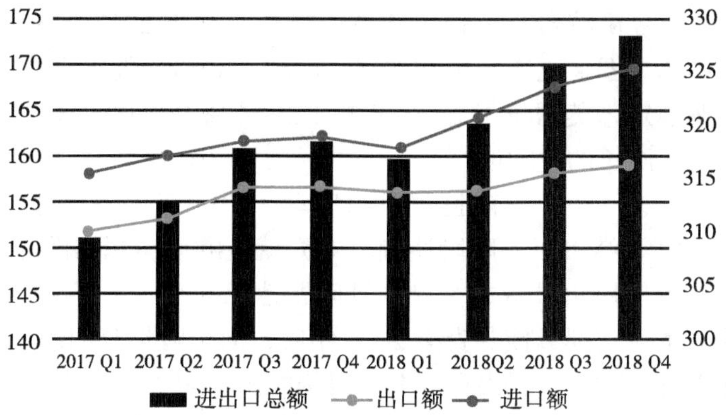

图 5–8　2017、2018 英国季度进出口贸易额（单位：10 亿英镑）

数据来源：英国统计局

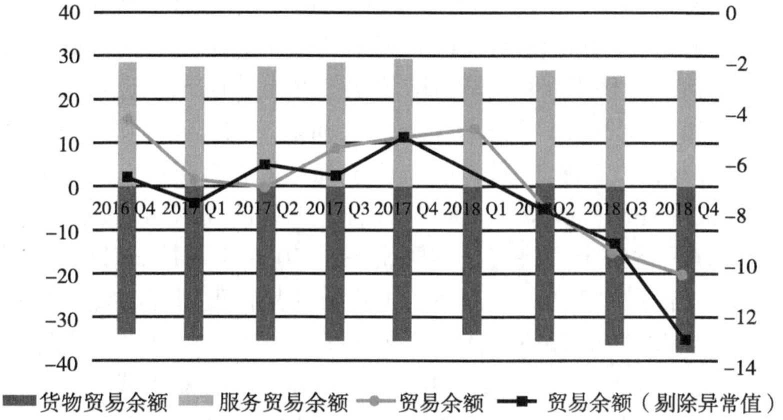

图 5–9　2017、2018 英国季度贸易余额走势（单位：10 亿英镑）

数据来源：英国统计局

2018 年英国贸易赤字恶化的主要原因在于服务贸易余额下降。长期以来，英国服务贸易出超，而货物贸易赤字。2018 年，货物贸易赤字较 2017 年小幅增加 17.6 亿英镑至 1388 亿英镑，而服务贸易盈余则较前一年下降 66.3 亿至 1064.7 亿英镑。货物、服务贸易余额状况同时恶化导致 2018 年英国贸易余额剧烈下降，其中服务贸易盈余回调是主要原因。

二、2018 大事件：曲折的脱欧谈判

1. 脱欧背景回顾

2016 年 6 月 23 日英国举行脱欧公投，51.9% 的民众支持脱欧。次日，卡梅伦

辞去首相职务，7月份特蕾莎·梅出任英国首相，并于2017年3月29日向欧盟理事会主席唐纳德·图斯克递交脱欧文书，启动《欧洲联盟条约》的第50条脱欧法案。根据法案规定，英国将于2019年3月29日晚11：00正式脱欧。此后，英国便与欧盟开始了漫长的脱欧谈判。

2017年6月19日，第一轮脱欧谈判启动。2017年12月8日，英国与欧盟发表联合声明，宣布结束第一阶段谈判，双方就脱欧后英国与欧盟公民的权利保障、北爱尔兰边界问题以及双方金融结算问题达成初步一致意见。其中，英国同意继续分担欧盟预算与部分债务直至2020年底，而欧盟将分期返还英国对欧洲投资银行、欧洲央行、欧洲发展银行等金融机构的出资额[①]。

此后，脱欧谈判进入第二轮，2018年的脱欧进程可谓一波三折。

2. 脱欧谈判一波三折

首先，2018年上半年《英国脱欧法案》通过议会批准，英国脱欧成为确定事件。2017年7月13日，英国政府在下议院提出了《英国脱欧议案》。2017年，该议案在下议院经过了数次修改，最终定稿并根据英国议会法，提交至上议院进行审议。2018年1月16日，《英国脱欧议案》在上议院正式进入汇报阶段，并分别于1月18日和1月30–31日进行了第一次和第二次宣读，议员就议案的总体原则进行了辩论和投票。2月21日，脱欧议案进入委员会阶段，由上议院立法委员会进行逐条审议并提出修改意见。5月16日，上议院完成审议流程，上下两院就议案的修订条款轮番审定。最终，英国女王于2018年6月26日批准了该议案，《英国脱欧法案》正式出台[②]。该法案的主要目的是在英国境内废止1972年的《欧洲共同体法案》和欧盟的各项法律，为英国离开欧盟奠定了法律基础，也在事实上决定了英国必然脱离欧盟，唯一问题在于双方否在脱欧正式生效之前就未来外交关系达成协议。此外，法案也对英国与欧盟之间脱欧协议的通过与执行问题进行了预防性的详细界定，为脱欧程序提供了严密的法律框架。

与此同时，脱欧谈判也有条不紊，双方在半年时间内进行了十次谈判。双方于2018年2月6–8日、18–20日、26–27日，进行了三次谈判；3月份又分别于5–7日、13–15日、16–19日进行了三轮谈判，基本保持每周一次的频率。六轮密集谈判后，双方于2018年3月19日公布了《脱欧协议草案》[③]，草案就脱欧执行期、公民权利以及金融结算等约75%的脱欧事宜达成一致意见，但包括北爱尔兰边界

① 英国议会（2017年12月8日）：《英国与欧盟就英国脱欧第一轮谈判的联合公告》https：//assets.publishing.service.gov.uk/government/uploads/system/uploads/attachment_data/file/665869/Join22t_report_on_progress_during_phase_1_of_negotiations_under_Article_50_TEU_on_the_United_Kingdom_s_orderly_withdrawal_from_the_European_Union.pdf

② 英国议会：《英国脱欧法案（2018）》http：//www.legislation.gov.uk/ukpga/2018/16/pdfs/ukpga_20180016_en.pdf

③ 英国议会（2018年3月19日）：《脱欧协议草案》https：//www.gov.uk/government/publications/draft-withdrawal-agreement-19-march-2018

问题在内的诸多议题，英国与欧盟仍然存在分歧，不过双方谈判团队希望能在十月份之前敲定全部条款。草案发布后，双方又于 4 月 16–18 日、5 月 22–24 日、6 月 5–8 日进行了三次后续谈判，并于 2018 年 6 月 19 日就谈判进展发布了联合声明[①]，双方进一步就有关贸易、司法合作等一系列事宜的条款或细节达成一致意见，但是北爱尔兰边界问题依然悬而未决。《欧盟与英国政府就英国有序脱欧谈判进展的联合声明》发布当天及次日，双方又进行了新一轮谈判。

总体而言，2018 年上半年，脱欧事宜取得了不错的进展，英国与欧盟就脱欧事宜的谈判也较为顺利。但是值得注意的是，根据英国议会于 2018 年 6 月 30 日发布的脱欧谈判季度总结[②]，双方很有可能无法在 6 月欧盟理事会峰会之前就脱欧协议达成一致意见，同时报告援引《金融时报》报道，称根据双方谈判官员的暗示，谈判很有可能将持续到 11 月或 12 月份，晚于发布《脱欧协议草案》时定下的时间目标。此外，除脱欧具体事宜的谈判，双方还需要就脱欧后英国与欧盟的外交关系发布政治宣言，但草案尚未公开，零散的媒体报道主要集中于自由贸易、社会经济合作、司法合作以及安全合作这四个方面。彼时距正式脱欧不到 10 个月，双方依然需要进行大量谈判和磋商，而事后证明，2018 年下半年的谈判确实十分坎坷。

2018 年 7 月 9 日，脱欧谈判出现第一个转折点：脱欧大臣辞职。在接受 BBC 采访时[③]，大卫·戴维斯（David Davis）表示不满英国政府的谈判立场，他认为英国在谈判过程中做出了太多退让；戴维斯说自己不再是负责脱欧谈判的最佳人选，因为如果他不认同谈判成果的话，必然无法说服议会成员尤其是保守党人士对达成的脱欧协议投赞成票。自脱欧谈判启动以来，戴维斯一直负责谈判事务，他的离去不仅仅意味着特蕾莎·梅损失了一员谈判大将，更意味着保守党内意见分化，十分不利于脱欧协议顺利通过议会投票。

英国政府很快宣布任命现任住房部长为新的脱欧大臣，即在 2016 年领导脱欧公投的多米尼克·拉布（Dominic Raab），并于 2018 年 7 月 12 日发布《英国与欧盟未来关系白皮书》[④]，着力落实脱欧协议的第二部分内容。白皮书从经济、安全、交叉合作与制度安排四方面展望了脱欧后的英欧关系，强调维持双方密切的经贸关系，建立货物自由贸易区并为服务贸易拟定新的安排，同时承诺无条件支持欧

---

① 欧盟委员会（2018 年 6 月 19 日）：《欧盟与英国政府就英国有序脱欧谈判进展的联合声明》https：//ec.europa.eu/commission/sites/beta-political/files/joint_statement.pdf

② 英国议会（2018 年 6 月 20 日）：《英国脱欧谈判进展（2018 年 3 月 –6 月）》http：//researchbriefings.files.parliament.uk/documents/CBP-8339/CBP-8339.pdf

③ BBC 新闻：脱欧大臣大卫·戴维斯辞职 https：//www.bbc.com/news/uk-politics-44761056

④ 英国政府（2018 年 7 月 12 日）：《英国与欧盟未来关系白皮书》https：//assets.publishing.service.gov.uk/government/uploads/system/uploads/attachment_data/file/725288/The_future_relationship_between_the_United_Kingdom_and_the_European_Union.pdf

盟的安全事务。随后，双方分别于 2018 年 7 月 16–19 日、24–26 日，8 月 14–16 日、21–22 日、29–31 日，以及 9 月 5–6 日，进行了密集的六次谈判。

谈判看似顺利地进行了两个月，但是很快在 2018 年 9 月份迎来了又一个转折点。2018 年 9 月 19–20 日，欧盟领导人在奥地利举行了非正式会议，欧盟 27 个成员国对于英国提出的未来双方关系规划意见不一。特蕾莎·梅在 2018 年 9 月 21 日的讲话[①]中表示，虽然脱欧谈判取得了重大进展，但是双方依然在未来经济关系与北爱尔兰边界问题上难以达成一致意见。就未来经济关系而言，欧盟不同意英国所提出的自由货物贸易安排，要求英国要么留在欧盟关税贸易同盟并接受人员自由流动，要么与欧盟达成基本的自由贸易协定，但是允许北爱尔兰留在欧盟关税体系内；前者与脱欧公投的诉求相违背，因为脱欧的重要原因之一在于阻止欧洲移民进入英国生活和工作，而后者则会割裂英国国土，议会此前已明确否决了这一提议。关于北爱尔兰问题，虽然双方都同意应避免在爱尔兰与北爱尔兰之间形成实体边境（hard border），但是欧盟方面希望通过把北爱尔兰留在欧盟关税体系内来实现这一点，这是英国绝对不可能接受的。特蕾莎·梅在讲话中表示，她非常希望能够达成友好协议，但是她既不会违背公投决议让英国留在欧盟体系内，也不会接受割裂英国的做法。至此，脱欧谈判陷入僵局，无协议脱欧的概率进一步增大。

事实上，英国政府从未对脱欧谈判盲目乐观，而是积极准备应对无协议脱欧。虽然不论欧盟还是英国，都很希望谈判顺利，从而达成协议，但是早在 2017 年初，特蕾莎·梅在兰卡斯特宫就脱欧方案发表演讲[②]时便表示，英国政府必须为每一种可能的结局做准备，其中包括无协议脱欧。2018 年 8 月 23 日，保守党政府发布了关于无协议脱欧的第一批技术公告[③]，此后，英国政府又于 9 月 13 日、9 月 24 日、10 月 12 日发布了另外三批公告，三个月内总计发布 106 条技术性公告，从生活、工作、学习的方方面面介绍了无协议脱欧对公民生活造成的影响，并指导公民积极应对。

萨尔兹堡之后，双方继续就脱欧协议和未来外交关系进行谈判并最终达成了一致意见。多米尼克·拉布和特蕾莎·梅分别于 2018 年 10 月 9 日和 15 日在下议

① 英国政府（2018 年 9 月 21 日）：首相关于脱欧谈判的陈述 https：//www.gov.uk/government/news/pm-brexit-negotiations-statement-21-september-2018

② 英国政府（2017 年 1 月 17 日）：首相关于脱欧谈判目标的演讲 https：//www.gov.uk/government/speeches/the-governments-negotiating-objectives-for-exiting-the-eu-pm-speech

③ 英国政府（2018 年 8 月 23 日）：如何应对无协议脱欧 https：//www.gov.uk/government/collections/how-to-prepare-if-the-uk-leaves-the-eu-with-no-deal

院汇报谈判的最新情况[①][②]，二人均表示谈判到了最后阶段难免会比较困难，而特蕾莎·梅表示谈判取得了重大进展，欧盟方面认可英国对北爱尔兰边界的立场，认为应该达成协议避免在北爱尔兰与英国剩余部分国土之间设置关税边界，但是由于没有充分的时间商议细节，希望设置关税边界一事可以作为“临时的保障条款”。且不考虑英国议会对此的态度，10 月 17 日，欧盟 27 国领导人在欧盟理事会峰会上表达了对谈判成果的不满。10 月 22 日，特蕾莎·梅再次向下议院汇报谈判进展，她提到，95% 的谈判内容已敲定，仅剩下一个难题，那就是万一英国和欧盟在脱欧执行期内未达成友好的外交协议，如何避免爱尔兰岛上出现实体边境，并就此阐述了新提议：1）英国整体留在欧盟关税区内以避免割裂北爱尔兰与剩余英国国土；2）延长协议执行期一次（原本为2020年底）；3）英国可以在1）和 2）中进行选择，且任意一种均为短期做法；4）保障北爱尔兰的货物可以进入英国剩余国土的市场。反对派领导人科尔宾强烈批评这一提议，指出在延长执行期间，英国将不得不向欧盟额外支付预算费用，但事实上，2018 年 11 月 14 日，双方发表联合声明，宣布正式就脱欧事宜和双方未来外交关系达成协议，并公布协议草案，其中关于爱尔兰边界问题基本采纳了这四条提议，只是重申双方都必须尽最大努力避免使用这四条“保障条款”。

因为最终协议背离英国政界的期待，脱欧谈判迎来第三个转折点：脱欧大臣再度辞职，其他数位内阁成员亦愤而离职。2018 年 11 月 15 日，协议达成的第二天，脱欧大臣多米尼克·拉布因反对特蕾莎·梅敲定的协议草案而辞去内阁职务。同时，包括脱欧部门次长苏拉·布拉夫曼（Suella Braverman）和工作与养老金部长艾瑟·麦克薇（Esther McVey）在内的数位内阁成员亦宣布辞职。首相特蕾莎·梅因此面临不信任危机，在向下议院汇报脱欧谈判的最终情况时，接受了长达三小时的质询。工党领导人科尔宾称脱欧协议是彻彻底底的失败，指责保守党政府执政不力，再三推迟公布关键谈判议案，导致时间紧迫，以至于为达成协议突破已方底线[③]。

事实上，最终协议对于英国而言确实存在隐患。2018 年 11 月 25 日，欧盟理事会召开特别会议，欣然批准了双方达成的脱欧协议和有关未来关系的政治宣言[④]，从侧面反映了谈判结果对欧盟是有利的。而反观英国国内，有关脱欧协议的

---

① 英国议会（2018 年 10 月 9 日）：脱欧大臣汇报谈判进展 https：//hansard.parliament.uk/commons/2018-10-09/debates/F7F959AD-FE66-4A20-A765-1E3F791C15ED/EUExitNegotiations

② 英国议会（2018 年 10 月 15 日）：首相汇报谈判进展 https：//hansard.parliament.uk/commons/2018-10-15/debates/7F3BE0D6-D631-4A22-BA71-CB924A564DA1/EUExitNegotiations

③ 英国议会（2018 年 11 月 15 日）：脱欧谈判进展 https：//hansard.parliament.uk/commons/2018-11-15/debates/8595BA5C-B515-4BD3-A9FE-38345E6AE2B4/EUExitNegotiations

④ 欧盟理事会：欧盟理事会特别会议决议（2018 年 11 月 25 日）http：//data.consilium.europa.eu/doc/document/XT-20015-2018-INIT/en/pdf

争议愈演愈烈，许多议员认为政府隐瞒了重要信息，要求法务大臣办公室就脱欧协议出具法律意见。12 月 3 日，法务大臣在下议院就脱欧协议的法律效应进行了汇报，英国政府也于 12 月 5 日公布了法务大臣有关脱欧协议北爱尔兰条款的意见文本①，文件认为北爱尔兰“保障条款”虽然名义上是临时条款，但只有在英国与欧盟就未来关系达成协议后才会失效，虽然协议强调双方应尽全力达成协议，但是存在政治不确定性。法务大臣的意见坐实了脱欧协议的漏洞，议会辩论上反映出来的劣势导致特蕾莎・梅不得不取消原定于 12 月 11 日举行的投票，以争取时间修改协议或说服更多议员，从而实现有协议脱欧。

虽然欧洲最高法院于 2018 年 12 月 10 日裁定英国可在 2019 年 3 月 29 日正式脱欧前单方面撤销脱欧决定②，但是这种条件并不是英国所需要的，因为此前多个场合英国政府均明确表示不可能违背公投决议。

2018 年 12 月 12 日，不满脱欧谈判成果的保守党成员发起党内针对党首的不信任动议。虽然特蕾莎・梅最终以 200 比 117 赢得党内信任，12 月 13 日欧盟也在关于脱欧协议③的决议中再度重申北爱尔兰条款只是“保障条款”，承诺欧盟会尽最大努力在执行期内与英国就未来外交关系达成协议，但是欧盟也明确表示不会重新进行谈判。尽管曲折，但是长达一年半的脱欧谈判似乎在 2018 年终于抵达终点，只是谈判的结果却无法让英国政界满意，圣诞的乐曲和新年钟声暂时掩盖了争议，但是恐怕特蕾莎・梅和欧盟领导人都很清楚，2019 年不会风平浪静。

3. 议会否决脱欧协议，前景堪忧

2019 年 1 月 15 日，脱欧协议如期在英国下议院进行“关键投票”（meaningful vote）。投票结果显示，202 票赞成，432 票反对，历时一年半达成的脱欧协议以 230 票的巨大差距未能通过议会批准。

事实上，这一结果并不让人感到意外。在年初第一场内阁会议上，特蕾莎・梅便表示脱欧协议可能无法通过议会批准，英国政府应当为无协议脱欧积极准备。然而在投票开始前的 2019 年 1 月 8 号，英国议会以 303 对 296 票通过了在

---

① 英国政府（2018 年 12 月 5 日）：《法务大臣办公室有关脱欧协议北爱尔兰条款法律效应的意见》https：//assets.publishing.service.gov.uk/government/uploads/system/uploads/attachment_data/file/761852/05_December-_EU_Exit_Attorney_General_s_legal_advice_to_Cabinet_on_the_Withdrawal_Agreement_and_the_ Protocol_on_Ireland-Northern_Ireland.pdf

② 欧洲最高法院：2018 年 12 月 10 日判决 http：//curia.europa.eu/juris/document/document.jsf；jsessionid=E1951586CA9FAD1392F3CCBF59E4ED8A?text=&docid=208636&pageIndex=0&doclang=en&mode=req&dir=&occ=first&part=1&cid=1187469

③ 欧盟理事会：欧盟理事会关于英国脱欧协议的决议（2018 年 12 月 13 日）https：//www.consilium.europa.eu/en/press/press-releases/2018/12/13/european-council-art-50-conclusions-13-december-2018/pdf

无协议脱欧情况下限制政府财政权利的议案[①]这将使英国政府在无协议脱欧的情况下陷入“停摆”，议会此举是为了迫使特蕾莎・梅放弃无协议脱欧转而寻求延长脱欧期限。

2019 年 1 月 21 号，特蕾莎・梅向下议院陈述了有关脱欧协议的“B 计划”，其中包括不二次公投、不延迟脱欧、不排除无协议脱欧，以及就北爱尔兰边界问题与欧盟进一步协商。但是在 1 月 29 号的议会投票中，“B 计划”并未得到普遍认可，议员们仅仅达成两项共识：1）拒绝无协议脱欧；2）拒绝当前有关北爱尔兰边界问题的条款。

根据 2019 年 2 月份的辩论结果，英国议会计划在 2 月 12、13 和 14 日三天分别进行三项重要投票：1）是否修订后的脱欧协议及英欧未来政治关系宣言；2）是否无协议脱欧；3）是否有限度地推迟脱欧期限。

根据目前的情况，尽管英欧双方进行了进一步磋商，将欧盟主席容克的承诺转变为具有约束力的条款，同时约定欧盟不得通过避免达成外交关系协议的方式强迫英国留在欧盟体系。但是在 2019 年 1 月 12 日的脱欧协议投票会议上，法务大臣再次质疑该协议的法律效应，而最终协议以 242 对 391 未能通过会议审议，虽然票数差距缩小，但是脱欧前景依然不容乐观。

由于脱欧协议再次未能通过议会审批，2019 年 3 月 13 日，议会就是否无协议脱欧进行了第二次关键投票，下议院以 321 对 278[②] 通过了“拒绝在未达成脱欧协议及未来英欧关系框架的情况下脱欧”的议案，不出意外地否决了无协议脱欧的可能。

根据 BBC 的最新报道[③]，2019 年 3 月 14 日，英国下议院投票决定推迟脱欧期限。如果下周能够达成协议，那么在 3 月 21–22 日欧盟峰会上，特蕾莎・梅将请求短期技术性延迟脱欧，否则英国需要在更大程度上推迟脱欧。但无论如何，推迟脱欧都必须得到欧盟方面的同意。考虑到无协议脱欧不符合英国和欧盟的利益诉求，欧盟大概率会同意延迟，但是这并不能排除无协议脱欧的可能，延长期内双方必将围绕北爱尔兰边界问题进行更多博弈，而无协议脱欧对于形单影只的英国来说显然更为不利，能否取得积极的谈判成果前景堪忧。

---

① 英国议会（2019 年 1 月 8 日）：关于《英国脱欧法案（修正案）》的投票 https：//hansard.parliament.uk/Commons/ 2019-01-09/debates/19010974000003/BUSINESSOFTHEHOUSE（SECTION13（1）（B）OFTHEEUROPEANUNION（WITHDRAWAL）ACT2018）（NO2）#division-23175

② 英国议会（2019 年 3 月 13 日）：英国脱欧方式投票结果 https：//commonsvotes.digiminster.com/Divisions/Details/628

③ BBC（2019 年 3 月 14 日）：脱欧最新进展 https：//www.bbc.com/news/uk-politics-46393399

三、未来与展望

展望未来，短期内脱欧协议依然会是英国发展最为重要的议题和不稳定因素，而中长期的发展则很大程度取决于英国能否同欧盟就未来经济安全等外交关系达成进一步共识，但无论如何，脱欧必将对英国造成深远影响，至少在2–3年内妨害英国经济增长。

经济上，英国经济将保持进一步增长，但增速不容乐观。根据OECD此前预测[①]，达成脱欧协议的情况下，英国经济2019将小幅增长而2020年将回调。而根据《金融时报》报道[②]，各大金融机构对2019英国GDP增速的预测平均值为1.5%，仅略高于2018年1.4%的增速。而就目前情况来看，无协议脱欧的阴云仍未散去，虽然无协议脱欧将是“双输”结局，此前市场亦普遍认为欧盟将会与英国达成积极协议，但是如果最终双方意外未能达成协议，那么英国经济必将遭受重挫，或延续此前下跌趋势。

英国未来经济增长有赖于积极的财政政策。脱欧公投以来，英国民众储蓄意愿降低，消费驱动经济增长缓和了脱欧压力，但如果储蓄率回升，英国经济将进一步受挫。此外，公投后企业投资意愿不高，资本市场亦看空英国资产。在脱欧协议风雨飘摇之际，经济前景不容乐观，OECD24此前亦预测2019英国经济增长将主要由财政支出拉动，而英国央行将逐步缩紧货币供应，终结扩张性的货币政策。

此外，未来英国将更加注重外交关系的维护，尤其是与世界主要经济体之间的经贸关系。2018年3月21日，英国政府外交与联邦事务办公室（Foreign and Commonwealth Office）宣布，未来连年英国将新设立10个领事馆或特使团，新增250个外交岗位，相当于在现有外交官基础上增长15%。英国大臣表示，英国希望抓住脱欧的契机向外看，加强与新老朋友的友好关系，促进自由贸易。[③]此外，2018年初特蕾莎·梅对我国进行了为期三天的国事访问，期间两国签订了90亿美元的大单，续写了中英关系的“黄金时代”；同年11月的首届国际进出口博览会，英国亦积极参与，并同我国签署了超过8000万英镑的多项合作协议。不论脱欧进展如何，未来中英两国应该都会有更多的合作机会。

---

① OECD（2018年）：英国经济发展预测 http://www.oecd.org/eco/outlook/economic-forecast-summary-united-kingdom-oecd-economic-outlook.pdf

② 《金融时报》：https://www.ft.com/content/691e3c92-051e-11e9-9d01-cd4d49afbbe3

③ 英国政府：外交大臣宣布在海外新增10个使团和250个外交岗位 https://www.gov.uk/government/news/foreign-secretary-announces-250-new-diplomatic-roles-and-ten-new-sovereign-missions-overseas

第六章　2018 年加拿大经济观察报告

王若冰 [①]

一、经济总体概况

2018 年加拿大经济面临着油价低迷和加元下跌的威胁，但整体情况相较 2017 年有所好转，主要经济指标呈增长趋势。其中就业势头良好，失业率降低，但经济的增长速度比较慢，消费的增长速度不太明显。

1. 国内生产总值（GDP）

国民经济整体呈增长趋势。由加拿大统计局 2018 年发布的最新数据可见，2018 年加拿大全年国内生产总值为 23.24 万亿加元，比上年的 22.8 万亿加元增长约 2.03%。其中产品生产行业全年国内生产总值约为 6.95 万亿加元，服务生产行业约为 16.33 万亿加元。

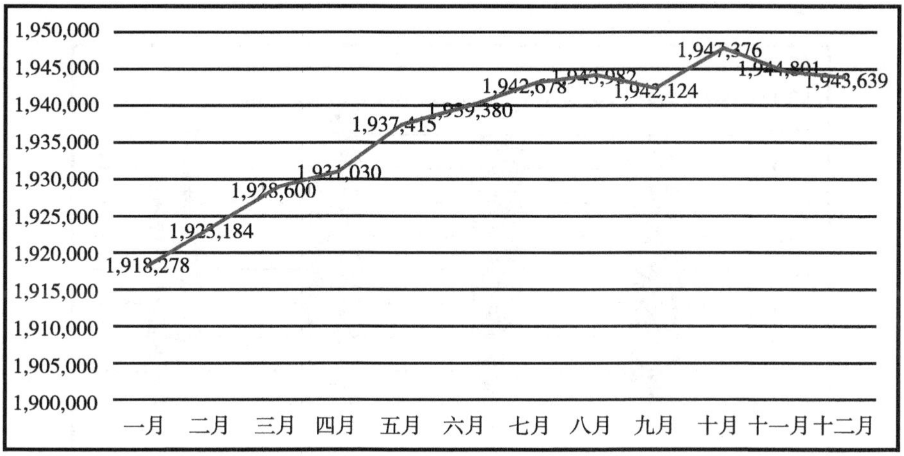

图 6-1　2018 年 1 月 -12 月加拿大 GDP（单位：百万加元）

数据来源：Statistics Canada. Table 36-10-0434-01 Gross domestic product(GDP) at basic prices, by industry, monthly(x 1,000,000)

---

① 王若冰，北京外国语大学国际商学院。

加拿大统计局数据显示，2018 年 12 月与上年同期比较，加拿大 GDP 的增长率为 1.1%，其中产品生产行业的 GDP 呈下降趋势，增长率为 –1.1%；服务生产行业的 GDP 增长率为 1.9%。增长率最高的行业为农林渔业，增长了 3.9%；下降最高的行业为建筑业，下降了 6.3%。

2. 人口与就业

截止到 2018 年第四季度，加拿大的总人口已突破 3700 万，比上一季度增长了 18.4 万人，增长率为 0.5%。

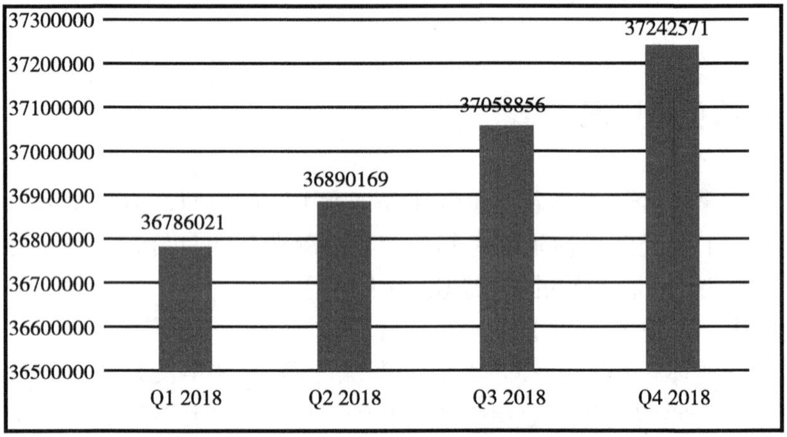

图 6–2　2018 年加拿大总人口（单位：人）

数据来源：Statistics Canada. Table 17–10–0009–01 Population estimates，quarterly

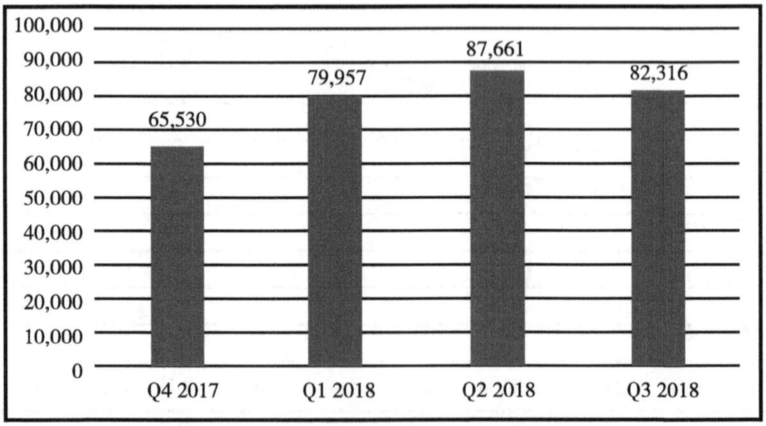

图 6–3　2017 年第四季度 –2018 年第三季度加拿大国外移民人数（单位：人）

数据来源：Statistics Canada. Table 17–10–0040–01 Estimates of the components of international migration，quarterly

加拿大对全世界移民的宽容度比较高，世界各地的人民都有移居到加拿大的情况。图 6-3 显示了 2018 年四个季度加拿大的国外移民人数，可以看出移民人口整体较多，尽管后两个季度与之前比较有所下降，但仍然高于 2017 年同期的 70109 人和 65530 人。

从图 6-2 可知加拿大 2018 年第三季度与第二季度相比人口增长为 168637 人，其中移民的人数占 48.8%，第四季度与第三季度相比人口增长为 183715 人，其中移民的人数占 38.7%，可见移民为加拿大人口增长的重要来源。

截止到 2018 年末，加拿大全国的就业的人数约为 1866 万人，比上一年增长 1.3%，与 2017 年的增长率 1.9% 相比较低；但 2016 年的增长率为 0.7%，与之相比仍然较高，整体来说一直呈上升趋势。

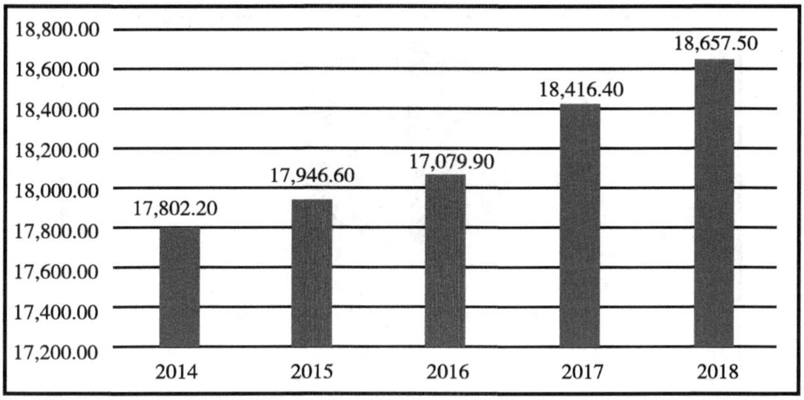

图 6-4　2014 年 -2018 年加拿大全国就业人数（单位：千人）

数据来源：Statistics Canada. Table 14-10-0023-01 Labor force characteristics by industry，annual（x 1,000）

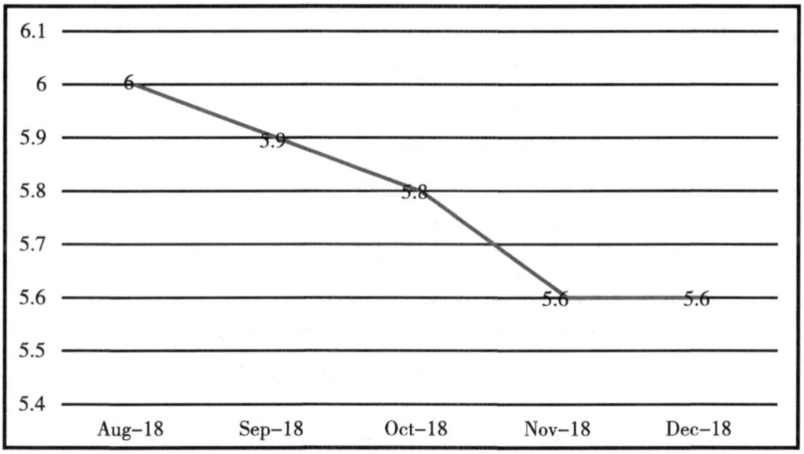

图 6-5　2018 年 8 月 -12 月加拿大失业率（%）

数据来源：Statistics Canada. Table 14-10-0287-01 Labour force characteristics，monthly，seasonally adjusted and trend-cycle，last 5 months

在2018年后半段里，失业率整体呈下降势头，2018年12月的失业率是5.6%，与上一月相同。与之相对的，就业率整体呈上升趋势，12月保持在61.7%，和8月相比，增加了0.3%。

按行业来看，2018年加拿大各产业就业人数的前五名为贸易、医疗保健及社会救助行业、制造业、专业性科学技术服务行业和建筑业。其中贸易行业的就业人数经历了2014年至2017年的持续上涨之后，于2018年下降了些许，和2017年相比，减少了1.29万人。医疗保健及社会救助行业的就业人数呈稳步上升趋势，2018年较上一年增加了2.35万人。另外制造业、专业性科学技术服务行业和建筑业的就业人数近几年来均有所增加。

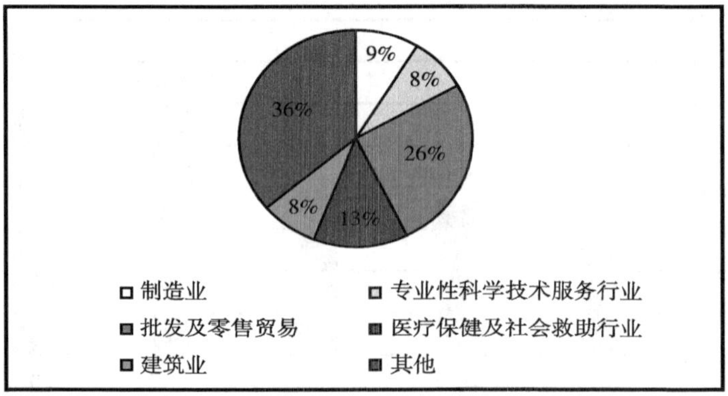

图6-6　2018年加拿大就业人数前五大产业

数据来源：Statistics Canada. Table 14-10-0023-01 Labour force characteristics by industry，annual（x 1,000）

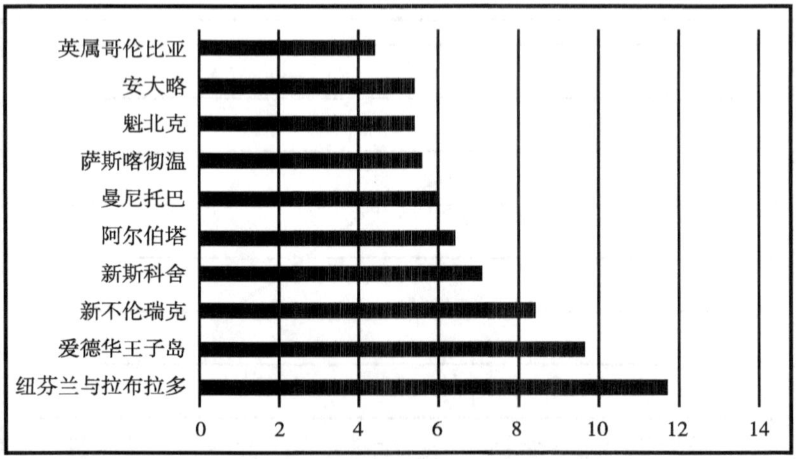

图6-7　加拿大各省2018年12月失业率（%）

数据来源：Statistics Canada. Table 14-10-0287-01 Labour force characteristics，monthly，seasonally adjusted and trend-cycle，last 5 months

从地区来看，截止到 2018 年 12 月，加拿大失业率最高的省份为拉布拉多省和纽芬兰省，为 11.7%；其次为爱德华王子岛，为 9.6%；失业率最低的为英属哥伦比亚，只有 4.4%，这与往年的数据也呈现出一致性。

3. 消费与物价

加元下跌、油价低迷都对加拿大的消费产生了负面影响，加拿大商业前景不容乐观，除了能源生产的行业受到影响外，进口产品的相对成本增加，但旅游业会由于加元下跌而得到发展，从而适当推动加拿大的消费。

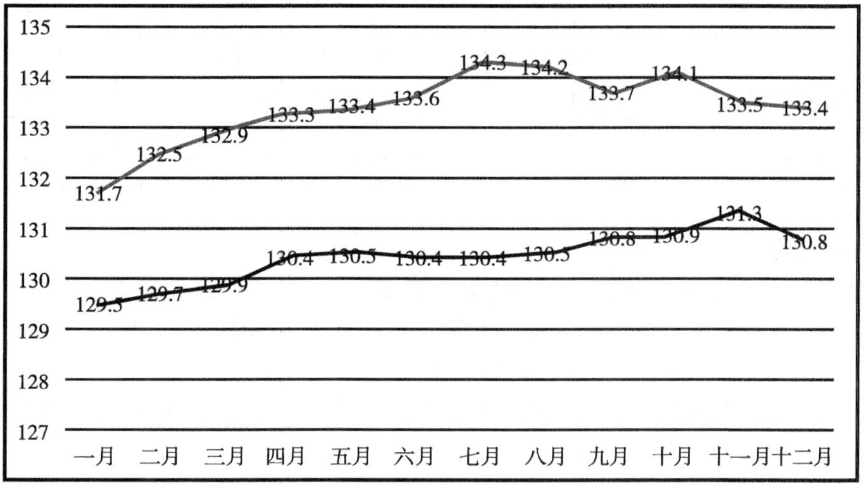

图 6-8　2017 年和 2018 年居民消费价格指数（以 2002 年为基期，单位：100%）

数据来源：Statistics Canada. Table 18-10-0004-01 Consumer Price Index，monthly，not seasonally adjusted

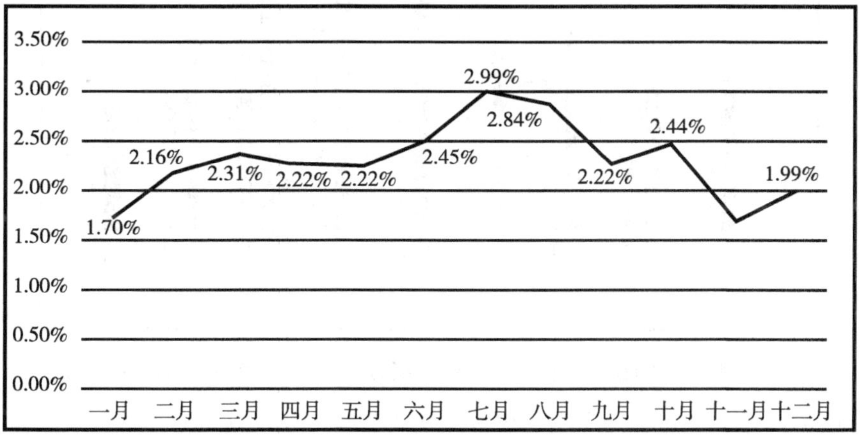

图 6-9　2018 年居民消费价格月度同比增长率

数据来源：Statistics Canada. Table 18-10-0004-01 Consumer Price Index，monthly，not seasonally adjusted

以2002年价格为基期，2018年的消费价格水平与2017年相比呈上涨趋势。2018年12月的消费价格水平达到133.4，与去年同期相比，增长了1.99%。在这一年中月度同比增长率最高的为七月，达到了2.99%；最低的为十一月，为1.68%。

按消费价格的各项指标来看，2018年与2017年相比，消费价格增长幅度最大的是食品，为2.9%；最小的是衣物，为0.2%。

表6-1　2018年加拿大各指标居民消费价格同比增长幅度（%）

指标	增长幅度	指标	增长幅度
食品	2.9	交通	1.7
居住	2.2	医疗保健和个人用品	1.0
家庭设备用品	2.1	娱乐教育文化用品	1.5
衣物	0.2	烟酒	4.4

数据来源：Statistics Canada. Table 18-10-0004-01 Consumer Price Index，monthly，not seasonally adjusted

4. 行业概况

加拿大有丰富的自然资源，包含能源业、渔业、林业和矿业等。此外加拿大的高科技相关产业也十分发达，在各产业拥有先进的技术和设备，例如生物工程、医学、通讯、水电、交通、环保、石化、核能等产业。加拿大是一个技术密集型、资源加工型国家，是全世界最富有的国家之一。自然资源业、制造业和服务业是加拿大主要的三大行业。

（1）自然资源业

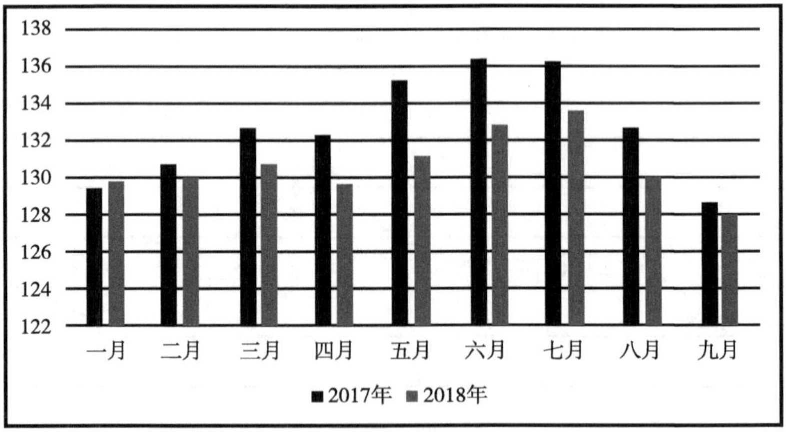

图6-10　1-9月加拿大农产品综合价格指数（2007年为基期 单位：100%）

数据来源：Statistics Canada. Table 32-10-0098-01 Farm product price index（FPPI），monthly

自然资源业主要包含采矿业、农林牧渔业以及能源业等。截止到2018年10月，农林牧渔创造的GDP约占加拿大GDP的1.79%，同比增长0.05%；采矿业和油气开采创造的 GDP 约占加拿大 GDP 的 7.7%，同比下降 0.2%。

关于农业，2018 年 1–9 月中，除了 1 月，农产品综合价格指数均低于 2017 年同期。

农作物的价格水平与家畜、动物产品的价格水平相比，前者价格水平更低。就趋势来说，农作物的价格水平变化相对来说较为平缓。

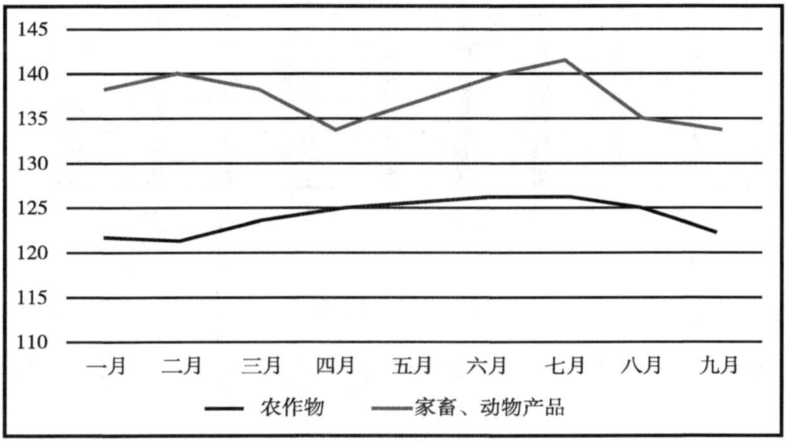

图 6–11 2018 年 1–9 月农产品价格指数（2007 年为基期 单位：100%）

数据来源：Statistics Canada. Table 32–10–0098–01 Farm product price index（FPPI），monthly

从各农作物及家畜、动物产品的细分类来看，2018 年 1–9 月中猪的价格指数波动较大，谷物、油菜籽、水果、蔬菜、牛、禽类和蛋类的价格指数相对来说比较稳定。

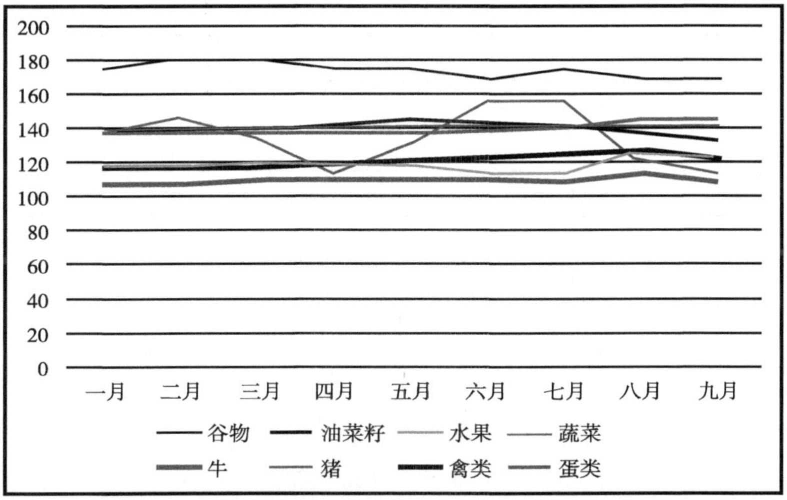

图 6–12 2018 年 1–9 月各农产品价格指数变化（2007 年为基期 单位：%）

数据来源：Statistics Canada. Table 32–10–0098–01 Farm product price index（FPPI），monthly

2018 年 9 月猪的价格指数同比呈下降趋势，下降了 13.2%。其他品类都为上升状态或保持不变，水果、牛、蛋类的价格指数上升变化较为显著，上升幅度分别为 10.8%、3.4% 和 6.4%。

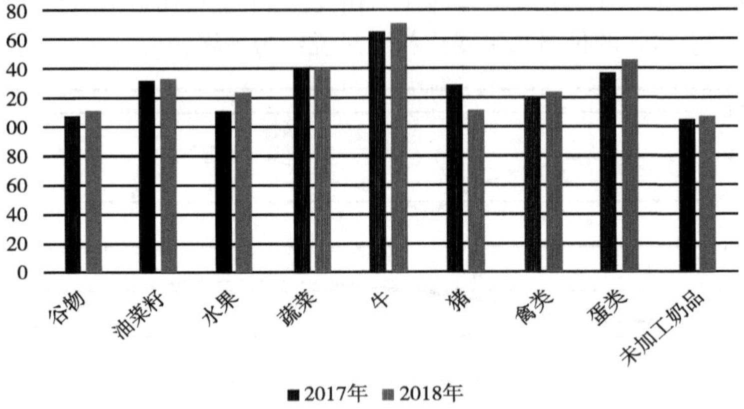

图 6–13　加拿大 2017 年和 2018 年个农产品价格指数对比（2007 年为基期 单位：100%）

数据来源：Statistics Canada. Table 32–10–0098–01 Farm product price index（FPPI）, monthly

（2）制造业

加拿大的制造业主要包含汽车、服装、造纸、科技设施、食品和公共设备等行业。截止到 2018 年 12 月，加拿大全年的工业制成品的销售额为 6885 亿加元，比 2017 年增长 5.68%。整体来看，2018 年的加拿大工业制成品销售额都比 2017 年的要高，增长率最高的为 7 月，达到了 12.9%。且两年的趋势大致相同。

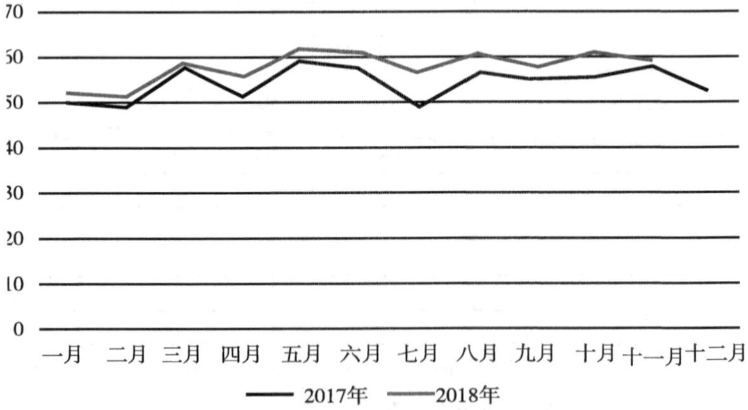

图 6–14　2017 年 –2018 年加拿大工业制成品销售额（单位：十亿加元）

数据来源：Statistics Canada. Table 16–10–0047–01 Manufacturers' sales, inventories, orders and inventory to sales ratios, by industry（dollars unless otherwise noted）

截至 2018 年 11 月，从加拿大各省来看，工业制成品销售额最高的为安大略，是 2758.94 亿加元；其次为魁北克，为 1443.5896 亿加元，阿尔伯塔为 646.01 亿加元，英属哥伦比亚为 467.05 亿加元，曼尼托巴为 178.43 亿加元，萨斯喀彻温为 147.98 亿加元，新不伦瑞克为 105.99 亿加元，新斯科舍为 75.47 亿加元，纽芬兰与拉布拉多为 50.12 亿加元，最低的为王子岛，为 14.73 亿加元。

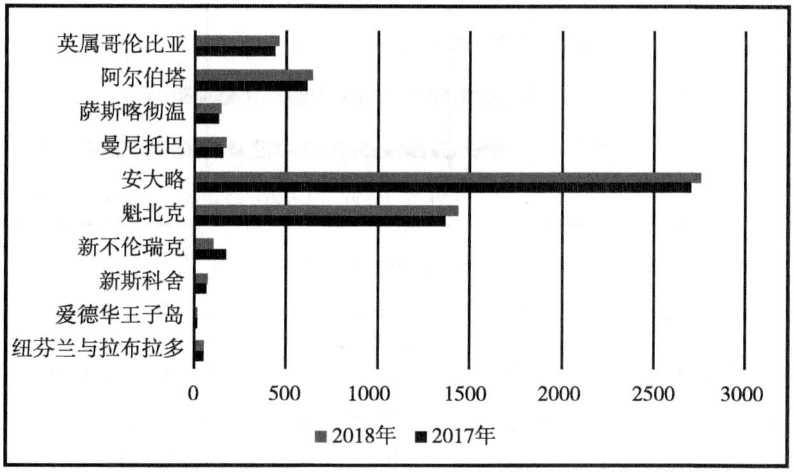

图 6–15　2017 年与 2018 年加拿大十省工业制成品销售额（单位：百万加元）

数据来源：Statistics Canada. Table 16–10–0048–01 Manufacturing sales by industry and province，monthly（dollars unless otherwise noted）（x 1,000）

10 省中有 7 省的工业制成品销售额经历了增长。截止到 2018 年 11 月，同比增长率最高的是萨斯喀彻温，为 9.76%；其次是曼尼托巴，为 8.29%；魁北克为 5.34%，英属哥伦比亚为 4.48%，阿尔伯塔为 3.03%，安大略为 1.81%；增幅最小的为新斯科舍，为 0.46%。其余 3 省为负增长状态，以新不伦瑞克下降幅度最大，达到了 37.43%，纽芬兰与拉布拉多为 12.41%，爱德华王子岛为 4.7%。

（3）服务业

加拿大的服务业包含教育、建筑、交通、金融、健康管理、通讯和政府部门。从就业规模来看，2018 年加拿大服务业中就业人数的前七名分别为批发零售业、医疗保健及社会救助行业、科学技术专业性服务、建筑业、教育类服务、住宿及餐饮业，以及交通运输和仓储行业。其中批发零售业的就业人数占全服务业的 19%。全服务业中占比最少的是房地产和租赁行业，为 2.3%。

在全服务业中就业人数与去年同期相比增长最高的为交通运输和仓储行业，为 5%；批发零售业、金融保险业、信息文化和娱乐业呈现负增长趋势，就业人数与去年同期相比分别下降了 0.53%、0.31% 和 0.3%。

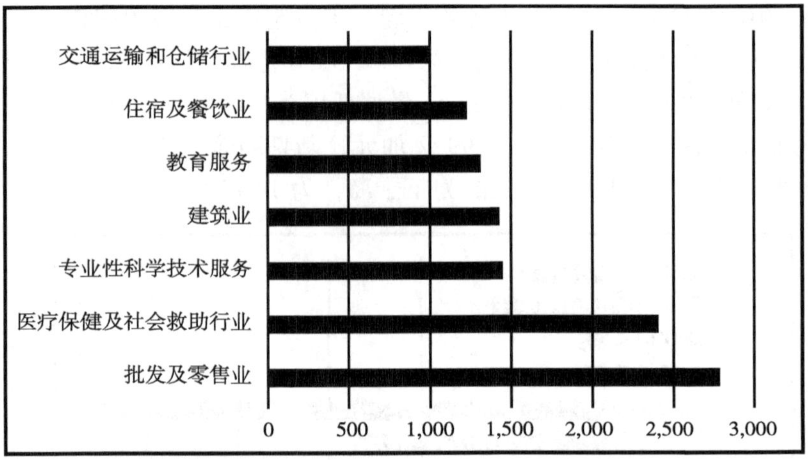

图 6–16　2018 年加拿大服务业就业人数前七名（单位：千人）

数据来源：Statistics Canada. Table 14–10–0023–01 Labour force characteristics by industry，annual（x 1,000）

按照产品生产行业和服务生产行业划分，2018 年 12 月，加拿大产品生产行业创造 GDP 为 5666.05 亿加元，服务生产行业创造 GDP 为 13732.58 亿加元，为产品生产行业的两倍以上。由图 6–17 可见，加拿大的行业结构比较稳定，且服务生产行业对 GDP 贡献程度很大，拥有较为先进和高附加值的行业结构。

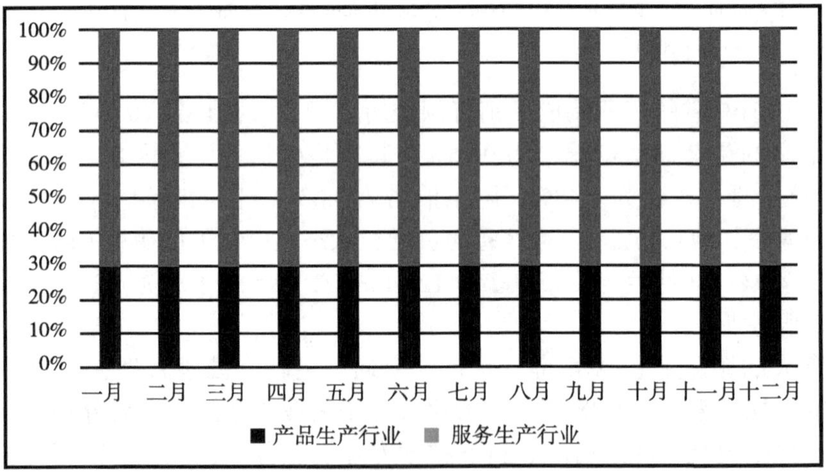

图 6–17　2018 年 1–12 月加拿大产品及服务生产行业所占 GDP 比重

数据来源：Statistics Canada. Table 36–10–0434–01 Gross domestic product（GDP）at basic prices，by industry，monthly（x 1,000,000）

5. 国际贸易

截止到 2018 年 12 月，加拿大的全年货物进出口总额为 11925.8 亿加元。其中出口额是 6072.4 亿加元，环比上升 5.77%；进口额是 5853.4 亿加元，环比上升 6.53%。

从趋势来看，2018 年 1–12 月加拿大的进口额先上升再趋于平缓，出口额先上升后下降，在 7 月达到峰值。这一年中除了 7 月，加拿大一直为贸易逆差，以 12 月的逆差最为显著。

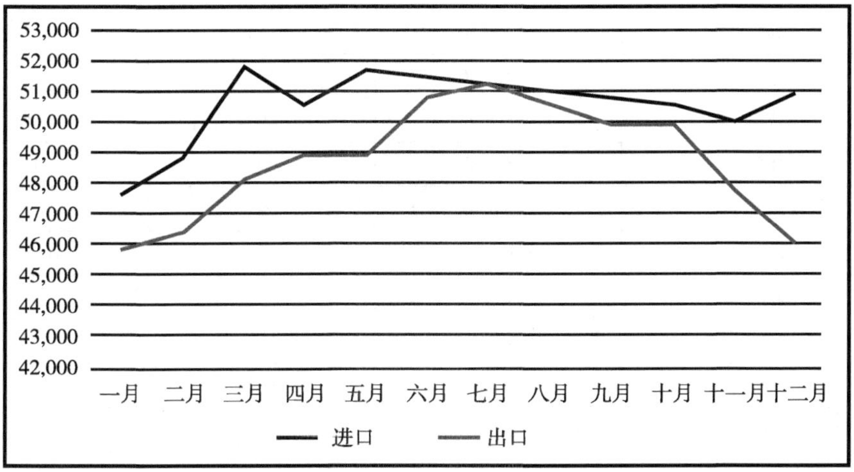

图 6–18　2018 年 1–12 月加拿大货物进出口额（单位：百万加元）

数据来源：Statistics Canada. Table 12–10–0011–01 International merchandise trade for all countries and by Principal Trading Partners，monthly（x 1,000,000）

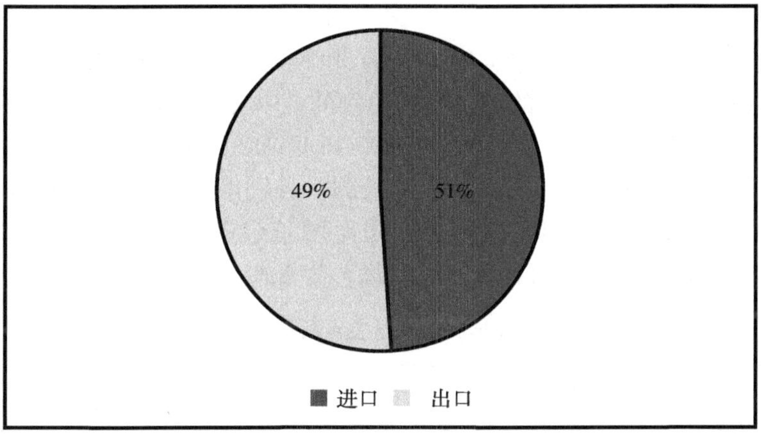

图 6–19　2018 年 1–12 月货物进出口比重

数据来源：Statistics Canada. Table 12–10–0011–01 International merchandise trade for all countries and by Principal Trading Partners，monthly（x 1,000,000）

综合一年的进出口额来看，加拿大的进口额和出口额相差不大，各占货物进出口总额的 50.9% 和 49.1%。整体上来说进口比出口略高一些，属于贸易逆差状态。

表 6–2　2018 年加拿大对主要贸易伙伴进口额　　（单位：百万加元）

国家和地区	金额	占比	同比
总值	50,389.50	100.0%	2.4%
美国	33,161.30	65.8%	3.2%
欧盟	4,933.60	9.8%	4.4%
中国	3,975.60	7.9%	3.1%
墨西哥	1,596.90	3.2%	–8.1%
日本	930	1.8%	–16.2%
韩国	683.3	1.4%	–1.4%
巴西	368.1	0.7%	16.7%
印度	319.9	0.6%	28.4%
瑞士	597	1.2%	–2.5%
澳大利亚	115.2	0.2%	–31.0%
印度尼西亚	101.7	0.2%	8.5%
新加坡	102.7	0.2%	–3.5%

数据来源：Statistics Canada. Table 12–10–0011–01 International merchandise trade for all countries and by Principal Trading Partners，monthly（x 1,000,000）

按国别来看，2018 年加拿大对美国的进口额占其总额的 65.8%，对欧盟的进口额占总额的 9.8%，对中国的进口额占总额的 7.9%，对墨西哥的进口额占总额的 3.2%。进口额分别为 3316.13 亿加元、493.36 亿加元、397.56 亿加元和 159.69 亿加元。同比前三个国家（地区）都是增长的，分别增长了 3.2%、4.4% 和 3.1%；对墨西哥的进口额同比下降了 8.1%。同比增长最多的是对印度的进口额，为 16.7%，下降最多的是对澳大利亚的进口额，为 31%。

表 6–3　2018 年加拿大对主要贸易伙伴出口额　　（单位：百万加元）

国家和地区	金额	占比	同比
总值	48,329.40	100.0%	4.4%
美国	35,336.80	73.1%	0.6%
欧盟	4,157.20	8.6%	20.1%
中国	2,629.80	5.4%	25.3%
墨西哥	788.4	1.6%	4.7%

续表

国家和地区	金额	占比	同比
日本	1,162.60	2.4%	22.3%
韩国	444.1	0.9%	7.3%
巴西	194.5	0.4%	24.3%
印度	310.2	0.6%	26.0%
瑞士	150.4	0.3%	-37.1%
澳大利亚	152.4	0.3%	-12.0%
印度尼西亚	207	0.4%	80.0%
新加坡	116.9	0.2%	-8.0%

数据来源：Statistics Canada. Table 12-10-0011-01 International merchandise trade for all countries and by Principal Trading Partners, monthly（x 1,000,000）

2018 年加拿大对美国的出口额占其总额的 73.1%，对欧盟的出口额占总额的 8.6%，对中国的出口额占总额的 5.4%，对日本的出口额占总额的 2.4%，出口额分别为 353368 百万加元、41572 百万加元、26298 百万加元和 11626 百万加元。对四个国家的出口额与去年同期相比皆呈增长势头，分别增长了 0.6%、20.1%、25.3% 和 22.3%。同比增长最多的是对印度尼西亚的出口额，达到了 80%；同比下降最多的是对瑞士的进口额，下降了 37.1%。

加拿大的逆差主要来自于中国、墨西哥、欧盟和瑞士，分别为 13.46 亿加元、8.09 亿加元、7.76 亿加元和 4.47 亿加元。顺差主要来自于美国、日本和印度尼西亚，分别为 21.76 亿加元、2.33 亿加元和 1.05 亿加元。

表 6-4　2018 年 1-9 月加拿大主要出口商品构成　　（单位：百万美元）

商品类别	1-9 月	上年同期	同比 %	占比 %
总值	338,633	312,089	8.5	100
矿产品	83,218	68,743	21.1	24.6
运输设备	53,010	54,331	-2.4	15.7
机电产品	35,643	33,339	6.9	10.5
贱金属及制品	27,114	23,845	13.7	8
化工产品	21,319	18,160	17.4	6.3
植物产品	14,916	15,034	-0.8	4.4
贵金属及制品	13,654	14,124	-3.3	4
塑料、橡胶	12,888	11,869	8.6	3.8
纤维素浆；纸张	12,283	10,680	15	3.6

续表

商品类别	1-9 月	上年同期	同比 %	占比 %
木及制品	11,261	10,409	8.2	3.3
食品、饮料、烟草	10,587	9,839	7.6	3.1
活动物；动物产品	9,159	9,127	0.3	2.7
家具、玩具、杂项制品	5,523	5,614	-1.6	1.6
光学、钟表、医疗设备	5,325	5,022	6	1.6
动植物油脂	2,496	2,332	7.1	0.7
其他	20,238	19,622	3.1	6

数据来源：中华人民共和国商务部《国别贸易报告》①

按商品类别看，2018 年 1 月至 9 月，加拿大的主要出口商品包括机电产品、运输设备和矿产品，该三种商品的出口额分别为 35643 百万美元、53010 百万美元和 83218 百万美元，占加拿大出口总额的 10.5%、15.7% 和 24.6%。其中运输设备同比下降 2.4%，另外两种主要出口产品同比都为上升趋势，其中矿产品增幅明显，为 21.1%。

表 6-5　2018 年 1-9 月加拿大主要进口商品构成（单位：百万美元）

商品类别	1-9 月	上年同期	同比 %	占比 %
总值	347,042	322,201	7.7	100
机电产品	84,124	77,911	8	24.2
运输设备	67,695	63,809	6.1	19.5
矿产品	31,324	25,259	24	9
化工产品	30,487	27,965	9	8.8
贱金属及制品	24,256	21,475	13	7
塑料、橡胶	17,884	16,886	5.9	5.2
食品、饮料、烟草	14,382	13,860	3.8	4.1
家具、玩具、杂项制品	11,298	11,038	2.4	3.3
纺织品及原料	10,944	10,612	3.1	3.2
光学、钟表、医疗设备	9,966	9,610	3.7	2.9
植物产品	9,251	8,996	2.8	2.7
贵金属及制品	6,543	7,433	-12	1.9
纤维素浆；纸张	6,202	6,021	3	1.8

① https：//countryreport.mofcom.gov.cn/record/view110209.asp?news_id=61585

续表

商品类别	1-9 月	上年同期	同比 %	占比 %
陶瓷；玻璃	4,184	4,047	3.4	1.2
活动物；动物产品	3,859	3,790	1.8	1.1
其他	14,643	13,488	8.6	4.2

数据来源：中华人民共和国商务部《国别贸易报告》①

机电产品、运输设施和矿产品这三类商品在加拿大的进口中占比最大，2018 年 1 月至 9 月，这三类商品的进口额共计为 1831.43 亿美元，占加拿大的进口总额的 52.8%。整体来说除贵金属及制品同比下架 12% 以外，整体进口呈上升态势，其中矿产品增加的最多，为 24%。

2018 年国际贸易服务项下收支总额为 2666.6 亿加元。其中服务项下支出为 1461.5 亿加元，收入为 1205.1 亿加元，收支余额为逆差 256.4 亿加元。在各服务项下商业服务所占比重最大，收支余额表现为顺差，交通和旅游业均为逆差。

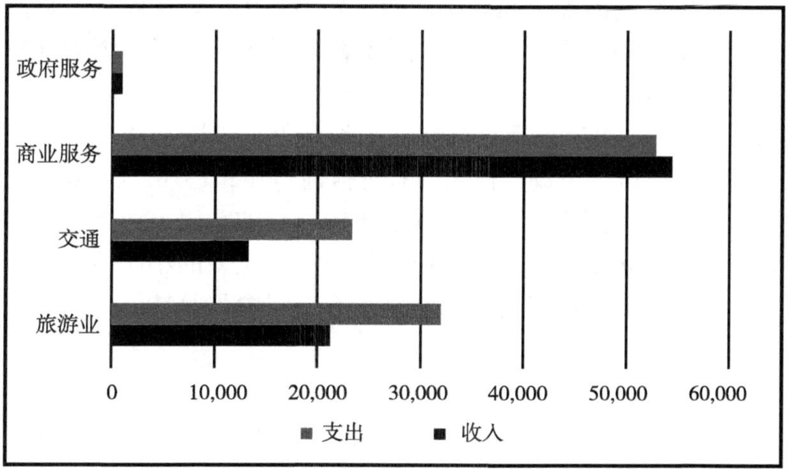

图 6-20　2018 年前三季度国际贸易服务业收支情况（单位：百万加元）

数据来源：Statistics Canada. Table 36-10-0021-01 International transactions in services, by category, quarterly（x 1,000,000）

二、2018 年重要事件回顾

2018 年对加拿大来说是充满挑战的一年，新北美自由贸易协定的确定和国际

① https://countryreport.mofcom.gov.cn/record/view110209.asp?news_id=61586

油价持续疲软等都在不同程度上影响了加拿大经济的诸多方面。具体地，这一年里有五个特别值得关注与回顾的事件。

1. 新北美自由贸易协定（USMCA）落地

2018 年 10 月 1 日，加拿大外长弗里兰和美国贸易代表莱特希泽发布联合申明，美国、墨西哥、加拿大三国达成贸易协定，加拿大将参加新的协议 USMCA，即美墨加三国协议，这将代替 NAFTA。

对于加拿大来说在 USMCA 下获益最大的行业是汽车行业，USMCA 在一定程度上豁免了加拿大的汽车出口关税。按照 USMCA 附加条款，加拿大在美国施行针对汽车的 232 关税的条件下，每年能免关税出口车辆到美国，但出口有一定条件，要在 260 万辆以内。整体来说，这一关税政策的制定使加拿大的安大略省从中获利最明显，因为该省以汽车制造为主，该省汽车行业及其相关行业的员工约有 12 万。

与此相对的是，加拿大的家禽产品以及奶制品市场将开放给美国，美国出口到加拿大的乳产品的市场份额是 3.6%。这将会给加拿大的各产业造成低价冲击，比如加拿大当地的乳制品加工商和生产商、奶牛农场、禽类农场、鸡肉加工厂等都会受到影响。受到影响最大的省是魁北克省以及安大略省，因为这两省的产品以乳制品为主，市场份额较高，在加拿大占 80%。

整体来说 USMCA 协定把重点放在北美地区上，该协定整合了美国、墨西哥和加拿大三国的产业链和市场，使之具有排他性。除此之外，USMCA 在重心上更偏向于美国，其利益分配模式主要体现了美国自身的意愿。如果该模式在世界范围内传播开来，那么将使各国之间的协议造成越来越多的小团体，从而使全球层面的经济行为成本上升，同时跨境产业链也会变得愈加复杂，这将不利于跨国公司开展业务①。

2. 油价持续疲软，加元下跌

加拿大的能源出口占很大比重，原油出口为加拿大创造了大量的外汇，因此原油价格能够明显地影响加元汇率。

图 6–21 为 2018 年 10 月 1 日至 12 月 31 日加元兑美元走势，可见加元这两月来整体处于持续走低状态。

2018 年 12 月 24 日，纽约的原油期货出现了一次较明显的下降幅度，价格下跌了约 7%。油价在 10 月达到近 4 年的峰值，为每桶 76.90 美元，与之相较，12 月原油期货价格下降达 40% 以上。

不断上涨的美国原油产量是油价下跌的主要原因之一，由于美国原油的日产量持续增加，美国在国际石油市场中的地位影响力越来越大。除此之外，由于全

① 周密．从 NAFTA 到 USMCA：看点在哪儿［J］．世界知识，2018（20）：11.

球经济增长速度变缓，股市出现下跌情况，再加上美国调整货币政策，市场上开始出现忧虑情绪，原油价格前景不明朗，从而导致加元“跌跌不休”。

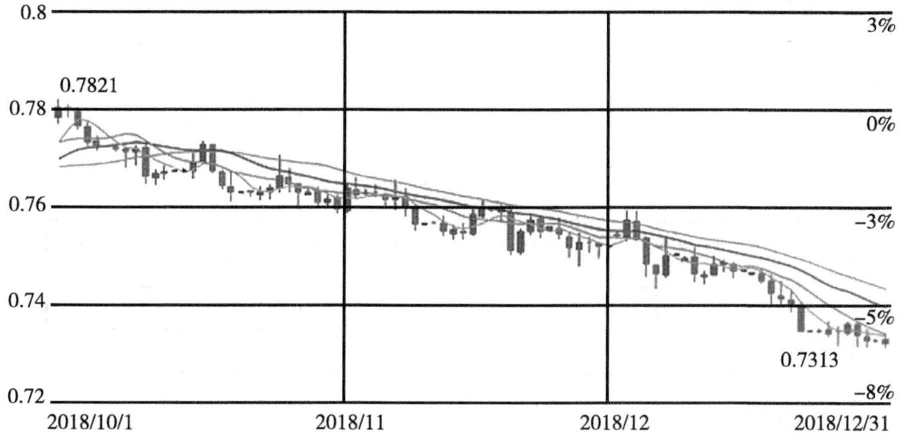

图 6-21　2018 年 10 月 1 日 -12 月 31 日加元兑美元走势（单位：美元 / 加元）

数据来源：新浪财经[①]

3. 加拿大央行年内三次加息

2018 年 1 月，加拿大在全世界范围内第一个加息，央行基准利率上调至 1.25%，达到了一个新高度。其最后一次加息是在 10 月，基准利率上调达到 1.75%，据加拿大央行所示，约 3% 的基准利率是其未来目标。

基于 3% 的中性水平目标，加拿大的国债收益率增速会变得比较不明显，相对来说平缓。平缓的收益率可以使投资者更愿意进行短期投资，并且使投资者承担的风险降低，另外还可以提高生产率。

据加拿大央行表示，目前世界经济的发展趋势相对来说比较稳定，北美地区贸易政策也正在降低其不确定性。但是，国际范围的贸易争端也不在少数，比如美国和中国之间的贸易摩擦影响也颇深，会影响到世界范围的经济变动以及物价水平。近期金融市场又出现了一些变动，新兴市场会因此受到冲击，但整体上来说，世界范围内的金融环境相对宽松。

4. 实施严格的房屋贷款政策

2018 年 1 月 1 日，加拿大政府发布了一个和房屋贷款相关的新政策，该政策规定申请房屋贷款者要通过压力测试才能成功贷款。在这项新规定的要求下，要通过压力测试的受众还包括了首付款 20% 以上、没有买保险的房屋贷款申请者。

压力测试指的是，申请房贷的人除了需要有能力负担现下的银行给的房屋贷款之外，还必须能够负担在银行给出的五年房屋贷款的利率基础上的贷款。该测

① https://finance.sina.com.cn/money/forex/hq/CADUSD.shtml

试旨在判断借款人在市场利率增加后，是否还能够承担已有债务。通不过这项测试的房屋贷款者无法取得借款资格。因此，这个政策给借款人的贷款能力造成了一定程度上的削弱。

该项政策旨在使火爆的房地产市场降温，并且对加拿大人的债务水平进行限制，避免其产生过高的风险，也必然会降低加拿大人在房地产方面的购买力。另外由于加拿大央行的加息，房贷的固定利率也会随之提高，持续上升的利率也将持续限制房地产市场范围内的购买力，使其持续降低。

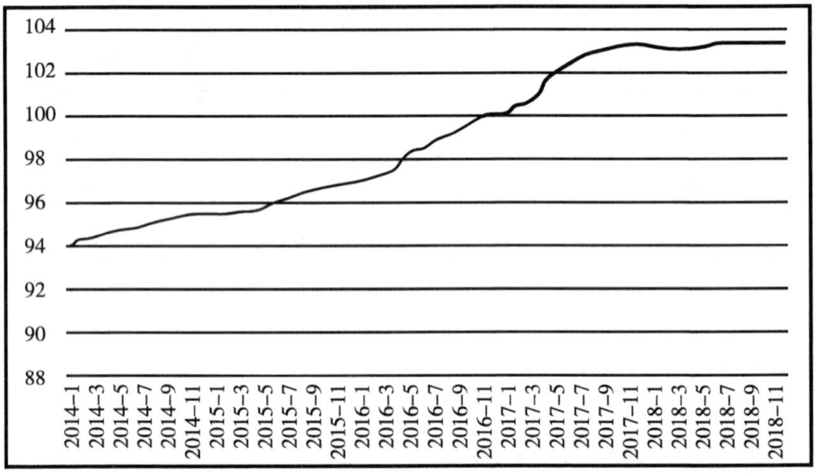

图 6–22　2014 年 1 月 –2018 年 11 月加拿大房价指数（以 2016 年 12 月为基期，单位：%）

数据来源：Statistics Canada. Table 18–10–0205–01　New housing price index，monthly

自新的抵押贷款政策实施之后，加拿大的房屋销售明显降温，但实际上房价并没有明显地降低。以 2016 年 12 月为基准，加拿大 2018 年的房价指数基本保持在 103 附近，相对来说比较稳定。

5. 大麻合法化

2018 年 10 月，加拿大的大麻实现了合法化，具体表现为年满十八岁的成年人可以合法持有一定量的大麻。在此新法规实施后，加拿大的成年人能够合法购买大麻及大麻相关制品，比如大麻油和大麻种子，限制条件是大麻及其相关产品的零售商和生产商都必须是受到官方管制的。除此之外，成年人在公共场合携带一定量的干大麻也是被允许的，每户种植大麻的数量也有了具体限制，四棵大麻及以下都是合法的。

自 20 世纪 50 年代以来，在全球范围内大麻已成为了十分普遍的毒品，但是在荷兰以及美国的一些州都实现了大麻合法化。一直以来，大麻都很受加拿大部分年轻人的欢迎，有许多的大麻吸食者，但是吸食大麻在加拿大一直是违法的。

加拿大使得大麻合法化后，获益最多的显然是大麻产业，预计将衍生出生产大麻、运送大麻、线下销售以及其他多个相关的产业。

2000 年，加拿大有法律规定，某些具有医生诊断证明的、必须接受大麻来进行药物治疗的患者，可以自己种植大麻并使其作为药物使用，并且种植之前还需要得到许可。除了病人外，其他人不得种植、使用大麻，或者进行大麻交易。小特鲁多于 2015 年提出了推动大麻合法化的提案，为的是竞选加拿大联邦总理。他给出的理由是禁止大麻的使用并不能从其根源上解决问题，而只会造成过多的黑市交易。因此最好是由政府进行监督大麻的生产和销售，从而扼杀黑市的猖獗，保护大麻使用者的权益。这种解释可能有其合理的地方。然而，其试图使大麻合法化的主要目的可能还是为了获得四百多万的选票。

三、未来与展望

2018 年，加拿大经济发展中表现最好的方面是就业。新就业岗位攀升并且失业率有所下降。但是，从经济增长率来看，2019 年可能与去年不具有可比性。这主要是由于加拿大家庭的强劲消费势头造成的。2018 年加拿大的经济增长率只有约 2%，不及 2017 年的 3%。尽管加拿大已经与美国和墨西哥两国达成了 USMCA，但是全球贸易战并没有要结束的迹象。美国经济的低迷将不可避免地影响加拿大的出口；英国的脱欧战争会给世界经济带来不确定性，可能产生全球范围内的深度影响；此外中美贸易战也可能在一定程度上影响加拿大的经济。

加拿大的经济也受到了油价继续下跌的很大影响，但油价下跌对加拿大经济的影响不会过于巨大，就像 2015 年的表现那样。原因一是在于油气在加拿大经济中的地位没有以前那么大了，另一个原因是加拿大对油价的下跌相较 2015 年有了一定的思想准备。除了油价下跌之外，美国众议院的权力交接、石油输出国组织的减产行为和中美之间的贸易谈判等因素均会进一步影响加元汇率。这些因素都会使原油的价格受到影响，进而使加元汇率出现变动。

加拿大很多家庭都面临着债务增加和储蓄率不足的问题，利率如果继续上升，许多加拿大人可能就会破产。根据分析师预测，由于原油价格的下降，加拿大央行会采取比较谨慎的行为，但 2019 年预计还会再加息两次。加拿大央行如果继续跟随美联储的脚步，完成加息的周期，那么加拿大房地产行业则会首当其冲。如果再次提高利率，加拿大人会更难获得房屋贷款，贷款利率和住房成本都将会增加，加拿大人的债务也会越来越高，甚至濒临破产。

大麻合法化后，由于使用大麻的员工数量会相应地增多，尤其是年轻员工，这样就会使其所在公司的管理成本上升，主要是石油与天然气相关产业。由于这类行业的工人经常操作重型器械，甚至暴露在爆炸性气体的环境中，因此这些员工需要一直保持清醒状态，这就要求他们不能饮酒或者吸毒。为了防止出现这种情况，公司需要对其员工进行药物含量的测试。大麻的使用合法化后，员工非清醒状态的情况会随之增多，公司在此方面就会增加相关的监管成本，除此之外，员工的流失率也会相应增多。本来由于全球石油和天然气价格下降加拿大的石油和天然气行业就已经受到严重影响，如果再因此而增加劳动力成本，那么加拿大的油气相关行业可能会面临更大的困境。

第七章　2018 年韩国经济回顾与展望

曹雪城[①]

一、经济概况

2018 年，全球经济增长分化明显，进入了新一轮的调整阶段。以中美为代表的各主要经济体之间愈演愈烈的贸易摩擦以及美联储的屡次加息，也为前景不明的全球经济带来了较为负面的预期。面对这样的国际环境，高度依赖国际市场的韩国自然不能独善其身。韩国 2018 年的经济增长并未如早前预期和外界所预料的那样“光鲜”，较 2017 年出现了明显下滑态势，国内消费和企业设备投资均出现明显萎缩。不过反向来看，面对外部环境的“波澜”，韩国的传统优势产业依然成为韩国经济增长的“压舱石”。作为全球主要的贸易大国之一，韩国在电子、造船、钢铁等制造业细分领域均具有世界级的影响力。尤其是 2017–2018 年出现的全球电子消费品热和对高端能源运输船需求的复苏，让韩国几大支柱产业获益颇丰，使得韩国在面对外部贸易环境的恶化时依然保持了经济增长的总体稳定。这都得益于韩国多年来在这些领域的持续研发投入和在高附加值制造业领域内的领先地位。与此同时，过度依赖出口和中小企业萎缩等经济中的结构性问题，以及青年高失业率、老龄化、少子化等长期困扰韩国的社会问题依然没有得到有效的缓解。尤其是韩国不断萎缩的新增人口将很快为韩国的潜在增长带来消极影响，这都需要韩国政府及全社会给予更多的支持和关注。

1. 国内生产总值（GDP）

2018 年，韩国经济总量继续保持增长。国际货币基金组织（IMF）年末发布的《2018 全球经济展望》报告显示，按现价美元计算，韩国 2018 年的名义 GDP 首次突破 1.6 万亿美元，达到 1.655 万亿美元。[②] 从全球范围内来看，其经济总量位列美国、中国、日本、德国、英国、法国、印度、巴西、意大利和加拿大等国

① 曹雪城，北京外国语大学南方研究院。

② World Economic Outlook Database, October 2018, International Monetary Fund, https://www.imf.org/external/datamapper/NGDPD@WEO/OEMDC/ADVEC/WEOWORLD.

之后，这也是韩国经济总量连续第四年排名全球第十一位，居于全球前列。

纵向来看，韩国经济虽然继续保持平稳增长态势，GDP 也再创新高，但横向对比就会发现，其占世界经济总量的比重却开始进入持续下行通道。按购买力平价标准计算，2018 年韩国 GDP 占全球总量的份额进一步下探至 1.58%，已连续第八年呈下降趋势，回到 2001 年的水平（见图 7-1）。① 这一方面是因为作为发达经济体，韩国已步入经济低速增长阶段，增速和增量都较为有限，相对狭小的市场规模和人口基数也决定了韩国经济实现大幅突破的可能性已不存在。另一方面，虽然近年来经济增长速度已普遍有所放缓，但中国、印度、巴西等广大新兴和发展中经济体，却日益成为全球经济增长的主要动力，并且在总量上不断挤压原本属于发达经济体的份额。韩国经济的这一趋势也与发达经济体经济总量占全球比重近十年来的持续下降趋势保持了一致。按照 IMF 的预测，未来韩国经济在全球经济中的份额大概率将继续减少，这也预示着韩国经济对全球经济发展的影响力正在日益走向弱化。

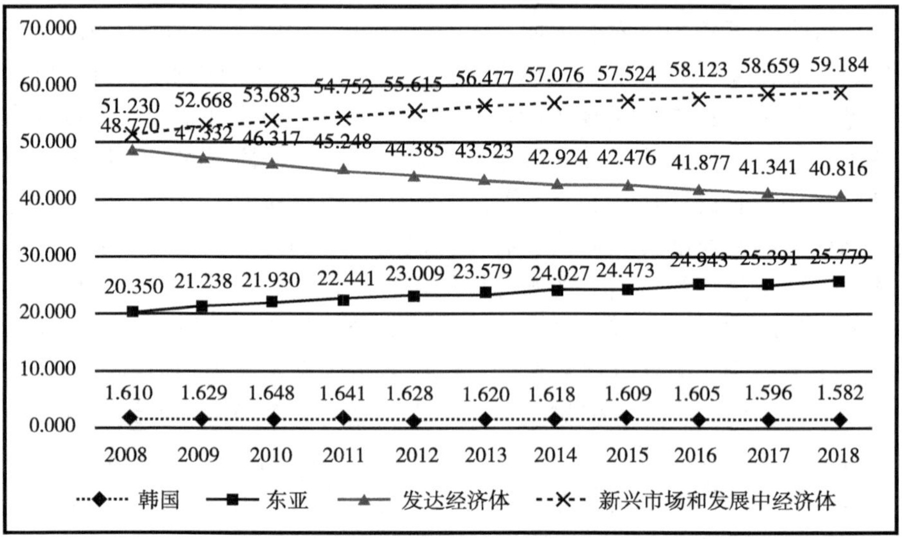

图 7-1　2008-2018 年韩国及其他经济体 GDP 占全球份额变化（%）

数据来源：IMF（国际货币基金组织）

此外，韩国 2018 年 2.8%（韩国央行的统计数据为 2.7%）的 GDP 增长率也打击了许多人此前的乐观情绪。在主要经济活动中，农林业增长 1.4%，工矿业增长 3.5%，制造业增长 3.6%，电器、燃气及水道业务增长 2.3%，服务业增长 2.8%。

① World Economic Outlook Database，October 2018，International Monetary Fund，https：//www.imf.org/external/datamapper/NGDPD@WEO/OEMDC/ADVEC/WEOWORLD.

而由于去年韩国房价飙升，韩国政府为了稳定房价推出了异常严厉的房地产调控政策，这使得主要行业中只有建筑业出现下降，降幅高达 4.2%。[①] 而按支出项目类别来看，2018 年韩国民间消费和政府消费均呈明显恢复态势，分别较去年增长了 2.8% 和 5.6%，达到了自 2013 年以来的最高点。但建设和设备投资同时出现了下降，降幅分别为 4% 和 1.7%，[②] 这与前述建筑业的萎缩呈现出高度的关联性，在一定程度上拖累了全年 GDP 的增速。

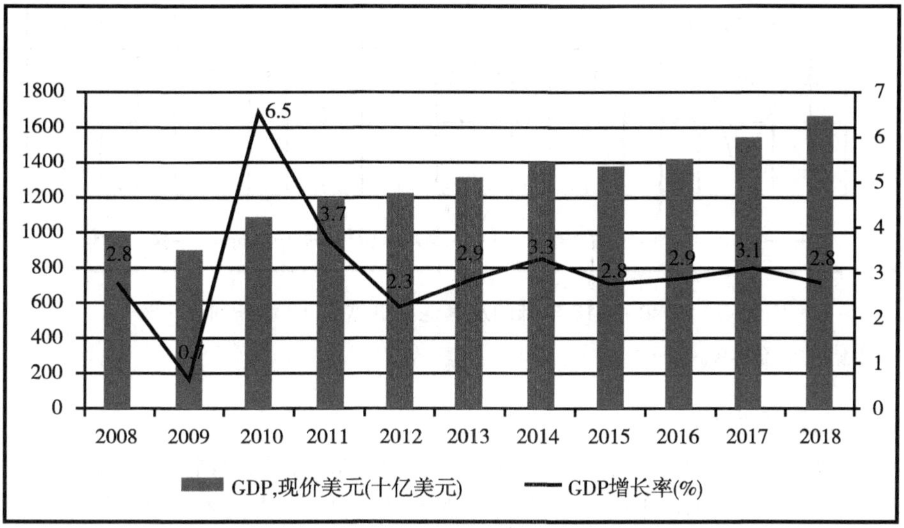

图 7-2 2008-2018 年韩国 GDP 及其增长率变化

数据来源：国际货币基金组织

回顾 2017 年，韩国当年的实际 GDP 增长率为 3.1%，这是继 2014 年的 3.3% 之后韩国 GDP 首次重回 3% 以上的增长水平，且高于文在寅新政府 3% 的增长目标，也好于外界此前的普遍预期。[③] 然而“好景不长”，2018 年其 GDP 增速再次回落至 2015 年的水平，已降至近 6 年来的最低点，仅略高于发达经济体在 2018 年的平均增速（见图 7-2、图 7-3）。韩国知名财经类智库“现代经济研究院”将韩国经济放缓的原因归结为韩国国内需求萎缩的加剧和世界经济增长的进一步放缓，[④] 这样的分析可以说代表了韩国政府和学术界的主流意见。

---

① 韩国统计厅，http：//kosis.kr/statisticsList/statisticsListIndex.do?menuId=M_01_01&vwcd=MT_ZTITLE&parmTabId=M_01_01#SelectStatsBoxDiv

② <2018 년 4/4 분기 및 연간 국내총생산（속보）>（2018 年第四季度及全年国内生产总值【速报】），한국은행（韩国银行），https：//www.bok.or.kr/portal/bbs/P0000559/view.do?nttId=10049671&menuNo=200690.

③ 曹雪城：《二十国集团（G20）发展报告 2017-2018》，经济日报出版社，2018 年 8 月，第 83 页

④ “현대경제研 경제성장률 하향 조정…내년 더 어렵다（现代经济研究院：经济增长率下调…明年将更加艰难）”，http：//www.newdaily.co.kr/site/data/html/2018/12/16/2018121600025.html.

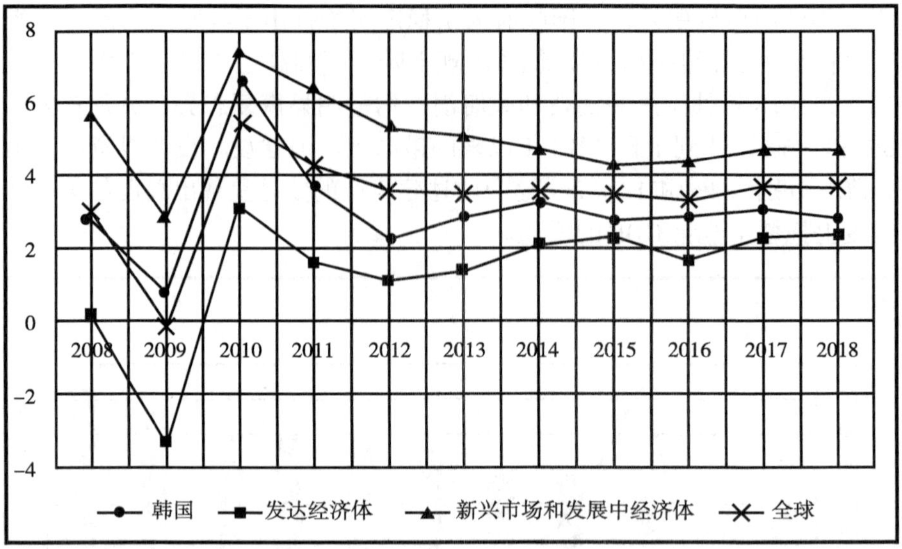

图 7-3　2008-2018 年韩国及其他经济体 GDP 增长对比（%）

数据来源：国际货币基金组织

2. 财政及国际收支

韩国政府的财政收入主要由国税收入、税外收入以及社保基金等国家基金收入等三部分构成。2018 年前十一个月，韩国共实现财政收入 432.7 万亿韩元（约合 2.55 万亿元人民币），较去年增长了 33.5 万亿韩元，增幅为 8.4%，是韩国 2018 年 GDP 增速（2.8%）的 3 倍。其中，国税收入一项一直占据其财政收入的主体，总金额达到 280 万亿韩元，占总收入的 64.7%，较 2017 年小幅上升了 1.6 个百分点。同时与 2018 年预算值相比大幅超收了 25.4 万亿韩元，突破了历年来的最大超收额，① 使得韩国政府的税收计算能力和财政运营方式都受到了不小的质疑。

而财政支出方面，2018 年 1-11 月韩国财政总支出为 395.3 万亿韩元，较 2017 年共增加了 25.3 万亿韩元，同比增长了 6.8%，已完成年度支出计划的 91.4%。总财政支出中，向地方转移支付 266.6 万亿韩元，占总支出的 67.4%，成为财政支出的主体。韩国 2018 年前十一个月共实现财政盈余 37.4 万亿韩元，如果除去同期社会保障基金的盈余部分，则意味着 0.2 万亿韩元的财政赤字，基本与 2017 年持平，继续保持着轻度财政赤字的状态，整体财政状况较为健康。

2018 年韩国政府债务总额继续小幅升高，但依然处于合理区间。截至 2018 年 11 月末，韩国中央政府负债总额为 667.3 万亿韩元，已略高于 2017 年全年的债务总额，其中 99% 以上为国债。从前十一个月的数据情况来看，2018 年韩国政

① “작년 국세수입 293 조, 역대 최대（去年国税收入 293 万亿，历年最大）”，http：//www.naeil.com/news_view/?id_art=303921.

府的负债率（政府债务与 GDP 的比值）将延续小幅上升的态势，但依旧处于可控范围内。不过，韩国的居民债务始终处于高位运行状态。韩国统计厅与韩国银行 2018 年 12 月末发布的数据显示，当前韩国家庭的平均本息负债额达到 1637 万韩元，同比增长了 8.1%，但韩国家庭 2018 年的平均可支配收入仅增长了 2.7%，负债增长是可支配收入增长的近三倍，负债占家庭可支配收入的比例也较上年增长了 0.6 个百分点，① 这就意味着韩国居民的债务负担在加重。居民负债率的持续增加不仅会导致日常消费的萎缩，还将弱化韩国家庭的抗风险能力，降低韩国社会的金融稳定性。这就需要韩国政府采取更多措施将居民负债控制在合理范围，但核心还在于推动居民收入的提高。

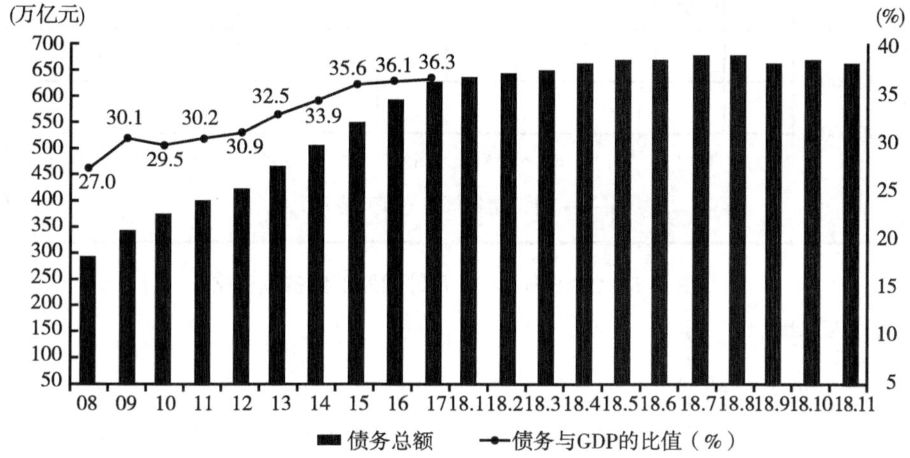

图 7-4　韩国中央政府债务变化

数据来源：韩国企划财政部

此外，美国过去一年间的数次加息，已让全球货币市场陷入一定程度的流动性紧张状态，韩国也因此受到影响。尽管 2018 年的韩国经济增长不及预期，但面对不断扩大的韩美利差和家庭债务，韩国央行不得不于 2018 年 11 月将基准利率从 1.5% 上调至 1.75%，这也是韩国自 2017 年 11 月以来的首次加息。不过，韩国此举并不孤独，此前已有印尼、菲律宾等东南亚国家先后加息以应对汇率和资本外流风险。美联储的不断加息不仅造成了许多亚洲国家和地区货币汇率的不断波动，还促使国际资金回流美国。利率的提升不仅会增加这些国家国内企业的融资成本，还会打击国内消费。同时，国内外利差的不断放大，也会促使外资加速撤离韩国市场。因而，面对日益严峻的资金外流压力，只有调整短期利率，才能换

① "대출 원리금 상환에 조들린 2018 년…내년이 더 문제다（在偿还贷款本息中挣扎的 2018 年…明年更麻烦）"，http：//news.hankyung.com/article/2018123046807.

取韩国长期的金融稳定。从韩国央行所提供的数据中可以看到，自 7 月起，韩国外汇储备增速明显放缓，甚至出现了负增长。[①] 因此，韩国央行选择 11 月加息也在情理之中。如果美联储 2019 年继续加息，预计韩国央行也将被动跟进。

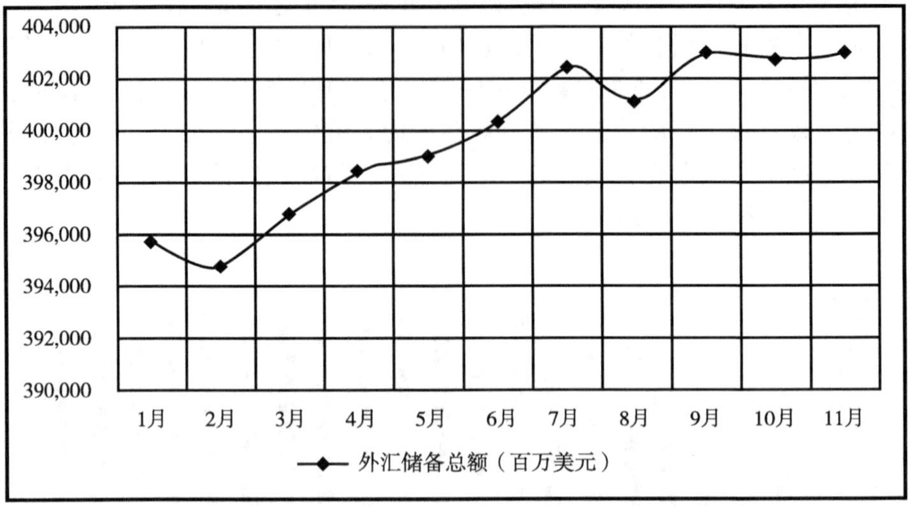

图 7–5　2018 年 1–11 月韩国外汇储备额变化

数据来源：韩国统计厅

3. 居民收入与就业

2018 年，韩国国民人均收入首次突破三万美元大关，达到 31496 美元，这也让 2018 年成为韩国经济发展史上具有重要意义的一年。按照韩国相关媒体的统计，迄今为止，OECD（经合组织）国家中，实现人均收入突破 3 万美元的国家先后有 23 个，韩国则成为第 24 个。韩国也是人口超过 5000 万的国家中，第七个实现这一目标的国家，紧随美国、日本、德国、英国、法国和意大利等发达工业国之后。而在这些国家中，目前只有美国（3.8%）的经济增长率高于韩国。[②] 因此，包括韩国执政党官员在内的许多人对韩国未来几年的经济增长依然保持乐观，认为当下韩国经济状况同朴槿惠时期相比已明显改观。

不过，韩国国内也有一部分人对韩国未来的经济和收入增长持谨慎态度。因为在人均收入突破三万美元之后，由于向上攀升动能不足，OECD 国家普遍出现了经济增长率下滑、失业率升高等问题。韩国国民总所得（GDI）增速近年来的不断走低似乎正在印证着这一规律——2018 年韩国国内总所得仅增长了 1.1%，已

① 한국은행 경제통계시스템（韩国银行经济统计系统），http：//ecos.bok.or.kr/.

② “이제 국민소득 4 만불 목표”，‘3% 성장’ 불가능하지 않다（现在国民所得超 4 万目标，3% 经济增长率并非不可能），http：//news.mt.co.kr/mtview.php?no=2019021118011540464.

降至近十年来的最低点（见图 7–5）。未来，韩国人均收入的进一步提升将有赖于韩国是否能维持自身在部分制造业细分领域内的优势以及在全球贸易市场上的份额和地位。寻找新的经济增长点，紧跟第四次科技革命的大势对韩国来说似已迫在眉睫。

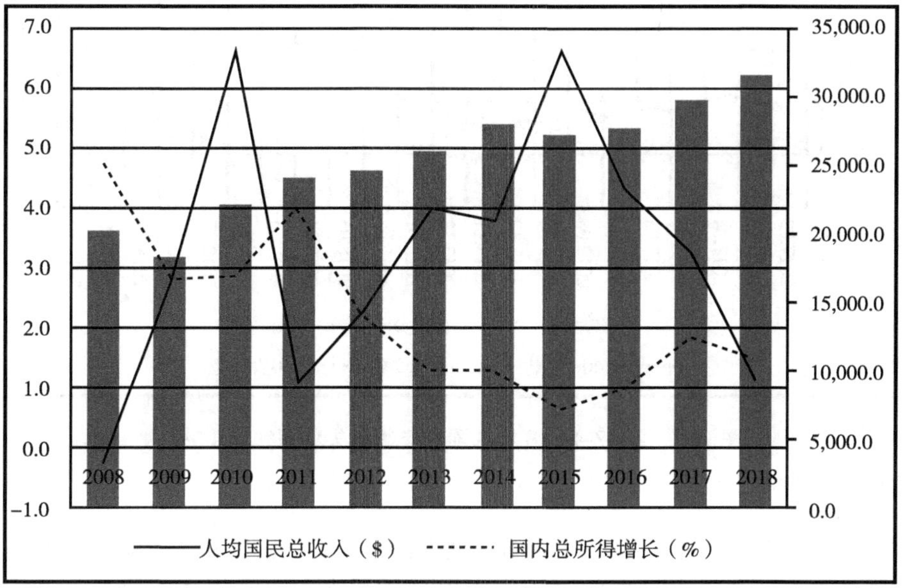

图 7–6　2008–2018 年韩国居民收入及物价增长变化

数据来源：韩国统计厅

在居民就业方面，持续高位运行的社会失业率一直是近年来韩国经济的一个难题。韩国新一届政府也对此采取了一系列措施，但目前看来成效甚微。2018 年，韩国总体失业率始终在 4% 上下徘徊，同其他 OECD（经合组织）国家相比而言并不算高，尚处于正常水平。但韩国 20–29 岁年龄段青年阶层的高失业状况却显得尤为特殊，多年来未能得到改善。根据韩国统计厅的数据，韩国这一年龄段年轻人的失业率接近 10%，较其他年龄段劳动阶层高出近一倍，说明韩国社会不能为初入职场的年轻人提供足够岗位。加之韩国高等教育发达，近年来每年从大学毕业的大学生超过 50 万人，[①]数量庞大，进一步助推了这种年轻却找不到工作的现象。

① 韩国统计厅，http：//kosis.kr/statisticsList/statisticsListIndex.do?menuId=M_01_01&vwcd=MT_ZTITLE&parmTabId=M_01_01#SelectStatsBoxDiv

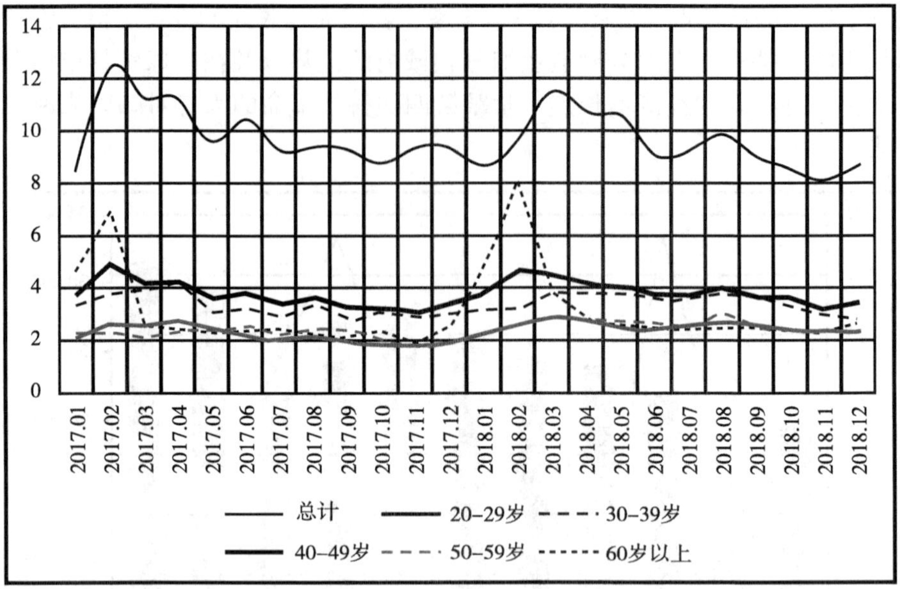

图 7-7　2017-2018 年韩国各年龄层失业率统计（%）

数据来源：韩国统计厅

韩国青年层失业率高有几个方面的原因。一方面是因为韩国实行的普遍义务兵役制，这一制度要求符合条件的韩国男性必须在 20-30 岁之间服兵役。许多年轻人在大学毕业后选择放弃就业，直接入伍，从而导致该年龄层的失业率上升。但这一原因并不能解释同年龄层韩国女性同样失业率较高的问题。另一方面，韩国中青年阶层在就业择业时，普遍对三星、现代等工资较高、福利待遇也较好的“大财阀”企业有所青睐。但这些企业由于体量本已十分庞大，因而每年所能提供的新岗位与庞大的新增就业人口相比捉襟见肘，进而导致岗位竞争异常激烈。这就催生了韩国的“结构性失业”问题：一方面，大企业岗位竞争日益激烈，而另一方面，中小企业的招聘需求却鲜有人问津，劳动力缺口变大，有的不得不通过引入国际劳工的方式加以解决，进而引发新的社会问题。

面对就业形势的日益严峻，努力成为政府雇员也成为大量韩国年轻人的重要选择。2018 年，韩国 9 级国家公务员考试的报名者超过 20 万人，几乎占据了韩国当年求职者总数的四成，而录取人数则不到 5000 人，平均竞争比率超过 1：41。激烈的竞争迫使许多谋求稳定工作的年轻人暂缓求职而专心备考，有的甚至为此选择辞职，青年失业率自然攀升。2018 年，文在寅政府为了提振青年就业率，推出了韩国史上最大规模的公务员录用计划，总选拔人数达到 6 万 3677 名，中央和地方公务员录用总数分别达到 37985 名和 25692 名，较去年大幅增加了 11972 人，增幅高达 23%[1]。但扩大政府规模只能暂时缓解韩国青年的高失业率问题，只有限制大企业的过度扩张和产业多元化，扶植中小企业和创新创业才能创造更多的就业岗位。毕竟从全球范围内来看，处在相对不利地位但数量庞大的中小企业才是吸纳社会就业的主要渠道。

不过，还有一部分韩国经济学家认为，所谓的"文在寅新政"才应该为韩国社会的就业疲软问题负主要责任。文在寅入主青瓦台后，提出了一系列经济政策，其中最重要的一条便是上调韩国的最低工资标准至每小时 7530 韩元（约合 45.6 元人民币），增幅高达 16.4%，不仅大幅超过了韩国通胀的增幅，也是近二十年来的最大增幅。[2]此外，新政还推出了缩短工人每周的工作时长等措施。这些看似提高员工福利待遇、保护员工利益的"进步"政策，实际上却增加了韩国企业尤其是盈利能力不强的中小企业的负担，因而引起了一部分韩国企业和学术界人士的不满和抗议。这些缓和社会矛盾的新政策并不能从根本上解决韩国经济增长和就业的问题，反而有可能适得其反。

4. 对外贸易与投资

韩国贸易协会的最新统计数据显示，2018 年，韩国实现对外贸易进出口总额达 11401 亿美元，再创历史新高，继续保持贸易顺差态势，但顺差额较 2017 年的 952 亿美元已有所收窄。其中出口额 6049 亿美元，成为继美、德、中、日等国之后，全球第七个出口额突破 6000 亿美元的国家，而进口额为 5352 亿美元，两项同比分别增长了 5.4% 和 11.9%，增速均较 2017 年有所下降。

按出口产品类别来看，半导体、石油制品、汽车及汽车零配件、面板显示器、合成树脂和船舶等韩国传统优势产品占据了韩国出口额的半壁江山，单项产品出口额均超过 200 亿美元。其中半导体制品更是占到韩国出口总额的近 21%，可见电子工业在韩国经济中的核心地位。在全球对包括智能手机等在内的电子设备旺盛需求的带动下，2018 年韩国半导体出口额增长了 29.4%，虽然较 2017 年 57.4% 的惊人增幅已有所放缓，但依然"涨势喜人"。[3]而这一支柱产业的繁荣，可以说对全球贸易摩擦背景下韩国外贸的增长做出了重要贡献。不过，这一繁荣是否可持续，未来还有待观察。

而从贸易对象上来看，中美两国依然是韩国的最大贸易伙伴国，分别占据韩国对外贸易总额的 23.56% 和 11.54%，可以说对韩国经济有着举足轻重的影响。日本、越南、中国香港、新加坡和印度等亚洲经济体则紧随中美之后，韩国对外

---

① 올해 공무원 6 만 3677 명 선발 '역대 최대'… 9 급 경쟁률 41 대 1（今年公务员选拔 63677 名"史上最大"… 9 级竞争率 41：1），http：//news.hankyung.com/article/2018030510871.

② "대기업까지 최저임금 인상 여파 현실화…롯데 · 이마트 등 유통대기업 실적 폭락（大企业都受到最低工资标准上调波及…乐天 · 易买得等流通贷企业利润实质性下滑）"，http：//www.greened.kr/news/articleView.html?idxno=94023.

③ 韩国贸易协会，http：//stat.kita.net/main.screen

贸易的近六成都由上述几个经济体贡献。作为韩国最大的贸易顺差来源地，韩国2018年对华出口继续保持高速增长（14.1%），仅较去年降低了0.1个百分点。而韩国对美贸易则值得关注，虽然继续维持顺差状态，但同2017年一样，2018年韩国自美进口增速（16%）远高于出口增速（6%），顺差额也由2017年179亿美元缩减至2018年的138亿美元，这与韩美新版自贸协定的签署和美国竭力推进的所谓“贸易平衡”政策关系密切，只要美国在这一问题上的立场不变化，相信未来这一数值将进一步收窄。

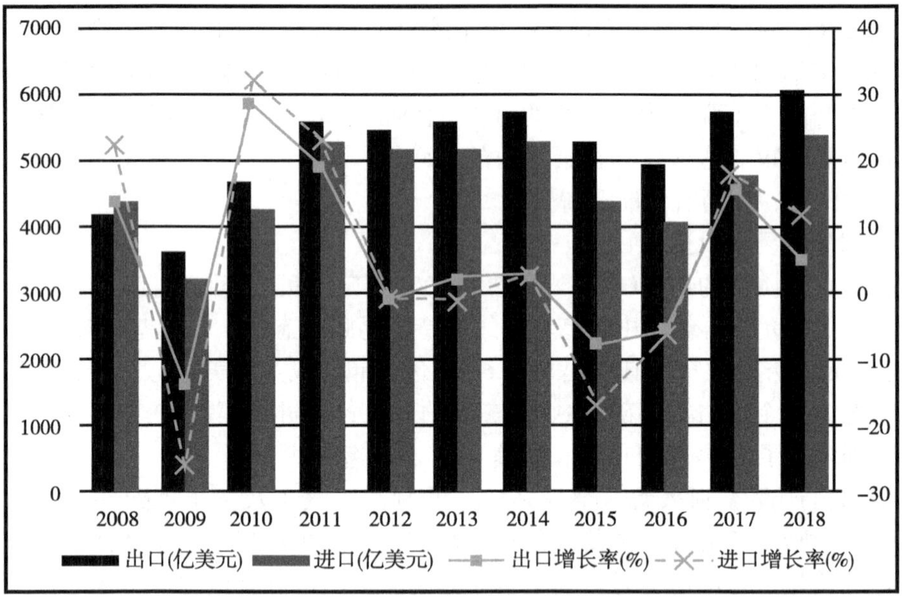

图7-8　2008-2018年韩国进出口额及增长率变化

数据来源：韩国贸易协会

在吸引外资方面，韩国依然是亚太地区国际资本关注的对象。根据韩国统计厅的数据，2018年韩国共吸引外商直接投资2669件，已连续两年下降，但总金额却大幅攀升至269亿美元，较2017年增长了17.2%。其中对服务业的投资依旧占据绝对主体地位，占比高达57.93%，总金额超过155亿美元。不过，值得关注的是，外国投资者对韩国制造业的投资近三年来持续增加，增幅较为显著，显示出外资对韩国制造业水平的信心正在不断加强。按地区来看，来自美欧等传统来源国的投资超过两百亿美元，增幅超过20%，继续维持主体地位，但来自日本和中国台湾的投资则同比下降了30%。近年来，来自中国的投资也开始在韩国崭露头角，2018年中国对韩直接投资猛增2.4倍达到了27.4亿美元，为近三年来的最高值。有分析认为，中国对韩投资的大幅增加，主要是因为部分受近期中美贸易摩擦影响较大的中国企业正在将韩国等周边国家作为新的出口中转地。[①]由于新的韩美自贸协定已经签署，通过这样“迂回”出口的方式，可以有效地规避来自美国的对华贸易制裁。

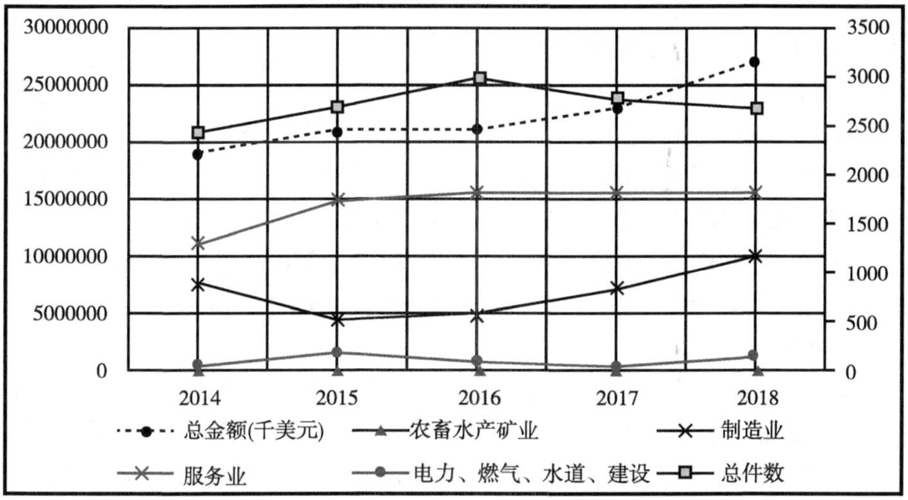

图 7-9　2014-2018 年韩国吸引外资金额、件数及行业变化

数据来源：韩国统计厅

而在对外直接投资方面，2018 年韩国人海外投资总额达到史上最高的 389.2 亿美元，海外证券市场投资达 649.9 亿美元，较 2017 年 753.3 亿美元的历史最高值有所收缩。中国则是韩国第二大海外直接投资目的地，中方实际使用来自韩国的外资总额达到 46.7 亿美元，同比大幅增长了 27.1%。[②]但另一方面，许多韩国企业也在对华业务上表现出了一定程度的担忧。韩国产业通商资源部和大韩贸易投资振兴公社曾于今年年初发布了一份《2018 年进军海外企业实态调查》，该调查涵盖了业务涉及全世界 125 个国家和地区的 12.5 万家韩国企业。调查结果显示，进军越南、美国和日本市场的韩国公司有半数以上表示出口额有所增加，而表示对华出口增加的仅有 39%，还有高达 34% 的受访企业考虑收缩在华业务甚至撤出中国市场，报告将主要原因归结于中国市场人力成本的上升、价格及产品质量竞争加剧等。另外，中美贸易摩擦所导致的不确定性和营商环境变化也让许多在华韩企的担忧有所上升。[③]由此可见，中美间的贸易纠纷不仅对中国企业产生了负面

① “중국의 對한국 직접투자 규모 3 년 만에 최대치기록（中国对韩直接投资规模达 3 年来最高纪录）”，http：//www.fnnews.com/news/201902021255453255

② 中华人民共和国商务部，http：//www.mofcom.gov.cn/article/jiguanzx/201902/20190202833671.shtml

③ “산업통상자원부・코트라‘2018 해외진출기업 실태조사’결과 발표（产业通商资源部・KOTRA‘2018 海外进军企业实态调查’结果发布）”，http：//www.dongponews.net/news/articleView.html?idxno=39033.

影响，对外国在华外企的影响同样不可小觑。

二、2018 年经济重大事件

1. 韩朝关系向好，外部安全环境改善

众所周知，国际环境尤其是国际安全形势对一国的经济增长和发展前景有着直接的影响。而韩国所面临的外部安全环境在发达经济体中显得尤为特殊。作为冷战在亚洲地区所留下的最后“遗产”之一，韩朝间的相互敌对关系持续了数十年，双边关系始终阴晴不定。同时，朝核问题的存在也始终让韩国难以专心发展经济，不仅要维持相当规模的军事力量以应对来自朝鲜可能的威胁，还要为大量驻韩美军付上巨额“保护费”。因而，一个稳定和平的朝韩关系明显更有利于韩国经济社会的发展。

2018 年是韩朝关系“急剧回暖”的一年，原本因朝鲜核试验和朴槿惠前政府对朝强硬政策而一度紧张的韩朝关系出现明显改善。朝韩首脑在短短几个月的时间里先后三次会晤，就朝鲜半岛无核化和双方的经济、军事合作等达成了一系列协议和共识。双方首脑的多次会晤，不仅让金正恩成为自朝鲜战争结束以来，首位踏上韩国土地的朝鲜最高领导人，也让文在寅成为首位在平壤向朝鲜民众公开发表讲话的韩国总统，韩朝关系可以说实现了许多史无前例的突破。韩朝关系的改善尤其是军事上相互敌对状态的缓和，不仅有助于缓解韩国自身的安全压力，还能为韩国企业提供大量潜在的商业机会。文在寅于 2018 年 9 月访朝时，还邀请了三星、现代、LG、SK 等韩国“四大财阀家族”以及一些工商业团体一同前往，目的就在于加强韩朝间的经济联系，推动韩国企业赴朝鲜投资，以在近乎空白的朝鲜市场上抢夺先机。

虽然长远来看，韩朝关系的改善肯定对韩国经济的发展有着非常积极的影响，很多人也对朝鲜版的“改革开放”满怀期待。但由于朝鲜特殊的体制因素，短期内韩国企业赴朝投资兴业或扩大双边贸易都还需要进一步的探讨和磨合，将韩国经济潜力的挖掘寄托在朝鲜身上很明显是不现实的。不过，对于韩国来说，半岛和平稳定所带来的安全利益显然要比经济利益重要的多。

2. 半导体需求量暴增，拉动韩国经济

由于 2018 年全球智能手机等移动设备需求量的持续增加，各终端生产厂家对移动内存条的需求也不断升温。这让三星电子与 SK 海力士等韩国两大半导体生产巨头迎来了前所未有的订单量。仅在 2018 年第三季度，三星电子就依靠其半导体销售斩获了近 8 万亿韩元（约合 72 亿美元）的营业利润，这也使得三星电子在韩国的股票价格和总市值再创新高。

作为韩国最重要的支柱产业，半导体行业的繁荣也为韩国经济的发展带来了

明显利好。截至 2018 年 11 月，韩国对外货物出口总额达到 1503.08 亿美元，其中半导体产品就价值 486.58 亿美元，占出口总额的 32.4%，其对韩国经济的影响程度由此可见一斑。当前，全球半导体行业正处于所谓的“超级周期”，而韩国三星、SK 等企业凭借着技术优势，掌握着内存条、芯片以及平板显示屏等核心部件的定价权，因而得以在这一轮热潮中斩获颇丰。可与此同时，许多人也表现出了对韩国过度依赖半导体产业的担忧。韩国央行行长李柱烈就曾于 2018 年 12 月 18 日提醒“半导体产业的景气虽然拉动了我们的经济，但考虑到未来 3、4 年的发展潜力，我们还是有所担心的”。① 可见，韩国主要经济部门已对未来可能出现的进一步增长放缓有所准备。

全球针对移动内存条、芯片等半导体元器件的需求量同智能移动设备的销售密切相关，虽然过去两年确实出现了爆发性增长，但随着智能手机等主要移动设备销售的放缓，各大企业和机构对半导体消费未来的增长普遍信心不足。据 SEMI（世界半导体装备材料协会）2018 年 12 月发布的报告预测，由于各大企业投资计划调整及存储材料价格的下降，2019 年全球半导体企业的设备支出将较 2018 年下降 7.8%，与其年中发布的预测相比出现明显反向回调，三星电子等韩国企业也将成为收缩投资规模的主力。②而与此同时，中国近年来在高端集成电路、芯片和面板领域的投资和研发力度正在加大，且相关企业进步很快，因此，韩国在这一领域里长期获取垄断利润的时间恐怕并不会持续太久。

3. 中美贸易摩擦波及韩国经济

由于对中、美两国市场的高度依赖性，2018 年愈演愈烈的中美贸易摩擦也对韩国经济产生了不可避免的影响。2018 年，中韩双边货物进出口总额超过 2600 亿美元，对韩国经济的影响可谓举足轻重，尤其是在对外出口方面。韩国有相当一部分产品是通过转口贸易、贴牌生产或组装零部件的方式从中国销售至美国市场的，而且韩国跟中国的产业和出口结构类似，因而美国制裁中国，韩国也必定遭受连带损失。2018 年 10 月，IMF 曾发布了一份《亚太地区经济展望报告》，该报告中就预测，如果中美贸易战长期持续下去，那么未来两年亚洲地区的 GDP 增长预期，最高可能会下滑 0.9 个百分点。报告还将韩国列为受影响最大的国家，韩国的 GDP 损失预计将达到近 1 个百分点。③ 可见，中美这两个韩国最大贸易伙伴间的贸易争端，无疑将让夹在其中的韩国提前感受到全球经济震荡的寒意。

---

① “이주열 " 반도체 호황 얼마나 더 갈까 ...3 ~ 4 년 후 걱정（李柱烈“半导体景气能到合适…担心 3–4 年后”）”，http：//news.bbsi.co.kr/news/articleView.html?idxno=913674.

② “전세계 반도체 설비투자 줄어든다…‘한국 34.7% 감소’ "（全世界半导体设备投资减少…韩国减少 34.7%），http：//www.skyedaily.com/news/news_view.html?ID=80064.

③《外媒：中美贸易战波及韩日企业 担忧情绪持续蔓延》，参考消息网，http：//www.cankaoxiaoxi.com/finance/20181017/2340021.shtml

对此，韩国政府部门也早有认识。韩国企划财政部 2018 年 7 月召开经济相关部门长官会议时，韩国副总理金东兖就曾表示，经贸摩擦和全球货币政策走向不明，加大了国际贸易和金融市场的不确定性，在此情况下，韩国经济增长势头或将放缓。为应对经济增速放缓及其对居民就业和收入等方面的影响，韩国政府计划在 2018 年下半年增加超过 35 亿美元的财政支出，以刺激全社会投资和救助老年阶层及低收入群体。[①]但很明显，韩国政府所采取的应对措施并未起效，这让本就因“亲朝”政策和对前任总统朴槿惠的处理方式不当而遭受批评的文在寅政府支持率不断走低。为了避免局势进一步恶化，包括上述金东兖在内的两名韩国经济部门主要决策官员于 2018 年 11 月被文在寅解职，以平息民众对经济政策“失效”的怒火。

4. 韩国造船业重回世界第一位

作为传统的造船强国，造船业多年来都一直是韩国的支柱产业之一。但由于近十年来中国造船业发展水平的快速提升和中国市场对船舶需求的大幅增加，中国船企正在成为韩国船企的强有力竞争对手，不仅将韩国挤下世界第一造船大国的宝座，还在高附加值的超大型集装箱船、LNG（液化天然气）运输船以及豪华游轮等领域不断取得突破。目前，全球大型民用船舶市场已基本被中韩两家垄断，日本船企迫于竞争优势的丧失，正在从这一领域逐步退出。而 2016 年韩国第一大船运企业“韩进集团”的破产，则标志着韩国造船业遭遇了前所未有的危机。

但得益于全球 LNG 运输船订单量的大幅增加，韩国 2018 年造船订单总吨位再次登顶世界第一位。按照相关机构的统计，2018 年 1–11 月全球船舶累计订单总量为 2600 万 CGT（标准货船换算吨数），韩国造船企业就拿到了其中的 1090 万吨，占据 42% 的市场份额。[②]这也是韩国自 2011 年时隔七年后再次重返世界第一大造船国的位置。全球 LNG 船 2018 年的总订单量为 65 艘，而现代重工、大宇造船海洋、三星重工等韩国老牌船企凭借其技术和价格优势拿到了其中的 56 艘，可以说为韩国造船业的“复兴”立下了汗马功劳。但与 2000 年之后韩国造船业的“春天”相比，当下的造船业景气在韩国国内看来似乎不值得一提。而且，韩国大型造船企业依然处在结构调整的转型阶段，STX（世腾船务）、圣东造船等韩国中型船企的重组问题也还有待解决。自 2018 年 8 月起，韩国三大船厂已陆续裁员近 3000 人，以实现“减员增效”，应对日益上涨的原材料和人工成本。而另据数据显示，2015–2017 年间，韩国造船及相关行业从业人员已从 18.8 万人大幅下降至

---

① “성장률 내려놓은 정부, 앞으로가 더 문제…경제정책 회의론 '고조'”（政府调低经济增长率，未来问题更多…经济政策会议论高潮），http：//www.newsis.com/view/?id=NISX20180718_0000366915&cID=10401&pID=10400.

② “2018년 한국 경제를 달군 10대 뉴스（2018年韩国经济十大新闻）”，http：//news.khan.co.kr/kh_news/khan_art_view.html?art_id=201812221402001#csidx5d20f97e59b53939d85fce294f3ca38

11.4 万人。[①]2018 年韩国造船行业的“胜利”可以说与其自身大胆的改革与调整密不可分。加之，韩国几大船企本身具备很强的研发实力，可以预见，韩国造船业近年来的结构性优化将让面临着产能严重过剩问题的中国船企面临巨大压力。

5. 房价高涨与 9·13 新政

从前任总统朴槿惠政府任期的末期开始，韩国房价便开始持续上涨，到 2018 年则达到了历史最高点。2018 年 10 月，韩国首都首尔的公寓平均销售价格首次突破 8 亿韩元（约合 480 万元人民币），这距 3 月份平均售价首次突破 7 亿元仅仅过去了 7 个月。房价的快速上涨让韩国沉寂了多年的房地产交易市场再度活跃起来，吸引了大量投资者和游资的进入，使得房价进一步走高，这让许多首尔年轻人和“刚需阶层”怨声载道。

文在寅政府从 2017 年 6 月开始便连续出台了多项举措以应对首尔地区不断上涨的房价，但收效甚微。部分热点地区甚至出现了房价隔天便上涨 1–2 亿韩元的现象。为此，韩国政府不得不出台了更为严厉的房地产政策，包括限制个人住房贷款、上调房地产交易税等，这也被称为“9·13 房地产新政”。政策落实后，首尔地区房价便开始出现连续回落。此外，韩国政府还从住房供给侧入手，在首尔及周边地区投放了数个新地块儿用于住宅兴建，同时对首都圈广域高铁建设项目展开可行性研究，从而分散首尔地区的住宅需求及进一步完善首都圈的交通网络。业内人士预计，随着“9·13 新政”的持续推进，2019 年韩国商品住宅价格将出现全面的回调。

三、未来与展望

1. 人口结构成为韩国经济隐忧

人口问题多年来一直是悬在韩国经济和社会头上的一把“达摩克利斯之剑”，快速的工业化和城市化让韩国同日本一样面临着老龄化加速和超低生育率的危机。老龄化、少子化是当今发达国家人口结构的普遍现状，但韩国的人口问题，即使在以低生育率著称的东亚各经济体中也是“异类”，而且看不到任何缓和的迹象。韩国统计厅最新发布的数据显示，2018 年前十个月，韩国新生儿总数仅为 27.86 万人，是韩国自有新生儿数统计以来首次跌破三十万人大关，同比降幅达 8.8%，首尔、大田、釜山、蔚山等韩国主要城市的新生儿总数均出现 2 位数以上的下跌。[②] 以此为基础而计算出的 2018 年韩国人口出生率仅为 6.1%，不仅远

---

① 《韩国造船业四面楚歌，或将裁员 3000 人！ 20 亿订单也被中国拿下？》，凤凰财经，2018 年 8 月 25 日，http：//finance.ifeng.com/a/20180825/16469847_0.shtml

② “1 ~ 10 월 출생아수 27 만명으로 역대 최저（1–10月出生儿数 27 万名，历年最低）”，http：//biz.chosun.com/site/data/html_dir/2018/12/26/2018122601102.html.

低于全球 18% 的平均水平，甚至连已经进入人口负增长阶段的日本都不如，已经处于全球最低水平。2018 年 1–10 月，韩国人口仅净增加了 3.2 万人，其中 1 月甚至仅增加了 500 人，这样“恐怖”的数据已经引起韩国社会的恐慌，许多人相信韩国距离人口负增长仅有一步之遥。

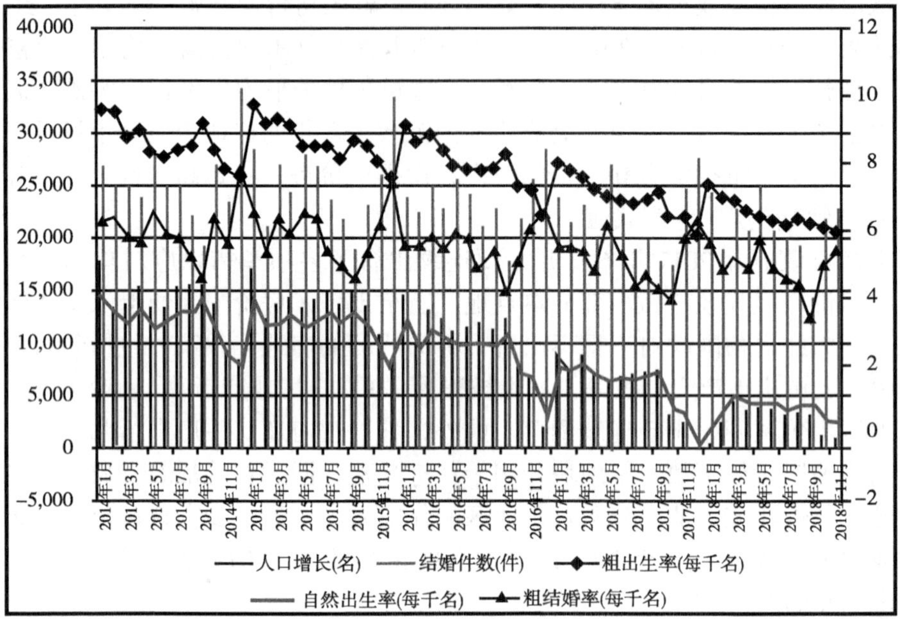

图 7–10　韩国 2014–2018 年人口状况变化

数据来源：韩国统计厅

而另一方面，韩国的老年人口规模却在不断膨胀。根据韩国统计厅的调查，韩国老龄化指数[①] 于 2016 年首次突破了 100%，而仅仅两年后便达到了 110.5%，预计 2019 年这一指数将达到 116.4%。这意味着 2017 年已进入高龄化社会的韩国，未来将面临更加严峻的人口形势。人口老龄化与低生育率的叠加，意味着社会负担的日益增大与劳动力不足。韩国政府未来将不得不拿出大量的财政资金来保障老年人的福祉和刺激年轻人生育，从而挤占用于经济发展等方面的资金。有机构测算，到 2057 年，韩国退休老人所能领到的退休金将只能达到退休前月平均收入的 20%，而现在约为 70%。如果韩国政府不能持续增加对老年人社会福利的投入，那越来越多的韩国老人将面对每月入不敷出，不得不出来打工却又找不到工作的局面，届时将对韩国的社会稳定产生巨大的挑战。许多人因此认为，韩国即将甚至已经进入像日本一样的“失去的十年”。

① 作者注：0–14 岁人口与 65 岁以上人口的比率，大于 100% 即意味着社会中的老年人多于婴幼儿。

解决韩国人口问题的根本方法还在于提升韩国人的生育意愿，刺激新生儿的诞生，但韩国政府多年来的投入似乎收效甚微，年轻人不生孩子已经成为韩国社会的“顽疾”。尽管韩国人的生活和收入水平多年来持续上升，但随着自身学历的升高和经济独立性的增强，韩国女性的生育意愿正变得越来越低。韩国保健社会研究院 2018 年做的抽样调查显示，在 15–49 岁的韩国已婚妇女当中，只有 49.9% 的受访者认为“一定要有孩子”，较 2015 年的调查结果下降了 10.3%。甚至有 16.9% 的受访者认为“有没有孩子都无所谓”，比 2015 年上升了 6.3%。而对于不想生孩子的理由，有超过一半的受访者选择了“当今社会孩子无法幸福的生活”以及“想富裕地生活”两项。[①]可见对孩子未来发展的考虑和经济因素依然是让韩国夫妇“不敢生”的主要原因。看来想要破解这一难题，韩国政府还需要采取更多实质性的政策支持。目前，老龄化带来的经济失去活力、社会负担加重以及少子化带来的人力成本过高、劳动力和内需不足等各种问题已经开始显现，除非大规模引入移民或者找到大幅提振生育率的方法，否则未来很可能让韩国经济失去根本驱动力。

2. 对美贸易前景不明

在受到中美两大贸易伙伴贸易摩擦“波及”的同时，韩国自身也在受到美国贸易政策变化的影响。韩美 2018 年双边贸易额达 1316 亿美元，占到韩国当年对外贸易总额的11.54%，占到出口额的12%，[②]可见美国市场保持稳定对韩国来说非常重要。但特朗普的“美国优先”政策并未将盟友韩国排除在外，反而因为存在长期贸易顺差而将之列为贸易政策调整的主要对象之一。2018 年 9 月，文在寅政府与美国总统特朗普签署了新修订版的韩美自贸协定，这是特朗普入主白宫以来签订的首个重大贸易协定。这份旨在削减美国对韩贸易赤字的“公平贸易”协定一方面让韩国获得了美国对部分商品加征关税的豁免权，另一方面也限制了韩国对美钢铁产品出口的配额，总量较过去几年下降了 30%。同时，韩国也必须承诺降低对美贸易壁垒，进口更多来自美国的汽车、医药品和农产品等，从而进一步缩小韩美贸易顺差。

电子产品、石油制品、钢铁和汽车等是韩国对美出口产品的主体，虽然钢铁以降低配额的代价获得了暂时的关税豁免，但美国针对进口汽车和电子产品的加税计划却还未落地，不过这也已经让韩国的相关行业战战兢兢。以汽车为例，2018 年韩国的“现代”“起亚”等汽车企业共向美国出口了 126.8 万辆汽车，其

① “‘출산계획 없다’ 30대 이상 기혼여성 80% 답한 이유”（“没有生育计划” 80%的30岁以上已婚女性的回答）",https：//news.joins.com/article/23395027.

② 韩国贸易协会，http：//stat.kita.net/stat/kts/ctr/CtrTotalImpExpList.screen

中46%都是在韩国本土生产，而某些特定车型甚至100%都生产自韩国，① 所以一旦韩国被纳入美国所谓的《贸易扩大法》第232条，那韩国汽车及其他相关产业将受到巨大冲击。因为美国可以以“维护国家安全”为名依据此法对来自韩国、墨西哥等国的包括汽车在内的特定商品加收25%的关税。2019年2月，美国商务部已将相关进口产品的报告送交总统特朗普，具体决定将于5月18日前做出。鉴于汽车行业和几大车企在美国政治中的强大游说能力，目前看来进口汽车被纳入制裁范围的概率很高，韩国相关企业已经在开始为减产做准备。由于新版韩美自贸协定还有待韩国国会批准，所以协议目前尚未正式生效。不过已有韩国议员表示，如果美国对韩国汽车加征关税，那他们将会在国会对新版自贸协定投反对票。由此可见，2019年将成为韩国对美贸易乃至对外贸易的关键一年，韩国政府相关部门及行业联合体已经赴华盛顿开展游说工作，以竭力避免成为被“制裁”的对象，不过主动权将始终掌握在美方手里。

3. 增长放缓，韩国政府将加大投资

考虑到未来很可能出现的出口放缓和消费型半导体需求的下降，许多专家均预测韩国2019年的经济增长将进一步放缓，韩国央行更是提前将2019年韩国经济的增长预期下调至2.6%。② 为了对此加以应对，韩国各界对政府制定积极财政政策的呼声很高。韩国现代经济研究院的报告就提出，为了保持韩国经济继续增长的势头，短期内需要扩大投资规模，中长期来看则需要不断提升经济的质量。③ 基于对未来经济形势的判断，韩国政府也已经将扩大财政支出的方案明确列入日程。

2018年8月，韩国制定并通过了2019年的财政预算计划，预算支出总额达到了470.5万亿韩元，较2018年增长了41.7万亿韩元，增幅高达9.7%。这是韩国政府除全球金融危机爆发的2009年（10.6%）外近20年来最大的财政预算增幅，被韩国媒体称之为“超级预算”。④ 增加的财政支出重点向中青年人就业、民生保障、养老金、中小企业发展和改善等领域倾斜，预算增长幅度均超过10%，针对就业创业的支出增长甚至超过了20%，可见韩国政府已经对日益严峻的就业问题有所警觉，对2019年的就业和经济形势判断都难言乐观。政府财政支出的扩大一定程度上会提振就业形势，拉动全社会投资和消费，但这并不能解决韩国经

① “현대차 기아차, 미국 무역확장법 232조 적용되면 타격 불가피（现代、起亚汽车，如果适用美国贸易扩大法第232条，必将受到冲击）"，http：//www.businesspost.co.kr/BP?command=article_view&num=114775.

② <Economic Outlook for 2019>，Bank of Korea，
⑧ttps：//www.bok.or.kr/eng/bbs/E0000634/view.do?nttId=10049739&menuNo=400069&pageIndex=1.

③ “현대경제研 경제성장률 하향 조정…내년 더 어렵다（现代经济研究院：经济增长率下调…明年将更加艰难）”，http：//www.newdaily.co.kr/site/data/html/2018/12/16/2018121600025.html.

④ “내년 총지출 470.5조…금융위기후 최대 '슈퍼 예산(明年总支出470.5万亿…金融危机后最大“超级预算”）”，https：//www.nocutnews.co.kr/news/5022201.

济的结构性问题。加之，韩国经济对国际市场高度依赖，如果贸易摩擦、全球增长放缓等外部因素没有出现明显改善，那韩国经济还将面临巨大的考验。

综上所述，2018 年的韩国经济增长虽较 2017 年有所下滑，但财政收支、对外贸易、居民收入等主要经济指标依然处在正常增长区间。考虑到国际环境的影响和其自身所处的发展阶段，韩国经济总体向好的基本面并没有发生实质性变化。而且与韩国经济密切相关的中美，目前依然是全球经济增长的两大引擎，只要中美经济不出现波动，韩国经济增长就基本不会受到冲击。

同时，2018 年对韩国经济和韩国人而言也是具有里程碑意义的一年，在对外出口总额超过 6000 亿美元和人均国民收入超过 3 万美元这两项指标上的突破，让韩国的经济发展达到了一个新的高度，也意味着韩国又站在了一个继续向上攀升的新起点上。从国际经验来看，以韩国的市场规模和工业基础，想要实现进一步突破将面临巨大的压力，这对韩国的产业结构优化、人力资源开发、科技创新能力和政府服务效率等都将提出更高的要求。尤其是面对近年来中国等国在其传统优势领域内的竞争，和中美两国在 5G、物联网、金融科技、大数据及人工智能等象征着未来发展趋势的产业中的强势地位，如何在保持韩国核心竞争力的同时还能跟上新一代科技革命的发展，已经成为许多韩国政府、商界及学界人士正在思考的问题。相信在这样的“忧患意识”下，有着坚实基础的韩国经济应该能交出一份满意的答卷。

第八章　2018 年沙特经济观察报告

刘锦睿[①]

一、经济、社会概况

1. 国内生产总值（GDP）

在经历上一年经济负增长后，沙特经济在 2018 年逐渐回暖，经济增长速度超出预期。2018 年沙特阿拉伯国内生产总值增长速度为 2.21%，高于此前国际货币基金组织（IMF）于 2018 年 1 月预测的增长率 1.6%。由于沙特 2018 年在经济增长上的积极表现，外界对其中长期经济增速均预期乐观。IMF 于 2018 年 10 月份发布报告，预测沙特下一年将实现 2.4% 的经济增长，而 2023 年将继续维持增速为 2.3% 的经济增长。[②]

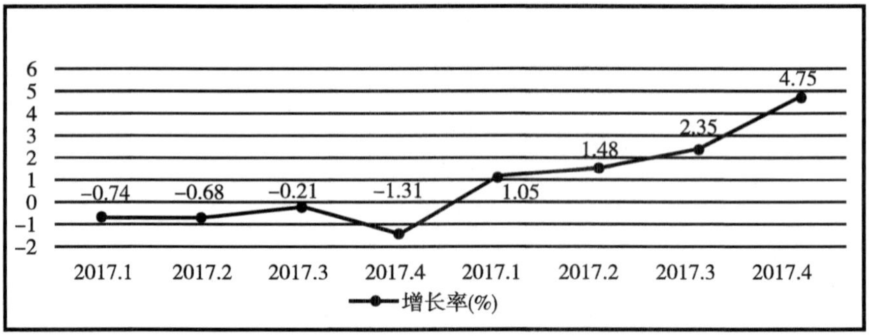

图 8–1　沙特国内生产总值年增长率

数据来源：沙特统计局（الهيئة العامة للاحصاء للمملكة السعودية العربية）

沙特经济实现增长得益于其石油经济和非石油经济的同步改善。一方面，鉴于石油产量大幅上升和油价上涨，石油经济在 GDP 中的贡献同比小幅上涨，2018 年，石油部门产值占国内生产总值的 43.21%，同比增长 2.85%。另一方面，沙特

---

① 北京外国语大学国际组织学院。

② IMF, *World Economic Outlook*, October 2018, p157.

的各类非石油产业也有不同程度的增长。沙特非石油部门总体同比增长 2.05%，其中制造业产值增长 2.43%，运输业产值增长 1.69%，金融、房地产和商业服务产值增长 2.96%。2018 年，沙特政府支出预算超过 2640 亿美元，为该国历史上最高水平。这一规模拉动了非石油政府部门对 GDP 增长的贡献，其产值约为 4435 亿里亚尔，增长率为 2.79%。

2. 人口与就业

截止到 2018 年末，沙特人口总数达到 3341 万，与 2017 年末相比增加约 80 万人口。其中，拥有沙特国籍的本国公民占 62.16%，外籍人口占 37.84%。受叙利亚国内局势影响，叙利亚籍人口继续上升，占外籍人口比例达到 23%，位居首位；以外来劳工为主的印度籍和巴基斯坦籍人口分别以 14% 和 10% 的比例位居二三位。[①] 从性别结构来看，男性人口 1924 万，占总人口 57.58%；女性人口 1417 万，占总人口 42.42%，总人口性别比约为 135.78，男女比例严重失调。从年龄构成来看，15 至 64 岁人口的劳动年龄人口为主体，占总人口 72.18%，男性占劳动年龄人口比例超过 60%；0 至 14 岁人口为 822 万，占总人口 24.6%；65 岁以上人口只有 107 万左右，占总人口不到 3.32%。

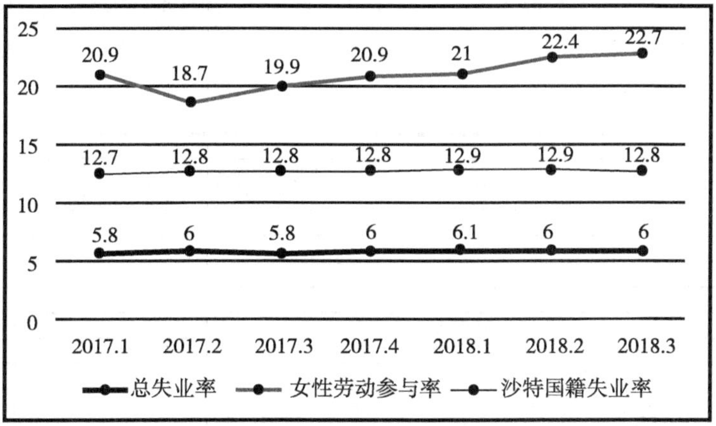

图 8-2　沙特失业率与劳动参与率（%）

数据来源：沙特统计局（الهيئة العامة للإحصاء للمملكة السعودية العربية）

过高的劳动年龄人口比例给沙特的劳动力市场带来了压力。2018 年沙特失业率持续上升，达到五年来最高位，沙特国籍人口失业率高达 12.9%。在就业人口中，外籍男性占比为 68.6%，比沙特籍男性高出 52.8 个百分点，沙特籍就业人口占劳动市场的不到四分之一。但值得注意的是，2011 年起沙特政府便开始推行

① GMI, *Saudi Arabia's Population Statistics of 2018*, https://www.globalmediainsight.com/blog/saudi-arabia-population-statistics-2018/, 检索日期：2019-01-14.

旨在增加本国公民就业的“沙特化”政策，这一政策已经取得了初步成效，沙特本国公民就业人数同比增加 7 万多人。此外，在一系列促进性别平等政策的鼓励下，沙特女性劳动参与率达到近 23% 的历史最高水平，同比增长 7 个百分点。沙特议员表示，可再生能源行业和矿业的发展将为女性带来更多的就业机会。沙特政府也宣布将在 2019 年出台政策，进一步鼓励中小企业雇佣女性，提高女性的劳动参与率。① 然而，青年的就业状况依然严峻，2018 年沙特国籍 15–24 岁青年的失业率为 30.4%，其中 20–24 岁人口的劳动力参与率为 29.7%，而 15–19 岁最年轻人口中只有 3.1% 进入了劳动市场。

3. 消费与物价

2017 年全年，沙特通货膨胀率持续负增长。2018 年沙特通货膨胀率回归正常区间。2017 年，由于严峻的经济下行压力和持续下跌的国际油价等因素，沙特通胀率跌至 –0.8%，为十年前国际金融危机后的最低值。为了提振经济、增加非石油产业收入，沙特政府采取了提高烟草、软饮和成品油价格、向外侨及家属征收居住费、实施 5% 的增值税等一系列政策。在这些政策的综合作用下，2018 年第一季度物价水平小幅提高，通胀率上涨至 2.9%。在第二和第三季度，由于美元短期升值、内外消费需求疲软，通胀率有所下降。而在第四季度，能源价格上升导致交通、食品和饮料、家具和家用设备等产业价格上涨，11 月沙特通货膨胀率再次回到 2.8% 的较高水平。

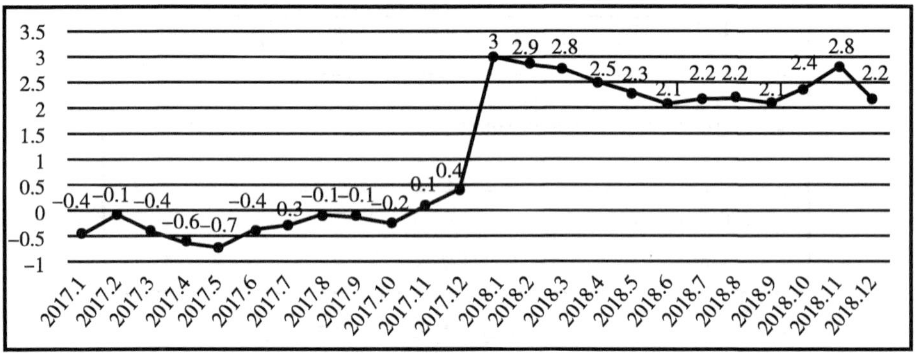

图 8–3　沙特通货膨胀率（%）

数据来源：沙特货币局（مؤسسة النقد العربي السعودي）

4. 对外贸易与投资

2018 年月沙特出口额为 11182.36 亿里亚尔，与去年同期相比增长 2863.55 亿里亚尔，同比增长 34.42%；进口额为 5070.47 亿里亚尔，与去年同期相比增长

① الشرق الأوسط, السعودية: معدل مشاركة المرأة في القوى العاملة يرتفع لنحو 20 %, https: //aawsat.com/home/article/1517236/, 检索日期：2019–01–11.

25.94 亿里亚尔，同比增长 0.51%。沙特继续保持贸易顺差，差额达到 6111.92 亿里亚尔，同比增长 2837.58 亿里亚尔，增长率高达 86.66%。

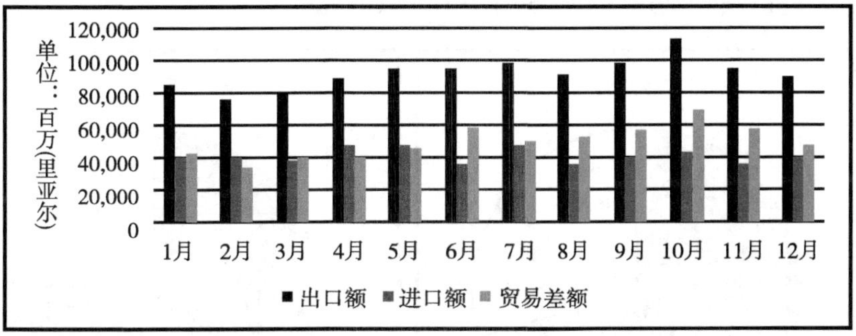

图 8-4　2018 年沙特贸易数据

数据来源：沙特统计局（الهيئة العامة للإحصاء للمملكة السعودية العربية）

2018 年 10 月，美国特朗普政府宣布重启对伊朗的“禁油令”政策。受此事件影响，2018 年下半年沙特石油产量显著增加，以满足制裁带来的供给空缺，平均日产量在 11 月达到了 1100 万桶的历史最高值。石油出口也相应扩大，10 月出口额为全年最高值，达到 858.75 亿里亚尔，环比增长 10.1%，占当月出口总额的 81.3%。2018 年全年，沙特石油工业占总出口额的 77.66%，石油出口达到 8684.37 亿里亚尔，比上一年增长 36.03%，出口量继续维持世界第一。

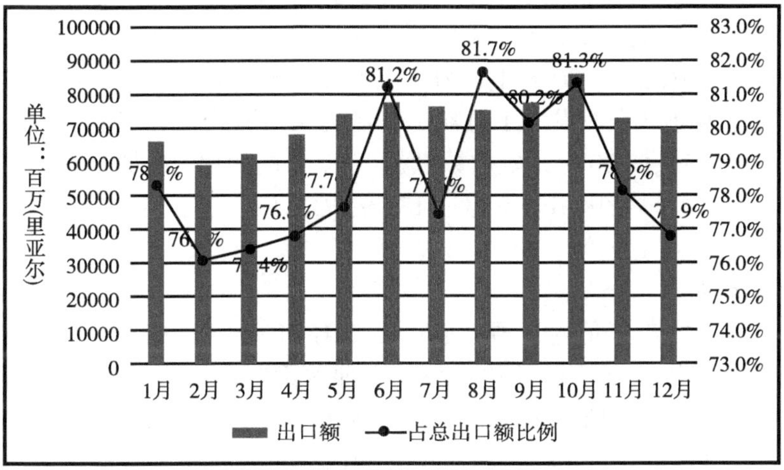

图 8-5　2018 年沙特石油出口数据

数据来源：沙特统计局（الهيئة العامة للإحصاء للمملكة السعودية العربية）

从贸易伙伴来看，2018 年中国与沙特的双边贸易额为 2301.85 亿里亚尔，中国连续第六次成为沙特最大的贸易伙伴，沙特对中国逆差为 633.57 亿里亚尔。依赖石油进口的日本和新兴经济体印度为沙特第二、第三大出口国，出口额分别为1236.24 亿和 994.17 亿里亚尔；沙特第二、第三大进口国为其传统贸易伙伴美国和阿联酋，进口额分别达到 675.59 亿和 453.01 亿里亚尔。

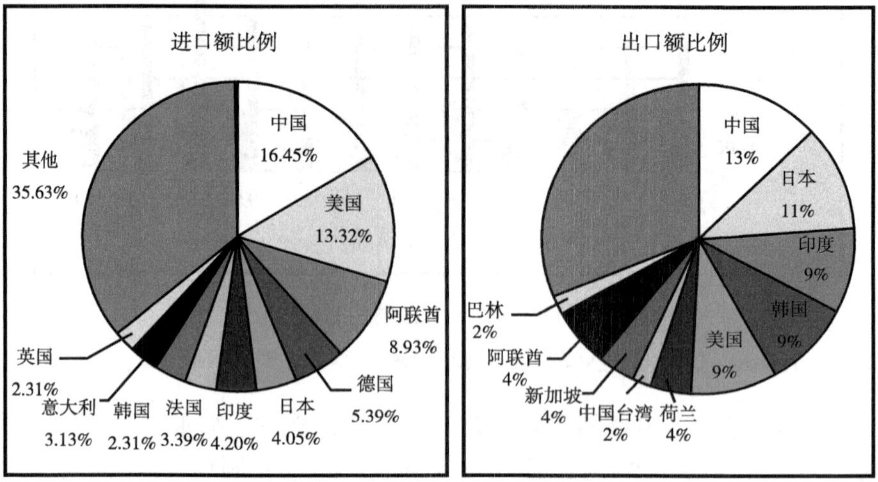

图 8–6　2018 年沙特十大贸易伙伴

数据来源：沙特统计局（الهيئة العامة للإحصاء للمملكة السعودية العربية）

在外国直接投资上，2018 年对沙特投资终于回暖。受国际油价低迷、地区投资环境恶化、沙特政府财政负债增加等因素影响，2017 年流入沙特的外国直接投资仅为 14 亿美元，跌至近 15 年来的最低值，甚至不及 2008 年国际金融危机期间吸引外资的十分之一。2018 年，为了重振外国投资者信心，沙特政府稳步推进私有化进程并为外国企业设立了总额 180 亿美元的风险投资基金，为外国企业发放的投资许可证超过 700 份，发放数量是 2017 年的两倍。① 加之国际油价持续上升等因素，2018 年沙特吸引外资超过 131 亿里亚尔（约合 35 亿美元），同比增长 110%。

5. 金融市场

尽管全球资本市场低迷，沙特股市在 2018 年前半年表现不俗，2018 年 6 月沙特证交所全股指数同比增长约 12%。多种因素驱动沙特股市表现向好：一方面，原油价格上涨和政府扩大预算改善了沙特国内的经济状况；另一方面，沙特王储穆罕默德（محمد بن سلمان）稳步推进国内改革，发布了石油化工、矿业、制造业行业多个国有企业的私有化方案，并在 2018 年 2 月份出台了《破产法》，这些举措增强了投资者的信心。作为对沙特国内改革的回应，富时指数和 MSCI 指

① الاقتصادية، هيئة "الاستثمار": زيادة في الاستثمارات المرخصة بنسبة 99% خلال العام 2018，http://www.aleqt.com/2019/01/13/article_1523256.html，检索日期：2019–01–16.

数均宣布拟于2019年将沙特股市纳入全球新兴市场基准指数。[①]然而，10月份“卡舒吉事件”曝光，沙特遭遇严重内外危机，多国指责沙特政府并威胁对其施加制裁。此次事件引发了沙特股市 2015 年公布数据以来的最大抛售，事件发酵一周之内，外国投资者共出售了 11 亿美元的股票，沙特股市跌幅接近 7%。

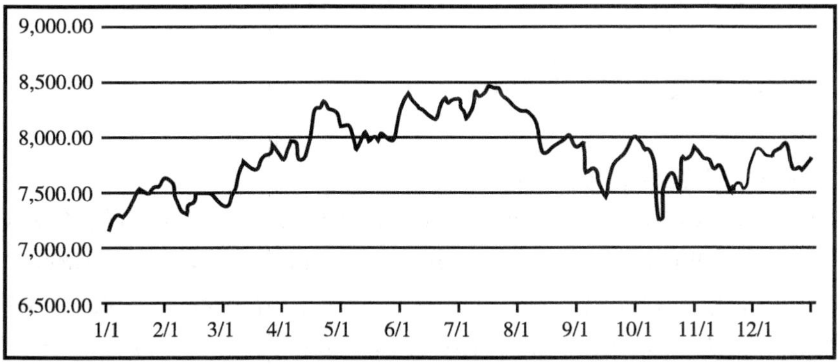

图 8-7　2018 年沙特证交所全股指数（TASI）（单位：点）

数据来源：Investing.com

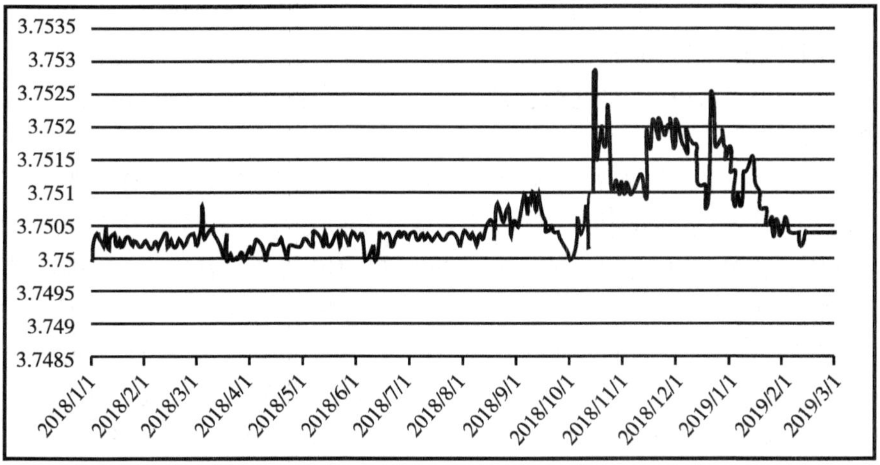

图 8-8　2018 年美元兑沙特里亚尔数据（USD/SAR：1 美元兑换沙特里亚尔金额）

数据来源：Investing.com

“卡舒吉事件”对沙特的外汇市场也带来负面影响。沙特实行汇率盯住美元的固定汇率政策，兑美元汇率保持在 3.75 里亚尔，正常波动区间为 3.7498-3.7503。

① CNBC，It's not only oil：Saudi Arabia a top stock market in 2018 as reforms rally investors，https：//www.cnbc.com/2018/04/30/saudi-arabia-a-top-stock-market-as-reforms-and-oil-rally-investors.html，检索日期：2019-01-14.

2018年前10个月，沙特汇市稳定在正常区间运行。然而，“卡舒吉事件”爆发两周后的2018年10月15日，美元兑沙特里亚尔汇率升至3.7528，里亚尔贬值到近两年来的历史最低值，仅次于2015年11月油价暴跌时的汇率水平。同一天，外汇期货市场的美元指数上涨至100点，比上一个交易日高54点。里亚尔贬值持续近了4个月，直到2019年2月初才再次回到正常区间。

二、2018年重要事件及分析

1.“OPEC+”稳定市场和油价

2018年，以沙特为首的15个石油输出国组织（OPEC）成员国和以俄罗斯为代表的10个非OPEC产油国组成的“OPEC+”经过谈判两次调整产量政策，取得了显著的合作效果，有效地影响了世界石油市场的供需状况，使其回到平衡。

业界人士认为，“OPEC+”机制补充了现有的国际石油合作机制，为两大原油出口方搭建了有效的沟通渠道。这一机制诞生于“危机重重”的背景下，国际石油市场经历了2014年中后期开始的价格暴跌，而国际石油领域的“新玩家”美国页岩油产业正在蓬勃发展。为了应对价格下跌和美国带来的挑战，2016年G20期间，沙特和俄罗斯代表各自的利益集团建立了一项新的合作机制，期望通过多边谈判共同调整和控制石油产量，以稳固国际原油价格，提升在市场的竞争力。因历次双方会议均在OPEC维也纳总部举行，这一合作机制被业界称为“维也纳联盟”或“OPEC+”。

2017年，“OPEC+”召开多次会议并联合减少原油产量，推动国际石油市场日益回暖，让石油市场的供需基本面恢复平衡。2018年以来，由于减产协议生效、全球原油消费需求增加、美国威胁重新制裁伊朗等多种因素，国际油价持续攀高，5月份突破80美元大关，一年之内涨幅超过150%。然而，油价过高会损害石油供需双方的利益，为了使国际油价能保持在55美元/桶至65美元/桶的“均衡价格”，“OPEC+”于2018年6月23日举行第四次部长级会议，决定将减产率从3月的159%降至100%，逐步执行增产方案，提高供给、满足需求。

增产计划实施后，“OPEC+”原油产量显著增加。2018年10月，OPEC成员国的平均日产量达到近两年以来的最高水平，增至3331万桶/日。其中，沙特产量为1065万桶/日，接近产量的历史最高位。[①] 石油供给增加使国际油价从10月起便进入下行区间，跌幅超过三成。此外，随着美国页岩油生产不断创下新高，以及11月初美国政府宣布对中日韩等部分长期进口伊朗原油的国家进行暂时的“禁运”豁免，国际石油市场重回供大于求的状态，导致国际油价持续下跌。在此

① 霍丽君，马玉姣．近期国际石油价格回顾与预测［J］．国际石油经济，2018,26（11）：108

背景下，12 月 7 日，“OPEC+”于日内瓦召开了第五次部长级会议，决定于 2019 年起将原油日产量联合减少 120 万桶，OPEC 和非 OPEC 国家承担的减产份额比例为 2：1。这一次减产的规模约为全球总石油产量的 1.2%，各方如期执行减产协议后，预计国际石油市场的供求基本面会再次回到平衡。①

国际油价的稳定是沙特 2018 年经济好转的重要因素。随着美国影响国际石油市场的能力不断增强，沙特与俄罗斯在“OPEC+”框架内的合作对沙特在国际石油市场中发挥影响力、稳定国内石油产业、提振国民经济来说至关重要。

2. 沙特阿美上市一波三折

沙特阿美石油公司（Saudi Aramco）的上市计划是沙特“2030 愿景”（Saudi Vision 2030）国家发展战略的重要组成部分，该计划自 2016 年发布以来便持续得到了各国政府和企业的密切关注。2018 年，沙特阿美公司的上市进展经历了几番曲折，其未来前景仍充满不确定性。

沙特阿美是沙特政府全资控股的国有企业，从事油田开发、冶炼、国际贸易等油气产业的各类上下游业务，其业务覆盖全球。沙特阿美在北中国的京和西安等全球 12 座城市设有办事处，并在 8 个国家建设了 11 座研发中心。该公司连续 30 年在业内权威世界石油公司综合排名中位列第一名。截止 2017 年底，沙特阿美公司拥有约 370 亿吨原油储备，位居世界第二，其储量比位列第三的伊朗国家石油公司多近 150 亿吨。长期以来，沙特阿美的原油日均产量约占世界石油日均总产量的 10%–11%。② 根据沙特政府的“2030 愿景”战略，沙特阿美公司将执行首次公开募股（IPO），发售其 5% 的股份。分析人士预测，沙特阿美上市成功后，为沙特募集的资金接近 1000 亿美元，这将成为历史上规模最大的 IPO，超过阿里巴巴公司 2014 年上市创下的最高记录。沙特政府计划在未来 10 年内出售沙特阿美 49% 的股份，以筹集巨量资金来支持沙特的社会经济改革计划。

2018 年初，沙特政府还在继续筹备沙特阿美上市的相关工作。一方面，改革了沙特阿美的公司治理结构，使其符合股份公司的上市要求：沙特政府于 1 月重组该公司董事会、纳入新的成员，专门设置了负责管理投资者关系的部门，重新修订公司章程和内部财务报告制度，并首次对公司的石油和天然气储量进行了独立核查与认证。另一方面，完善相关立法，为上市创造良好的法律和政策环境：沙特政府颁布了新的所得税法案，旨在维护石油天然气行业的利益。根据新的法律，沙特阿美应上缴的所得税税率削减了 35 个百分点至 50%。沙特政府还颁布了保护该公司及其未来国内外股东权益的法律措施，并重新签发了相关行业的长期特许经营权条例。

---

① 李月清 .OPEC+ 达成减产协议 供需将重回再平衡时代［J］. 中国石油企业，2018（12）：44.

② أرامكو السعودية, نبذة عامة, https：//www.saudiaramco.com/ar/who-we-are/overview，检索日期：2019-01-18.

然而，在2018年年中，该公司的上市进程突然被搁置。4月份，沙特不再向参与上市准备工作的欧美银行支付薪酬；6月底，沙特国王萨勒曼（سلمان ابن عبد العزيز آل سعود）在会见王室成员、业界高层和银行家后，亲自叫停沙特阿美上市计划，此举被视为对穆罕默德王储权力的约束。① 诸多原因导致了上市计划的搁置：首先，国际油价上涨缓解了沙特政府紧张的财政状况，淡化了该公司上市和公开筹资的紧迫性；其次，沙特阿美重新制定了发展战略，将收购沙特基础工业公司（SABIC）视为短期内的优先事项。该公司希望通过重组下游资产来提高自身的市场估值；第三，沙特王室担心公开募股会披露过多财务细节，可能损害王室的核心利益。

经过一系列内部调整后，2018年底，沙特政府又宣布了于2021年完成上市的方案。在10月份的公开采访中，穆罕默德王储表示沙特阿美将在2019年完成对SABIC的收购，重塑自身产业结构，并计划在2020年末或2021年初以1.5至2万亿美元的估值完成上市。②2019年1月初，曾担任沙特阿美总裁的沙特能源、工业和矿产大臣哈立德·法利赫（خالد الفالح）再次确认了这一时间表，并称会继续进行上市相关工作。③

沙特阿美公司是沙特财政命脉，其上市进程直接影响到沙特国内经济改革步伐和国际石油市场，对沙特经济基本面有着重要影响。尽管穆罕默德王储做出继续推进上市的表态，但包括国际上市地点在内的细节仍悬而未决，收购SABIC后的沙特阿美也将做出结构性调整，因此这一重要改革方案的前景有待观察。

3. 卡舒吉事件冲击沙特局势

2018年10月2日，供职于美国《华盛顿邮报》的沙特裔记者贾迈勒·卡舒吉（جمال خاشقجي）在沙特驻土耳其伊斯坦布尔的领事馆被杀害。土耳其安全部门称沙特政府参与了此次谋杀案件，矛头直指沙特王储穆罕默德，随后土耳其政府逐步披露了有关细节。事件爆发约二十天后，萨勒曼国王承认卡舒吉之死为谋杀，并表示已经逮捕了18名嫌疑人，同时解除了情报系统5名官员的职务。2019年1月3日，11名该案件被告在利雅得出席了首次听证会，检察部门宣布对其中5人判处死刑。卡舒吉事件给沙特带来了国内外战略层面的被动，严重冲击了该国的政治和经济局势。

在政治上，沙特遭遇外交危机，中东地缘政局发生变化。近年来，穆罕默

① Aljazeera，Report：Saudi's King Salman blocked public listing of Aramco，https：//www.aljazeera.com/news/2018/08/report-saudi-king-salman-blocked-public-listing-aramco-180827180323085.htm，检索日期：2019-01-18.

② العربية.نت, محمد بن سلمان: أرامكو ستتخطى تريليوني دولار والطرح 2021，https：//www.alarabiya.net/ar/aswaq/economy/2018/10/06/محمد-بن-سلمان-صفقة-سابك-ترفع-قيمة-طرح-أرامكو..html，检索日期：2019-01-18.

③ المرصد, خطط سعودية لإدراج "أرامكو" في البورصة بحلول, https：//almarsad.co/2019/01/10/خطط-سعودية-لإدراج-أرامكو-في-البورصة-ب/, 检索日期：2019-01-18.

德王储大力推行国内社会经济改革，竭力塑造现代化、开放和开明的国际形象。卡舒吉事件无疑使沙特和王储本人形象轰然崩塌，一时成为众矢之的。事件曝光后，加拿大表示或将停止对沙特出售装甲车，德国则立即宣布暂停对沙特的一切军售，欧洲多国表示强烈谴责。此外，卡舒吉事件也影响了中东地缘政治格局。掌握案件一手信息的土耳其借机加强了与美国和欧洲的合作，试图提升在中东战略中的地位，并以该事件为筹码希望沙特提供资金援助和政治支持。而被美国重新制裁的伊朗则获得了缓解封锁、突破包围的机会，努力发展国际市场对其石油的需求，希望加大原油出口。

卡舒吉事件引发的政治风险也损害了投资者对沙特的信心。沙特股市遭遇大规模抛售，事件发酵一周后沙特股市跌幅接近 7%。卡舒吉事件极为敏感，引发了国际社会的强烈反应，国际货币基金组织总裁拉加德、美国财政部长姆努钦等二十多位欧美政府高官与企业家拒绝出席 10 月底于利雅得举办的“未来投资倡议”大会。由于担心多国政府可能对沙特施加经济或政治制裁，以及与沙特相关的贸易和投资活动有损公司声誉，西方企业可能暂停、减少甚至停止对在沙特业务的更多投入。因此，长期来看，卡舒吉案或许对沙特实现其经济改革目标产生一定的负面影响。

三、未来与展望

2019 年，沙特经济增长保持乐观趋势。国际货币基金组织预计沙特 2019 年国内生产总值实际增长率为 2.4%，同比增长 0.2 个百分点；名义增长率为 15.85%，达到 7955.8 亿美元，仍在中东地区国家中保持的领先地位。① 此外，国际评级机构惠誉（Fitch）认为沙特经济发展前景稳定，肯定了对沙特“A+”的评级。②

对沙特经济继续增长的判断缘于稳定的油价和非石油部门的增长：

2019 年，全球原油需求预计增长 130 万桶 / 日，比 2018 年增幅略有下降，可能带来供给略大于需求的状态。“OPEC+”在上年 12 月宣布减产后，国际油价在 2019 年初扭转颓势。截止到 1 月 15 日，布伦特原油价格涨幅超过 11%，基本填平了 12 月份的跌幅。“OPEC+”将在 2019 年 4 月份再次召开会议，讨论是否继续维持减产政策。如果各国如期有效地减少石油生产，且伊朗、委内瑞拉、利比亚和尼日利亚等国家由于国内外原因石油供应减少，国际石油价格将上涨至 70–75 美元 / 桶。③ 但考虑到美国原油产量的持续增长、全球经济复苏减缓等潜在压力，

---

① IMF, World Economic Outlook, October 2018, p157.

② Trade Arabia, Fitch raises Saudi 2018 GDP growth forecast, http://tradearabia.com/news/BANK_348293.html，检索日期：2019-01-20.

③ 戴家权，霍丽君 . 国际石油市场 2018 年回顾及 2019 年展望［N］. 中国石油报，2019-01-08（006）.

国际石油市场存在较大变数。

在沙特经济改革的框架下，政府将出台更多对非石油部门利好的政策，以实现多元化的经济结构，因此非石油部门也将稳步增长。2018 年，沙特政府出台了主要关注六个方面的改革举措，旨在鼓励国民创业、完善财产登记制度、增强合同执行力、保护小微投资者、促进跨境交易和解决破产问题。[①]在世界经济论坛发布的 2018 年全球竞争力指数排名中，沙特位列第 39 名，比 2017 年上升两名，在基础设施、劳动市场、金融系统、商业活力和创新能力等与非石油经济发展息息相关的指标上都有不同程度的进步。根据新财年预算案，2019 年沙特政府将支出 2950 亿美元，比上一年增加 7.3%，再次刷新最高记录。大规模的财政投入将为经济改革增加动力，促进私营部门和非石油经济发展。

然而，沙特社会经济发展仍然面临着长期性和根本性的挑战，能否妥善处理风险同样决定着沙特经济在 2019 年的表现。

第一，持续升息打击投资。沙特实行盯住美元的货币政策，利率变动必须与美国大致一致。2018 年美联储执行了四次加息，其 6 月份加息后，沙特迅速将利率提高了 25 个基点。2018 年 1 月以来，该国银行间同业拆借利率的增长高于 1 个百分点。市场预计美联储在 2019 年还要执行 2 到 3 次加息，因此沙特货币政策将继续定位为升息，这将提高企业借贷成本，打击沙特的股债市，不利于经济多元化发展。

第二，失业率高企、人口结构失衡。2018 年沙特失业率仍然保持上升态势，达到五年来最高位，沙特籍人口失业率高达 12.9%，就业人口主体仍为外籍人口。沙特实施了就业市场的“沙特化”政策，希望通过鼓励企业多雇佣沙特国籍人口解决本国国民的失业问题。尽管在一些非常规政策的推动下，“沙特化”取得了一些进展，但是距离目标仍存在较大差距。再者，长期以来，宗教课程在沙特国民教育中拥有重要地位，而对科学、技术、工程和数学科目的重视程度不够，导致劳动力素质与经济发展需要不对称。另外，沙特阿拉伯总人口中的青年比例过高，但平均受教育程度较低，国内劳动力市场机会不足。他们面临严峻的就业压力，无法满足对收入的期望，容易成为社会中不稳定因素。

第三，国内改革动摇执政根基。“2030 愿景”自推出以来边饱受质疑，这一改革计划旨在构建“中庸、温和的伊斯兰”，推进社会价值体系的现代化，而这势必将削弱以瓦哈比派为代表的保守势力，带来社会组织和意识形态的改变。但对于“宗教立国”的沙特王室来说，削弱瓦哈比教派影响力的侧面就是在损害自身政权的合法性。此外，沙特政府第一次引入了增值税，并减少了若干国民福利待遇，沙特王室和国民间“福利换稳定”的政治契约受到冲击。长期享受高福利

① 田丰 . 西亚北非主要国家经济走势及投资风险［J］. 中国外资，2018（23）：44.

和高补贴的沙特国民对一系列“福利紧缩”政策感到恐慌，这可能导致中低收入国民对沙特王室的支持意愿下降。从某种程度而言，进入深水区的“2030 愿景”改革给沙特王室政权带来了隐患。

第四，外部风险不断扩大。萨勒曼国王上台以来秉持激进的对外政策，陷入多个地缘政治纠纷，与战略经济对手关系恶化，沙特人均国防预算位列世界第一。2015 年初，沙特开展了旨在打击也门反对派胡塞武装分子的军事行动。这项名为“果断风暴”的军事行动开展以来，也门人权状况急速恶化，大量平民死亡，上百万民众遭受饥荒。沙特遭到了西方国家的猛烈批评，国际 NGO 人权观察组织甚至提议以战争罪起诉沙特王储。爆发于 2017 年的卡塔尔断交风波使海湾地区“碎片化”，土耳其和伊朗均借机扩大在海湾乃至中东地区的势力。卡塔尔于 2018 年底宣布退出 OPEC 并大幅度增产液化天然气，此举被视为通过经济手段向沙特施加压力。而随着卡舒吉谋杀案的具体细节进一步曝光，该事件在新的一年继续发酵，多方持续关注事件动向，或将给沙特政权增添新的政治和经济压力。

第二部分　能源与气候

第九章　G20 参与全球能源治理的现实困境与深化路径①

张锐②　寇静娜③

【摘要】G20 持续关注全球能源治理，但成效一直不彰。本文以 2018 年 G20 的治理表现为主要研究对象，发现 G20 的全球能源治理陷入了停滞不前、难有作为的困境，具体表现包括：对能源议题的关注力度在减弱；对“能源转型”难以形成清晰共识；充满“原地踏步式”的政策宣示；气候、金融领域的工作组未参与治理；主席国的引导作用有限。造成困境的主要原因包括能源议题的敏感性、成员国多元的发展诉求及美国政府的能源政策转向。基于现实困境，本文提出 G20 可以通过提升机制化水平、优先推进部分议题、搭建多轨治理体系和“意愿联盟”等方式，发挥自身在全球能源治理方面的优势和作用。

【关键词】G20；全球能源治理；能源转型；可再生能源

一、引言

二十国集团自 2008 年成立首脑会议机制以来，持续关注全球能源治理，形成了层次清晰、分工明确的治理体系，达成了一定的国际共识和政策成果。不少政策制定者、行业相关方、学者认为 G20 发挥了积极作用，增强了全球能源治理的凝聚力和代表性，有望成为世界能源事务的首要协调平台。但是，有些观点持相反意见，认为 G20 的影响始终有限，既未能应对诸多棘手挑战，也未曾有效引导全球中长期能源转型，无法指望 G20 开创一个全新的治理局面。如果查阅近年来 G20 关于能源事务的政策文件，一方面会发现各国的确达成了一些共识，表态要开展很多合作；另一方面，也会看到“以文件落实文件，以共识落实共识”的倾向，整个治理进程似乎缺乏清晰的战略目标和行动重点。基于能源治理的复杂

① 本文为国家社会科学基金青年项目“中国可再生能源的战略困境与转型发展研究”（17CGJ024）阶段性研究成果之一。本文仅为作者学术研究观点，与供职单位无关。

② 张锐，全球能源互联网发展合作组织经济技术研究院。

③ 寇静娜，太原理工大学经济管理学院。

性、紧迫性，有必要深入考察G20的能源治理绩效，尤其是存在的问题。

根据研究，本文的核心观点是G20的全球能源治理陷入了停滞不前、难有作为的困境。笔者将立足G20参与全球能源治理的战略基础，以2018年的治理表现为重点，详细剖析G20遭遇的具体困境及其原因，并就如何突破困境提出建议。

二、G20参与全球能源治理的战略基础

全球能源治理是指在全球或区域层面“采取国际共同行动去处理和分配能源资源，提供能源服务”[①]。其涵盖的议题比较丰富，包括能源供给安全、能源转型、环境可持续性、能源跨国贸易等。从整体趋势上看，治理重点已经从早期的油气供应保障和价格稳定，扩大到在气候变化或其他非传统安全因素挑战下整个能源系统的保障能力。多数观点对目前的全球能源治理表示失望，因为一是治理成果有限，现有机制较少出台能够有效调节国家政策的规则，甚至经常无法促成国际合作的原则性共识；二是治理的代表性、合法性欠缺，多个能源类国际组织由西方国家、传统能源生产大国主导，维持封闭式集团的治理架构；三是忽视一些与能源高度相关的议题，比如能源生产和运输过程中产生的环境污染、投资保护、化石能源补贴等。

G20集合了世界多个能源大国，面临着共同的挑战和机遇，自2008年以来持续建构相关治理机制，这都为其深入参与全球能源治理奠定了战略基础。

1.G20具有塑造全球能源秩序的实力

目前，全球能源权力秩序正在被重塑，不同国家凭借供应规模、消费数量、技术优势或金融实力，在全球能源权力结构中各据一方。[②]G20囊括了世界上最主要的能源生产大国、消费大国、出口大国和进口大国，它们的行动部署能对全球能源秩序发挥关键性的、实质的影响。

从能源生产端来看，2017年，G20集合了世界前四大产油国——美国、沙特阿拉伯、俄罗斯和加拿大，四国石油产量占世界产量的43.8%；全球十大天然气生产国中，有六国为G20成员国，其产量占全球产量的52.3%；全国前五大煤炭生产国为中国、美国、澳大利亚、印度和印度尼西亚，其产量占全球产量的79.2%；全球十大电力生产国均为G20成员国，其发电量的全球占比为68.4%。[③]G20国家在清洁转型领域处于世界领先位置，2016年，G20在全球可再

① Ann Florini and Benjamin K. Sovacool. “Who Governs Energy? The Challenge Facing Global Energy Governance,” Energy Policy. Vol. 37, No. 12, 2009, pp. 5239.

② 许勤华．中国全球能源战略：从能源实力到能源权力[J]. 人民论坛·学术前沿，2017（5）：62–68.

③ 此处数据经笔者整理计算，均引自BP Group：BP Statistics Review of World Energy 2018，https：//www.bp.com/content/dam /bp/en/corporate/pdf/ energy–economics/statistical–review/bp–stats–review– 2018–full–report.pdf.

生能源发电总装机容量中占比高达 81%。[①]

从能源消费端来看，从 G20 2016 年提供的数据来看地，G20“一次能源消费量超过全球的 80%，温室气体排放占全球总量的 80% 左右”。2017 年，中国、美国、印度、俄罗斯和日本为一次能源消费最多的前五个国家，五国消费量在全球总量中的占比高达 53.9%；G20 包揽了世界前十大石油消费国、世界前十大天然气消费国中的九国；G20 的 19 个成员国的水电消费量占全球水电消费量的 71.3%，非水可再生能源的消费量占全球总量的 81.2%。[②]

2. 成员国面临着共同的挑战和机遇

全球能源结构正在向清洁、高效、多元化的方向加速转型，但 G20 成员国仍面临诸多严峻挑战。过去 30 年，G20 国家石油、天然气和煤炭的消费量在一次能源结构中的总占比没有显著变化。2017 年，化石燃料占 G20 国家总体能源供应的比重高达 82%，由能源消费造成的二氧化碳排放在 15 个成员国呈现增长态势；没有一个 G20 成员国自主贡献减排目标能够完成控制升温 1.5℃的任务。[③]各国为维持目前的能源体系承担了巨大的财政压力，包括“支持化石能源行业中大量迫在眉睫的破产和缺乏资金的项目，应对化石能源行业的正在锐减的税收，提供大量不正当的补贴等”[④]。另外，能源转型事关综合国力的提升，《经济学人》杂志认为沙特阿拉伯、俄罗斯在可再生能源领域上的无为使它们在国际竞争中“处于十分明显的险境”[⑤]。

同时，各国面临发展可再生能源的重要机遇期。依靠技术升级和供应链效益提高，世界范围风电成本和光伏发电成本稳步下降。“大规模风力发电机在相同资源水平下产生更多电力，新的光伏电池架构提供更好的效率，实时数据和大数据技术增强了维护的可预测性，减少了运营和维护成本。”[⑥]各方普遍预测，到 2020 年左右，所有类型的可再生能源将会有与化石能源相当甚至比其更低的发电成本。

3.G20 持续关注能源治理议题，并形成了层级治理体系

在 2008 年 G20 首次领导人峰会的公报中，便提及成员国将致力于应对能源安

---

① IRENA：G20 Toolkit for Renewable Energy Deployment：Country Options for Sustainable Growth Based on REmap，2016，https：//www.irena.org/publications/2016/Jun/G20-Toolkit-for-Renewable-Energy-Deployment-Country-Options-for-sustainable-grow th -based-on-Remap

② 此处数据经笔者整理计算，均引自 BP Group：BP Statistics Review of World Energy 2018.

③ Climate Transparency. Brown to Green：The G20 Transition to a Low-Carbon Economy[EB.OL].[2018-11-02]. https：//www.climate-trans parency.org/g20-climate-performance/g20report2018.

④ Andreas Kraemer. “Energy in the G20 Finance Track：G20 Energy Transformation During the German Presidency，” CIGI Policy Brief，No.86，2016，pp. 1.

⑤ “Special Report：The Geopolitics of Energy，” The Economist，Vol. 426，No. 9083，2017，pp. 4.

⑥ International Renewable Energy Agency，*Renewable Power Generation Costs in 2017*，2018，pp. 6，http：//www.irena.org/-/media /Files/IRENA/Agency/Publication/2018/Jan/IRENA_2017_Power_Costs_2018_summary.pdf?la=en&hash=6A74B8D3F7931DEF00AB88BD3B339CAE180D11C3

全和气候变化。尽管 G20 每年会有不同的主题或重点任务，但保持了对能源议题的关注，设定了能源合作的目标与原则，并建构治理机制、出台政策措施（见表 9–1）。G20 对能源议题的涉及面不断扩大，治理重点从早期的维护化石能源市场稳定、取消低效化石能源补贴，逐渐扩大到可再生能源、能源可及性、能效、环境保护等各类议题。

表 9–1　G20 在全球能源治理上的进展（2009 ~ 2017）①

时间	主席国	在全球能源治理上的进展
2009 年	美国	首次提出“在中期内合理化和逐步取消低效化石燃料补贴”；提及化石能源安全和能源可及性、增加清洁和可再生能源供应
2010 年	加拿大、韩国	提及化石能源补贴、化石燃料波动议题。
2011 年	法国	首次设立能源工作组（“能源和大宗商品市场”工作组）；鼓励各国参与联合石油数据倡议机制。
2012 年	墨西哥	关注能源市场的透明度。
2013 年	俄罗斯	成立能源可持续工作小组；召开能源监管者外围会；提及核能、海洋环境保护（近海油气开采）、能源基础设施建设等议题。
2014 年	澳大利亚	通过了《G20 能源合作原则》；关注提高能效，批准发布了《G20 能效行动计划（2014）》。
2015 年	土耳其	首次举办 G20 能源部长会议；首次提出能源可及性的行动计划。
2016 年	中国	通过了《G20 能效引领计划》等文件；中国、美国在 G20 框架内率先完成低效化石能源补贴的同行审议。
2017 年	德国	18 个成员国和欧盟在领导人公报中表示《巴黎协定》是不可逆的，重申对《巴黎协定》的支持；通过了《G20 汉堡气候与能源行动计划》。

在 G20 内部，形成了以领导人峰会为战略决策、能源部长会议为主导、工作组会议为支撑的层级治理体系。目前承担能源治理的工作组为能源转型工作组，每年召开两次工作会议，参会者主要为成员国的能源部门官员，主要职责是就 G20 关心的能源议题展开充分磋商，为能源部长会议准备各类成果文件，同时邀请各国际组织参与具体工作②，吸纳它们的研究成果和政策建议。能源部长会议从 2015 年开始举办，每年一次，主要职责是发布会议公报，就 G20 能源发展提出具体的目标和方案，同时将当年的重要共识、重点建议报送给协调人会议，供最终领导人峰会采用。领导人峰会在能源部长会议成果的基础上，形成写入领导人峰

① 笔者自制，主要参考历年 G20 领导人峰会公报。

② 譬如，2018 年 G20 能源部长会议邀请了多个国际组织，包括国际能源署、国际能源论坛、国际能效合作伙伴、国际可再生能源署、经合组织、石油输出国组织。各组织负责人或能源相关部门的负责人出席并在会议上发言。

会公报的共识性意见，同时就当年重大议题展开磋商，部署国际协调，安排下一年能源领域的合作重点。这种层级治理体系具有较强的官僚制色彩，有利于塑造 G20 决策的渐进性和治理的权威性。

三、G20 参与全球能源治理的现实困境

尽管 G20 具备较为丰富的战略基础，但近年来在能源领域的治理成效十分有限，能源议题在 G20 的治理框架中呈现日益边缘化的走向。下面将以 2018 年 G20 的治理表现和政策文件为主要研究对象，梳理具体困境：

1. 对能源议题的关注力度在减弱

自 2017 年 6 月美国总统特朗普宣布退出《巴黎协定》以来，G20 把能源治理重点基本放在了如何应对美国的单边行为，及协调成员国对能源转型的态度上。在 2018 年领导人峰会公报中，仅用两段文字阐述各方在能源议题上的立场。一段是美国的独白，即“美国重申其退出《巴黎协定》的决定，并声明对经济增长、能源获取和能源安全的坚定承诺，在利用所有类型的能源资源和技术的同时保护环境”①。这段话的真实目的是强调美国拥有“利用所有类型的能源资源和技术”的自主权利，尤其是摆脱《巴黎协定》约束、加大化石能源开发的行动自由。另一段用拗口的文字阐述了所有成员在能源转型、扩大能源获取这两个议题上的共识，核心观点包括：“我们倡导能源转型应把增长、温室气体减排、更清洁灵活和透明的能源系统及能效合作结合起来”，以及“将继续扩大普遍的能源获取”。②

相比之前峰会的公报，2018 年公报无论在篇幅还是实质内容上都显得很单薄，未提出任何创新的观点、落地的行动，也没有推进之前峰会已经提出的倡议或行动计划。这显示了 G20 对能源议题的关注力度在减弱，各国领导人并未将能源治理放在 G20 议程的优先位置。

2. 对“能源转型”这一核心概念难以形成清晰共识

2018 年，G20 能源部长会议、能源转型工作组投入了很多精力去探讨能源转型的内涵，希望在美国退出《巴黎协定》的背景下凝聚各方对全球能源发展方向的共识。其实，“能源转型”本不是一个具有争议性的概念，国际社会的广泛共识是当前转型应以发展可再生能源、减少碳排放为核心内容。但是，2018 年《G20 能源部长会议公报》给出了一个试图面面俱到、但实则空洞无物的共识：“我们欢迎主席国阿根廷的方法，即在‘转型’这一蕴含多元性的概念之下，承认存在着各种可能的国家路径去实现更清洁的能源系统，去促进可持续性、韧性和能源安

---

① G20.G20 Leaders’ Declaration：Building Consensus for Fair and Sustainable Development[EB.OL].[2018-11-02]. https：//g20.argentina.gob.ar/sites/ default/files/buenos_aires_leaders_declaration_0.pdf

② 同上

全。这一观点反映了一个事实，即每个 G20 国家根据自身发展阶段选择独特的、多元的能源系统作为能源转型的出发点，同时须兼顾不同的能源资源禀赋、需求动力、技术、资金储备、地理位置和文化。”①

这段话将论述重点落在了转型道路的多样性上，“能源转型”变成了一个高度灵活、可以充分自由解释的概念，而对于转型目标（即文中所提的“更清洁的能源系统”）及如何加快实现转型并未给出明确的阐述。“不谈具体程度，不谈规模，不谈朝什么能源转型以及何时需要成功，只是笼统地提‘能源转型’，仅仅是团结了大多数的政治智慧和权宜之计。”②。这段措辞的实质是各成员与美国“开倒车”的能源政策达成和解，起码在 G20 框架内它们不公开批评美国大力扶持化石能源行业的政策；这样的表述也必然迎合了部分化石能源出口国一直以来“想说但又不便明说”的立场，即不愿把能源转型的行动重点放在“可再生能源替代煤炭、石油等化石能源”，不愿将应对气候变化的责任直接对等为减少化石能源的开发。另外，对多样性的强调会使一个悖论随之而来：既然各国的能源系统、转型之路如此高度异质化，有何必要通过 G20 的国际合作来协调各国的目标和行动？

对能源转型的笼统定义还直接削弱了 G20 作为一个整体对可再生能源的支持。2018 年以前，G20 对可再生能源的支持态度十分明确。2015 年首次 G20 能源部长会议公报用较多篇幅论述了成员国的共识，包括：“我们强调可再生能源及其潜在长期发展的重要性”，认同扩大可再生能源能源投资的意义；强调创新，技术和知识共享将促进增加可再生能源在能源结构中的使用；通过了《G20 可再生能源开发自愿选择工具箱》。③在 2017 年《G20 汉堡气候与能源行动计划》④中，对能源转型的阐述完全围绕可再生能源展开，即“能源转型需要在发电部门、终端使用部门中扩展，包括在供热、制冷、交通、工业部门里加强可再生能源的使用。这一进程涵盖所有类型的可再生能源资源，包括生物质能、太阳能、风能、水能、地热和海洋能”⑤。可是，2018年，以上毫不含糊的态度转变为一种语焉不详的鼓励：“我们鼓励那些选择加强可再生能源战略的成员国在考虑自身国情、需求和优先事项的基础上酌情加快实施。”发展可再生能源变成了一门可有可无的

---

① G20.G20 Energy Ministers Communiqué[EB.OL].[2018-6-15]. http：//120.52.51.16/www.g20.utoronto.ca/2018/2018-06-15-energy_communiqu e .pdf.

② 张树伟.《当我们谈论能源转型时，应该谈论什么？ [EB.OL].[2019-01-08].》，能源网站，2019 年 1 月 8 日，http：//www.inengyuan.com/yuanchuang/40. html.

③ G20.*Communiqué*：*G20 Energy Ministers Meeting*，October 2nd，2015，http：//www.g20.utoronto.ca/2015/151002-energy.html

④ 当时，美国宣称正在重新评估自己的气候、能源政策，对该计划整体持保留意见，相当于未加入其中。

⑤ G20. G20 Hamburg Climate and Energy Action Plan for Growth[EB.OL][2017-12-31]. http：//120.52.51.17/www.g20.utoronto.ca/2017/2017-g20-climate-and-energy-en.pdf.

"选修课"，成为了"那些选择加强可再生能源战略的成员国"的事情，而非 G20 共同行动的方向或应全力以赴的任务。[①]

3."原地踏步式"的政策宣示

通过对 2018 年《G20 能源部长会议公报》的梳理及将其与之前公报的比较，可以发现，最频繁出现的三个动词是"承认""重申""鼓励"，绝大多数内容是对现实情况的承认、对过往立场的重申和道义层面的鼓励，缺乏清晰的时间表和路线图[②]，几乎不具备改变现状的指导意义（见表9–2）。笔者将其称之为"原地踏步式"的政策宣示。这不能说明 G20 成员国在治理进程中未曾付出努力或尝试创新，但从结果面反映了治理进程处于止步不前的状态。

表 9–2　2018 年《G20 能源部长会议公报》中的"原地踏步"式内容[③]

关键词	相关内容
承认	·承认能源转型对于减排和那些有志于实施《巴黎协定》的国家的重要性。 ·承认存在着各种可能的国家路径去实现更清洁的能源系统。 ·承认化石能源、天然气在全球范围仍扮演一个主要的角色。 ·承认可再生能源的系统性整合对电力安全、可再生能源的广泛应用至关重要。 ·承认可再生能源资源对一些国家在交通、供暖、制冷方面的减排具有重要影响。 ·承认当我们面临能源转型挑战时，更精准、更全面的能源数据对有效的决策很重要。 ·承认承认获得现代能源设施、清洁烹饪设备是经济社会进步的一个前提条件。
重申	·重申 G20 将通过整合需求端、供给端，努力成为有效能源转型进程中的领导角色。 ·重申最先进、更清洁的化石能源技术对于应对环境影响方面的重要性。 ·重申匹兹堡峰会宣言中关于在中期规范并逐步取消低效的化石燃料补贴的承诺。 ·重申致力于提高能源的普遍获取。
鼓励	·鼓励大幅提高公私部门在所有领域的能效方面的投资和融资。 ·鼓励对可再生能源生产的投资和融资。 ·鼓励国际组织就天然气更有效、灵活的应用展开广泛对话。 ·鼓励各国就发展、应用最适用的（化石能源）技术展开合作。 ·鼓励 G20 国家促进国际的和各国的机构（在能源数据方面）开展更紧密的合作。

有观点乐观地认为：G20 宣示性行动所确立的政治方向能够渗透到各国政

① 对照 2018 年 C20（二十国集团民间社会会议）环境、气候与能源工作组的声明，《G20 能源部长会议公报》的态度更显得保守。C20 的声明表示："将数百亿美元的资金投入天然气和化石能源的基础设施是一个错误，这将与巴黎协定的目标相悖"；"清洁能源在全球很多地方具有竞争力，对于获得一个低碳的未来具有根本性的影响"，号召各国政府从 2020 年开始，把国内、国际的能源类投资只用于清洁能源。引自：C20.C20 Statement on a Sustainable Transition of the Energy Sector to a Low–carbon，Climate–resilient Future[EB.OL].[2018–04–15].https://g20.argentina.gob.ar/en/g20–argentina/engagement–groups

② 在之前的政策文件中，会提出一些时间节点和具体的行动，例如，2017 年《G20 汉堡气候与能源行动计划》提出，鼓励各成员国在 2020 年前提交中长期（至 2050 年）的全面去碳化规划

③ 此处内容均引自 G20：G20 Energy Ministers Communiqu é，2018.

府、其他多边机制之中，并逐渐产生实质效果。[①]但是，在G20的能源治理进程中，这种涓滴效应并不明显，"原地踏步"的政策宣示不能掩盖行动上的迟缓与懒惰。多年来，G20反复提及要逐步取消低效化石能源补贴，可时至今日，各方对"低效"的涵义仍未达成共识，仅中国和美国、德国和墨西哥完成了结对的同行审议，意大利、印尼正在准备进行同行审议。如果从实际效果来考察，结果更令人失望。根据气候透明组织的统计，2007年至2016年，G20国家的化石燃料补贴支出从750亿美元增至1470亿美元；2013至2015年，G20国家在化石燃料项目上的支持年均达到910亿美元；发达国家的化石燃料补贴远远超过他们承诺的致力于气候融资的资金水平。[②]

4. 气候可持续工作组、金融工作组未参与能源治理进程

从业务领域上看，G20下设的多个工作小组都可以且应该参与能源治理，其中最密切相关的两个小组是气候变化小组、金融小组。

G20气候可持续工作组于2018年首次开展工作，该工作组从之前的能源可持续工作组中分离出来，与会的代表由各国环保部门官员构成。在2018年，该工作组先后召开两次会议，并向领导人峰会提交了《G20气候可持续工作组实施工作计划（2018-2019）》。该计划确定了近期的工作内容，包括发布五个报告、召开一些小型研讨会等。令人失望的是，第一，该计划未提及任何能源治理方面的内容，抛开能源议题来应对气候变化很可能使接下来的治理行动舍本逐末；第二，没有提出任何推动成员国完善《巴黎协定》实施细则的措施[③]，把关注点放在了技术性议题的研讨上，如2018年工作组的主要工作是发布由OECD编写的《应对气候变化的坚韧基础设施》《适应气候变化对就业的影响》两个报告。

金融工作组在前期承担了大量能源治理的工作，尤其是2011年前后持续关注化石能源补贴、化石能源价格波动性等议题，其工作成果也曾写入领导人峰会的公报中。其实，不少能源治理议题只有得到G20财金轨道、金融工作组的支持，才可能取得成效。[④]随着G20框架内能源部长会议、专门工作组等机制逐渐完善，金融工作组基本从能源治理中撤出。在金融工作组2018年发布的多个报告中，没有发现能源方面的政策表述或行动计划。

5. 主席国的引导作用十分有限

按照惯例，主席国具有设定当年G20主题与优先议程的权利，但近几年的主

---

① Thijs Van de Graaf, Kirsten Westphal, "The G8 and G20 as Global Steering Committees for Energy: Opportunities and Constraints," Global Policy, Vol. 2, Special Issue, 2011, pp. 19-30.

② Climate Transparency: *Brown to Green: The G20 Transition to a Low-Carbon Economy*, 2018, pp. 7.

③ 截止2018年底，11个G20成员国仍未向《联合国气候变化框架公约》秘书处提交长期低温室气体排放发展战略，10个成员国未提出2050年温室气体排放目标。

④ 最典型的议题包括提高对可再生能源基础设施的投资、处理低效化石能源补贴、维护全球能源市场的稳定及杭州峰会提出的发展绿色金融等。

席国未能在能源治理上取得实质性突破。2016 年，中国在担任主席国期间，希望搭建常设性的能源对话机制，提出了建立 G20 能源合作智库、形成多国能源投资协议等建议，但是由于各国对具体建议的争议较大，最终仍然只是在原则性表态上达成共识，没有采取进一步的治理行动。[①]2017 年，德国担任主席国期间，曾提出一份比较具体的《气候和能源行动计划》，内容包括各成员国承诺 2025 年前取消化石能源补贴的期限，2018 年内公布 2050 年中长期全面去碳化规划，2018 年联合国重申各国自主减排承诺，推动碳定价等。但是，相关内容在一场场谈判中大打折扣，最后的《计划》还是变成了一份罗列宽泛共识、不涉及约束性承诺的文件。2018 年，阿根廷官方曾表示希望在能源转型、拉美地区的能源获得、能源产业的数据透明度、逐步减少低效化石能源补贴这些议题有所作为[②]，但除了提出一份《拉美和加勒比地区能源获得和可承担性自愿行动计划》的报告外，在其他议题上并无显著进展。

四、造成治理困境的主要原因

G20 面临的治理困境很大程度源于全球能源治理的普遍性障碍，也由于当前的国际形势。

1. 能源议题仍然是高度敏感的主权议题

即使全球化高度发展的今天，各国仍以不同形式的资源民族主义强化对能源资源的控制力，在国际交往中将能源议题视为高度敏感的主权议题，竭力避免自己的国家利益乃至国家安全受损。“如果问题领域中的国家权利越敏感，国家为达成让渡主权的契约而需要投入的资源就越多，国家间缔约成本就越高。”[③]另外，一些发展中国家还担心在能源转型过程中受制于人，被发达经济体置于经济上、技术上和治理上的追随者地位。布尔克（Burke）和斯蒂芬斯（Stephens）强调，“如果延续现有权力机制来治理清洁能源，清洁能源的全球治理将可能复制油气时代的轨迹，继续维持强者更强、弱者更弱的局面。”[④]

基于上述敏感性，G20 机制如同多个能源类国际组织一样，对软法（soft law）形成了路径依赖，即为了保证可持续的合作，“倾向于采取非正式过程，敦促各国自觉遵守那些模糊定义的原则，不愿启动关于正式的、具体的政策承诺的

① 高世宪、安琪等：《从 G20 能源进程看国际能源政策关注点》，《中国经贸导刊》2016 年 28 期，第 40 页

② “The G20 debates the future global energy mix in Bariloche，Patagonia”，June 13，2018，https：//g20.argentina.gob.ar/en/news/g20-de bates-future-global-energy-mix-bariloche-patagonia

③ 田野，国际关系中的制度选择：一种交易成本的视角 [M]. 上海：上海人民出版社，2018：69.

④ Mattew Burke and Jennie Stephens：“Political Power and Renewable Energy Future：A Critical Review，” Energy Research & Social Science，No. 35，2017，pp. 78

谈判”[①]。G20机制和那些能源组织越来越相似，把有限的精力都放在了国家间数据的整理、经验的交流上，成为了一个以传播信息为主的“认知型机制”（epistemic regime）。

2.G20 内部存在着多元的能源发展诉求

根据国际机制的理论研究，国家同质性是促成有效国际合作的重要条件。“一般来说，在其他因素给定的条件下，缔约国家在某个方面的一致性或相似性程度越高，国家间缔约成本也就越低，国家间合作也就越容易达成”[②]；反之，如果国家在某个议题领域里的同质性越低，它们就需要投入更多时间、成本去凝聚共识、协调分歧，塑造国际合作的动机与路径。

在能源领域，G20 本身是一个同质性较低、异质性较高的团体。第一，各国能源结构及其未来发展规划的差异显著。正如 2018 年《G20 能源部长会议公报》所言，在能源转型过程中，“每个 G20 国家根据自身发展阶段选择独特的、多元的能源系统作为能源转型的出发点”[③]。在可再生能源使用方面，有些国家（如中国、德国）已处于世界前列，有些国家（如沙特、俄罗斯）严重滞后。对于能源的未来发展，各国立场迥异：德国、法国正在削减核电比例，中国、日本、土耳其等国计划提高核电装机；德国、英国宣布了全面停运煤电时间表，中国明确煤电逐步减少是大趋势，而美国、南非在推行扶持煤电的政策。第二，成员国之间往往存在不同维度、较高烈度的竞争。有观点认为，由于各能源大国的利益分化，在未来几十年都不可能出现一个具有真正凝聚力的能源治理机制。[④]譬如，近几年，美国持续施压 OPEC 增产降油价，同时通过制裁抑制伊朗、俄罗斯的原油出口，拓展自己的出口市场；另一方面，沙特与俄罗斯多次联合减产，推高油价。G20 能为各方提供一个对话平台，但多方显然并不指望通过 G20 来解决格局性矛盾，甚至担心问题会变得更加复杂化。

3. 能源独立背景下美国的对内、对外政策

过去，学者们曾对 G20 的治理角色抱以期待，一个重要原因是 G20 大多数国家包括美国是化石能源的进口国，他们具有强劲动力在走向低碳未来的进程中加强国际合作。[⑤]可现实的变化总超出人们的预料，美国页岩油气革命改变了全球能源供给、消费格局，其油气产量爆发式增长推动该国从能源进口国转变为出口大国。

---

① Jeffrey D. Wilson, “Multilateral Organizations and the Limits to International Energy Cooperation,” pp. 92.

② 田野，国际关系中的制度选择：一种交易成本的视角 [M]. 上海：上海人民出版社，2006：70.

③ G20：G20 Energy Ministers Communiqu é , 2018.

④ Jeff D. Colgan, Robert O. Keohane, Thijs Van de Graaf, “Punctuated Equilibrium in the Energy Regime Complex,” Review of International Organizations, Vol.7, No. 2, 2012, pp. 117–143.

⑤ Thijs Van de Graaf, Kirsten Westphal, “The G8 and G20 as Global Steering Committees for Energy: Opportunities and Constraints,” pp. 26.

特朗普上台后，采取了一系列扩大化石能源生产的产业政策，包括放开美国沿海和联邦土地的油气开采、解除在联邦土地上开采煤炭的临时禁令、冻结汽车燃油效率标准、批准兴建通往墨西哥的新石油管道、扩大对亚洲的天然气石油出口、大幅删减联邦政府部门在支持可再生能源方面的经费等。这意味着特朗普政府对推动自身和世界的能源转型均不感兴趣，不愿承担自身在这方面的领导责任，更不愿在 G20 遭受各方的质疑和审查。近两年，美国在做的就是扮演一个奉行单边主义、强调化石能源利多的“搅局者”角色，将自身在能源转型上的保守、自私立场强加给整个 G20 群体，造成了 G20 全球能源治理进程的举步维艰，从之前的实现“小幅度进步、建设性创新”变成了“仅能促成最低限度的共识”。

五、深化 G20 全球能源治理的路径选择

尽管 G20 面临各种现实困境，笔者认为，基于其成员国的代表性、机制运作的灵活性和涉及领域的宽口径，G20 在全球能源治理方面仍然具有不可替代的价值和可以挖掘的潜力。G20 可以从以下方面推进治理的进程。

1. 提升 G20 在能源治理领域的机制化水平

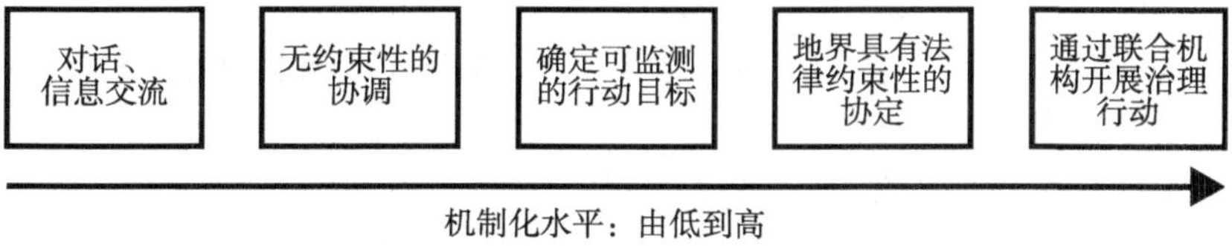

图 9-1　国际多边合作的机制化水平[①]

G20 的能源治理如果满足于当前状态，止步于“信息交流”“无约束性的协调”的初级阶段，那将很可能迅速失去各方的关注和参与。因为这两个功能在一些能源类国际组织、区域性国际组织可以实现得更专业、更有效率，无须 G20 做重复性、总结性的工作。换言之，G20 只有在能源治理上发挥独特、权威的影响力，产生原创的国际公共产品，其治理进程才能持续和获得广泛支持。一蹴而就建设高度紧密的“能源联盟”不现实，但在某些关键议题上进阶到“确定可被监测的目标”“缔结具有法律约束性的协定”是可能的。成员国领导人应加强顶层设计，明确 G20 能源治理的“对话 + 协调”功能定位；同时赋予现有的能源部长机制、工作小组机制更多权限，就某些治理目标的细化、治理行动的推进开展实质性谈判。

① 此图参考 Jeffrey D. Wilson，“Multilateral Organizations and the Limits to International Energy Cooperation，” pp. 95–96

2. 在某些已有工作基础的议题上加速行动

G20成员国对不少议题已经反复关注、形成共识，现在需要各方加速推进倡议变成行动，确保治理能够“一茬接着一茬干”。几个重点议题包括：（1）为低效化石能源补贴的同行审议制定全员参与的时间表和路线图，在一个确定的时间点前完成G20全体成员之间的同行审议。同时，根据审议的结果，及时提出G20各国削减补贴的可量化指标。（2）加强可再生能源治理，持续扩大可再生能源在G20能源结构中的比重，重点关注供暖、交通这两大转型滞后的领域。（3）增强成员国能源数据的开放透明，具体措施包括：提升联合组织数据倡议（JODI）的工作机制和数据质量，开展成员国离网电力、电力跨国交易方面的数据统计和相关能力建设等。（4）督促成员国尤其是发达国家增强能源可及率、提供实际的国际公共产品，为减少非洲、亚洲和拉美的无电人口作出贡献。

3. 形成G20多轨的能源治理体系

目前，能源治理几乎完全放在了“能源部长会议－能源转型工作组”这个轨道上，应该让G20内部更多常设机制参与进来，打破目前各行其是、互不通气的局面，形成多主体互动、多渠道推进的复合机制。气候可持续小组作为议题的重要攸关方，应与能源转型小组建立联席工作机制，使双方的工作更具协同性和针对性；金融小组应持续关注和处理化石能源补贴、能源金融市场、绿色金融等议题，推动多边开发银行、多边气候融资机构及各国金融机构在能源基础设施方面发挥融资杠杆作用。

4. 考虑在某些议题上组建“意愿联盟”

由于G20各国在能源发展上的诉求多样化，可以鼓励部分成员国在它们关心且愿意推动的议题上组建“意愿联盟”，即在各国利益分散存在、美国奉行孤立主义的情况下，不强求二十个成员的齐头并进，但发挥各种国家集团、多元行为体的积极作用，拓展治理空间，推动行动进度。

参考文献

[1] 王韬 . 用发展的眼光协调能源安全与气候安全 [J]，中国石化 2014（7）：88–89.

[2] 查道炯 . 全球能源治理：中国贡献的路径。全球化 [J]. 2018（4）：38–51.

[3] 张业亮 .“解构行政国”：特朗普保守主义国内政策的目标 [J]. 美国研究，2018（6）：48–82.

[4] Chaban，N. & Knodt，M. Energy Diplomacy in the Context of Multistakeholder Diplomacy：The EU and the BICS. Cooperation and Conflict[J]，2015，50（4）：457–474.

[5] Dubash，N. K. & Florini，A. Mapping Global Energy Governance. Global Policy[J]，2011，2(s1)：6–18.

[6] Wilson，J. D. Multilateral Organizations and the Limits to International Energy Cooperation. New Political Economy[J]，2015，20（1）：85–106.

第十章　中日韩碳排放影响因素研究

牛华勇　肖瑶[①]

【摘要】随着经济与科技的发展，地球变暖、土地沙漠化等环境问题层出不穷，加之国际社会诸多不稳定因素使得环境问题恶化，使其成为多领域关注的重点。其中，气候变化作为环境问题中的重要因素已成为当前国际社会和各国政府面临的最紧迫的环境问题之一。在经济全球化发展的过程中，中日韩三国为全球经济的发展方面有较大贡献，在节能减排方面的表现也较为突出。2017 年中国成为碳排放总量第一的国家，日本第七，韩国第九,三个国家的碳排放量均位于全球前十。三国作为临近国家，都在积极回应国际关于节能减排的呼吁，以使本国走上和谐发展的可持续道路上去。所以，本文将从中日韩三国碳排放现状着手，探究影响三国碳排放的主要因素，建立 SITRPAT 模型，分析各个影响因素的显著性，进而探讨三国低碳发展与合作的可能性及其有效途径。

【关键词】碳排放；SITRPAT 模型；中日韩合作；低碳发展

一、引言

随着经济与科技的发展，地球变暖、土地沙漠化等环境问题层出不穷，加之国际社会诸多不稳定因素使得环境问题恶化，环境问题成为多个领域关注的重点。其中，气候变化作为环境问题中的重要因素已成为当前国际社会和各国政府面临的最紧迫的环境问题之一。科学证据表明，由温室气体浓度增加引发的气候问题对世界自然和人类环境造成极为不利的影响，其影响包括全球平均气温升高、海平面上升、冰川和冰盖迅速消退、许多动植物物种灭绝、飓风和台风的频率和幅度增加等。随着科学家们提供证据的增加，要应对国际中气候变化谈判，管理温室气体排放的必要性应该提上日程。根据《2017 年 BP 能源报告》显示，2017 年，碳排放量上，中国第一，日本第七，韩国第九,三个国家的碳排放量均位于全球前十。所以通过减少二氧化碳排放以及减少相应的能源消耗是每个国

① 北京外国语大学国际商学院。

家，特别是碳排放量位居前位的国家所需要解决的关键性问题。

随着《京都议定书》的生效，各国本有望在减少温室气体的排放方面作出更多努力。但是，美国独自退出《巴黎协定》这一举动引起全球气候治理权力开始快速转移，全球气候治理迎来了新的开始[①]。这个开始能带来什么结果是未知的，但是如果各国能够就低碳领域问题加强合作，共同面对全球气候变化问题，那么最终的结果一定是全球能够形成良好的命运共同体，共同促进发展。

随着气候问题的不断升温，各国学者对于气候变化尤其是温室气体排放问题的关注度不断增加。Boeters 和 Koornneef（2011 年）调查了 2007 年欧洲理事会春季峰会（欧盟理事会，2007 年）提出的气候政策战略；Alper 等（2016）认为可再生能源可能在增加能源供应和减少排放方面发挥关键作用。同时，他们通过使用格兰杰因果检验、IPS 检验、构造 VEC 模型等，充分证明了该面板数据存在序列相关问题；蒋青嫚，韩兆洲（2017）在研究碳排放量影响因素的文章中采用面板半参数空间自回归法对环境压力控制模型进行变量选择。但是基于 SITRPAT 模型从国别角度分析碳排放影响因素的文献较少，所以针对上述问题，本文将从对中日韩三国碳排放现状着手，探究影响三国碳排放的主要因素，建立环境压力控制模型，分析各个影响因素的显著性，进而为中日韩三国实现低碳发展与合作提出相关对策建议。

二、相关理论和文献综述

1. 概念界定

碳排放。狭义的碳排放一般认为是二氧化碳的排放，二氧化碳在温室气体中占有很大的比重。人为温室气体的增加扰乱了地球的辐射平衡，并对气候、海平面上升和世界农业产生相关影响。进入大气的二氧化碳排放以及其他温室气体的排放通常与燃烧化石燃料有关，如天然气、原油和煤炭。虽然这对环境有害，但可以购买碳补偿，以弥补这些有害影响。

低碳。简单的理解是导致或只导致相对较小的二氧化碳净释放到大气中，低碳能源主要来自于生产能源的工艺或技术，其二氧化碳排放量比传统的化石燃料发电排放量要低得多。

2. 理论基础

低碳经济学理论。1992 年，Manne 和 Richels 在他们合著的著作序言中提到了低碳经济（low carbon economy）这一词，认为一些关于能够实现碳减排的政策可以由政府考虑出台，但是他们并没有对低碳经济有明确的解释说明。英国的能源

---

① 牛华勇.《巴黎协定》后的全球气候治理趋势［J］. 区域与全球发展，2018,2（01）：69–80+155–156.

白皮书——《我们能源的未来：创建低碳经济》(2003年版)，将“低碳经济”定义为“通过更少的自然资源消耗和更少的环境污染，获得更多的经济产出”，该项定义是“低碳经济学”第一次在政府文件中出现，后来逐渐被世界各国所接受。

可持续发展理论。1987年，《我们共同的未来》中首次提出了“可持续发展”的概念，该理论是在全球人口不断膨胀、生态环境持续恶化、能源资源日益紧缺等社会矛盾下产生的，体现了不间断的发展、公正有序和一齐建设的基本原则。学者主要从自然、环境、社会、经济以及技术等角度来定义可持续发展理论。因此，降低碳排放强度，在保证经济持续增长的同时，减少能源消耗以及碳排放量是实现可持续发展道路的路径之一。

3 文献综述

碳排放与经济发展。1991年，Grossman和Krueger[①]发表关于对环境有潜在影响的文章，文中认为EKC曲线可以作为相关的理论支持。Saidi Kais等(2016)建立经济变量和能源变量作为自变量，碳排放量作为因变量的模型，同时再次例证出经济变量和排放量之间的关系，就是“倒U型”的曲线呈现出的关系。哈佛报告(2017)指出，城市化被认为是中国加速经济增长和相关碳排放的主要影响因素之一。张宝英，张蕙(2016)认为，碳排放总量随年增长量较大，同时各国碳排放强度和水平也有很大差别，国际碳减排合作不明朗，各国仍需加强合作。李志青(2018)在评述中提出，碳排放通过一个链条影响未来福利：碳排放会影响碳浓度，进而影响全球变暖，最后造成经济损失的直线链条，这个链条本身体现了全球层面上市场经济在气候变化问题上的外部性和失灵。

碳排放影响因素文献。Kolstad和Krautkraemer(1993)认为：环境(二氧化碳排放量)、能源消费与经济增长间存在某种动态的关系。Perman和Stem(2003)首次提出用时间序列的方法研究人均GDP和污染物排放的相关关系。他们对1960–1990年间国家的数据进行了时间序列相关的检验。所以，在本文的模型中也会先对指标进行序列相关性的检验，然后再进行模型的估计和检验。Kais Saidi，Sami Hammami(2015)搜集了1990–2012年的数据，通过广义距估计法估计出非稳态的面板数据模型，研究58个国家的全球面板经济增长和二氧化碳排放对能源消耗的影响，但是过程中没有进行协整的检验。张雷(2003)指出我国可能面临能源在结构上的变化，具体体现在煤炭在能源消费量中的比重在持续降低。易丹辉、肖宏伟等(2013)从我国不同地区水平出发建立有关碳排放影响因素的模型，此外，运用空间杜宾的方法对文中的影响因素与碳排放规模、强度的相互间影响进行了实例的分析；他们的文章分析表明，我国各区域间碳排放总量存在着较为显著的差异，大部分的影响因素有较强的显著性，不过能源价格这一

① Environmental impacts of a north American free trade agreement. NBER Working Papers No. W3914.

因素产生的影响较弱。蒋青嫱，韩兆洲（2017）在对碳排放量影响因素的分析中通过面板半参数空间自回归方法对模型的变量进行了选择，最终选择出了关于技术、财富（人均量）、产业发展结构和聚集等几大有显著影响的变量。苏文松，刘艳艳等利用空间自相关、马尔可夫链过渡矩阵、动态面板模型和系统广义距离估计等方法，作者根据1992–2013年收集的中国遥感数据，同样从实证的角度对全文的观点进行了分析与解释。综上所述，在低碳经济学和可持续发展理论是关于碳排放影响因素研究的重要理论基础，同时，国内对于碳排放的研究仅仅在于方法的多样性，而非注重理论基础，作者认为，本文扎实的理论基础可以为文章实现更加具有说服力的结果。

从国外的研究方法看主要有：一，分解法；二，模型法。其中，自回归广义模型、环境压力模型、分布滞后模型等是较为认可的模型。可以发现，较为广泛使用的方法是构建环境压力模型，但是国内外对于该模型的分析大多使用在本国之间，基于该模型从全球角度开展系统全面的关于碳排放影响因素的研究相对较少。所以，本研究基于低碳经济学的相关理论，通过建立环境压力模型，对影响中、日、韩三国的碳排放因素进行比较研究。

三、世界主要经济体碳排放和相关因素分析

从三国的总体情况来看，2017年成为第一大碳排放国之后，中国在减排上的压力开始增加，2020年是否能够达到节能减排的目标是令世界瞩目的问题；韩国的经济发展多年来一直是将重工业作为重心，在其国家进行经济发展建设中，但是韩国环境的问题近年不断出现，这使得韩国政府意识到了应该注重碳排放的问题，把以低碳方式发展经济作为是当局的紧要问题；日本，一直都是各国在低碳发展方面的模范，但是由于资源匮乏，日本在减少碳排放的同时发展经济的道路上略显艰难。这样看来，分析三国的碳排放的相关情况对三国的发展合作有重要作用。

1. 中日韩碳排放现状分析

2017年，全球碳排放总量达三百多亿吨，相比2016年增长了近一点五个百分点，突破了世界的记录，[①] 根据BP官方网站的数据分析，碳排放量排序中中国第一，日本排在第七，韩国排在第九。三个国家的碳排放量都在全球前十，解决减排问题刻不容缓。同时，根据文献资料发现，日本已经出现了碳排放的峰值，但是近年有超过峰值，多峰值的情况很可能出现，中国和韩国还未出现峰值。截止到2017年，中国和日本年均碳排放量大于6亿万吨，韩国小于6亿万吨。综

① 数据来源：新能源商务网（http://www.xnyso.com/article/6430.html）。

上所述，三个国家的碳排放量类型各不相同，那么相互学习、合作发展的可能性很大。

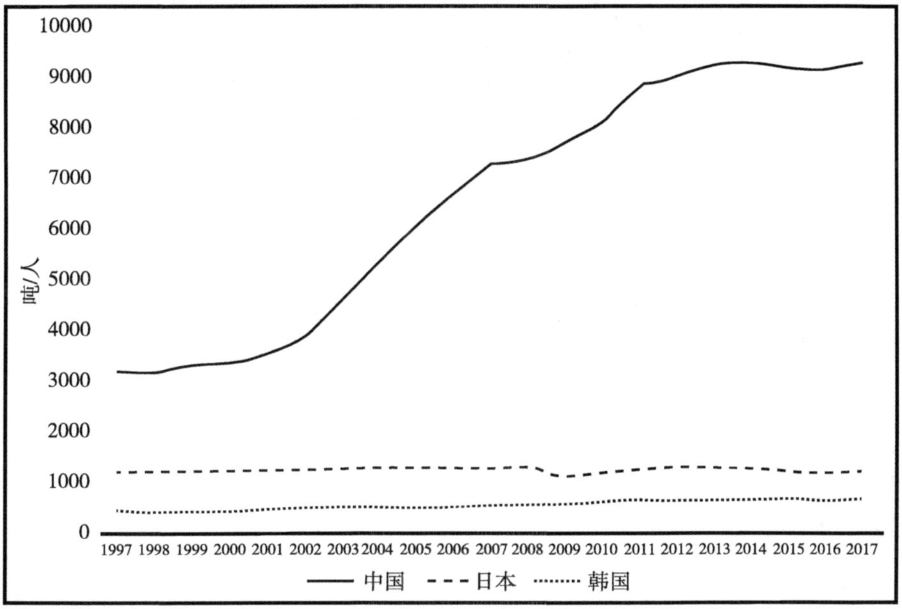

图 10-1　三国人均碳排放量对比图

数据来源：《世界能源统计年鉴 2018》

从图 10-1 分析可以看出，仅从三国看，中国人均碳排放量是最高的，然后是日本和韩国。从中国的人均碳排放来看，中国的碳排放量在 21 世纪出现激增，之后的碳排放量便高居不下，2012-2016 年有下降的趋势，但是 2017 年又恢复了增长的趋势；日本和韩国的人均碳排放虽然比中国低，但是有呈现了增长的趋势，2009 年日本出现了拐点。

2. 中日韩碳排放相关影响因素分析

（1）经济水平

根据世界银行统计[①]，2017 年中国 GDP 总量领先日本，位于世界第二，日本和韩国分别位于第 3 名和第 11 名。2017 年中国人均 GDP 位于全球 72 名，日本第 27 名，韩国第 30 名，三国的总体经济发展水平都在全球前 100 名内。

图 10-2 是三国人均 GDP 的对比图，从图中我们可以发现，1997-2017 年间，三个国家的人均 GDP 总体出现上升，其中，日本的人均 GDP 是比韩国、中国高的多。中国在三个国家中排于最后。具体来看，1997-2002 年中国人均 GDP 增长

① 数据来源：世界银行（http：//www.worldbank.org）。

缓慢，2002–2017 年，尤其是 2010 年之后开始有大幅度增长；日本在 21 年间经济增长波动很大，2008 年到 2012 年 5 年中开始有较大幅度增加，之后经济开始下滑，但从图上看还有增长的趋势，但仍没有突破之前的峰值；1997–2007 年间韩国的经济基本出现上涨，经历了两年的下降之后，韩国的经济再次开始升温，2017 年达到 20 年最高。这表明，在消除了人口红利的情况下，我国在经济水平的提高上依然有着很大的进步空间。不过，值得关注的是，中国的人均地区生产总值虽然不高，但是随着时间的推进在稳健增长。相比日韩两国来说，中国的经济增长更加稳定，日韩的经济，尤其是日本的经济增长波动性很大，需要稳定经济，打破低迷状态。

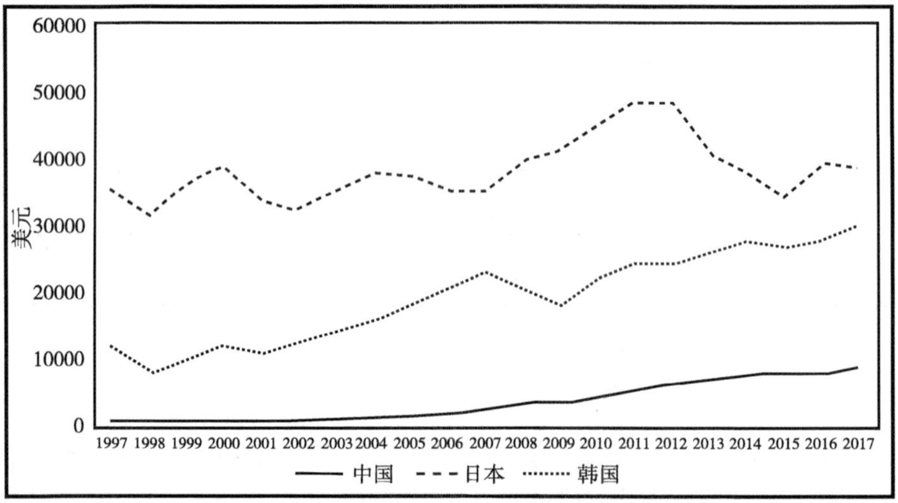

图 10–2　三国人均 GDP 折线图

数据来源：经过世界银行官方网站整理得出

（2）能源消费结构

根据《世界能源统计年鉴 2018》的数据，全世界在 2017 年对于能源的需求大约增长了百分之二，相较去年高出了一个百分点，全球能源消费产生的碳排放增长了近两个百分点，中国的能源消费增长了三个百分点。从能源消费的增量来看，中国从 2000–2017 年也都是排在前位。近年，中国的可再生能源在发电层面的增长巨大。

在新能源消耗占比中我们发现，中国新能源消耗从 2002 年起有很大的下滑趋势，直到 2011 年才出现很小程度的增长，相比之下，虽然日韩两国的新能源消耗占比较低，但是总体呈现增长的趋势，并且两国的增长趋势大致相同。所以，三国可以在新能源上找到各自国家发展的异同点，进而促进交流与合作。

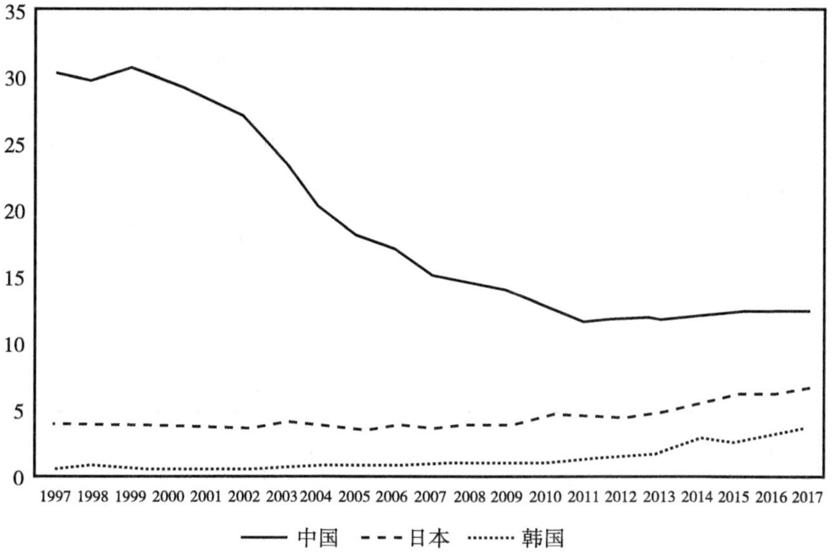

图 10-3　三国能源消耗折线图（单位：%）

数据来源：国际能源署官方网站

（3）产业结构

国家的发展一方面是有赖于产业结构的革新与优化的，中国和韩国还是主要以第二产业为主，日本的产业发展重心则是在第三产业上。

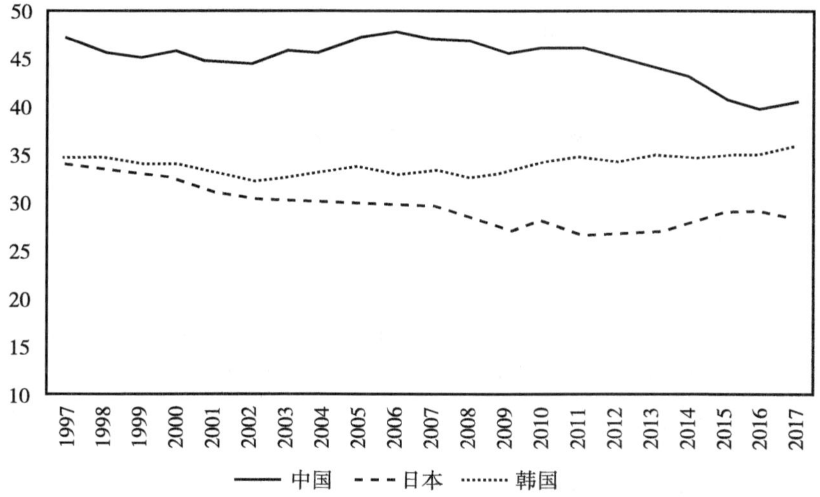

图 10-4　三国的第二产业占比

数据来源：经过世界银行官方网站整理得出

从图 10-4 可以看出，中国的第二产业占比是最高的，其次是韩国和日本。第二产业是耗能较高，污染较重的产业，二产的高占比一定会导致本国碳排放量的增加。2007 年之前，中国第二产业占总产业的比率不断变大，但是以 2007 年为节点，该折线开始呈现下降的趋势，但是从图 10-4 大致看出 2016 年之后第二产业又开始迎来春天；对于韩国来说，二产的比重一直较为稳定，在 35% 的水平上上下波动，2017 年有细微的增长趋势；1997-2008 年以来，日本的第二产业的比率基本是下降的状态，但是幅度不大，2011 年，有明显的上升趋势。此外，我们可以看出，中国和韩国在二产占比上都上升的趋势，在这点上，我认为两国可以向日本借鉴经验，争取把重心多往第三产业上转移。

（4）城市化水平

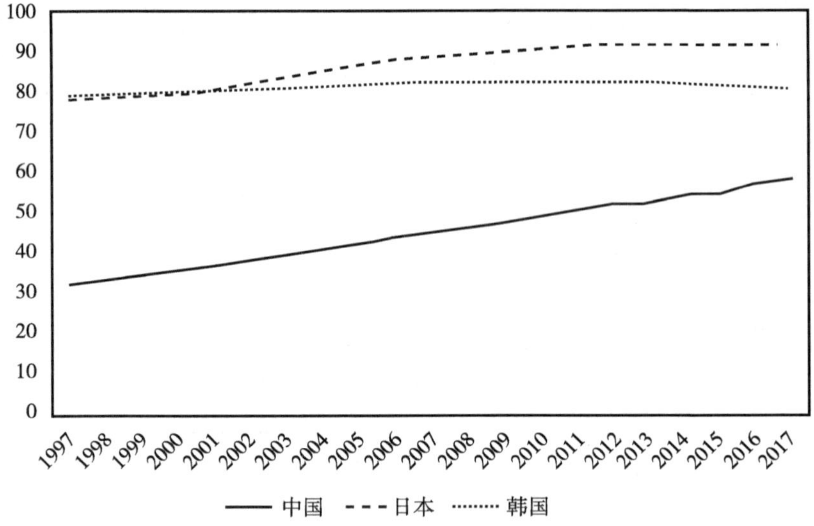

图 10-5　三国城市化水平折线图

数据来源：经过世界银行官方网站整理得出

从图 10-5 可以看出，日本的城市化水平最高，其次是韩国和中国。1997-2002 年，日、韩两国的城市化水平是差不多的，不过在 2002 年之后，日本的城市化水平有所增加，但是韩国城镇人口占比基本维持在 80%；和日韩不同的是，中国的城市化水平增长幅度较大，从 1997 年开始便呈现近似线性的增长，这表明，随着经济的增长，中国城镇化水平增长，对产业结构的优化等都有一定的改善作用。

四、中日韩碳排放影响因素分析

1. 模型建立

环境压力控制模型的前身—I=PAT 模型，是美国生态学家 Ehrlich 和 Comnoner

在20世纪后期提出的，即环境压力控制模型。环境压力控制模型这一理论模型的产生是在全球化日益严重的当下产生与发展的。对环境产生影响的因素有很多，其中主要有研究对象区域的人口规模、经济发展、技术革新等多方面因素。通过众多学者的研究可以看出，等式中的三个重要因素一般是指人口规模因素、经济结构因素和革新技术因素。同时各个因素不会独立产生作用，三因素通过相互作用对环境变化产生影响，也就是说，各个因素在不独立产生作用的情况下一起承担了对环境变化的影响。该模型主要目的是对人口驱动因素、经济状况因素、技术进步条件和环境压力之间进行定量研究分析的方法，实现环境可承受度与人口发展、财富积累、科技进步的协调发展，是建设低碳城镇化、实现经济和环境协调发展最为主要措施之一。IPAT模型为左右横等的表述形式，等号两边的单位需要统一。根据不同的研究目的和需要，相应的模型改善往往是基于原始模型的相关文献，进行各种各样的实证研究。不过，因为各个影响因素与环境压力之间并非存在单调的变化，因此，Dietz T等将更多因素和指数引入等式，完善了IPAT恒等式出现的一些缺陷。他们将模型以随机模型的形式表示，建立了环境压力控制模型，通过对人口量级、经济水平因素和技术水平因素的回归拟合，完成关于碳排放影响因素的随机估计，这样就使得IPAT模型的使用更加广泛。环境压力控制模型不单单允许每个系数的估计作为一个参数，还允许各因素进行相应的分解。故STIRPAT环境压力模型的方程为：

$$I = aP^{b}A^{c}T^{d}e$$

模型中，I表示为环境压力指标，P代表人口规模因素，A表示经济结构指标，T表示技术革新因素，a认为是上述环境压力模型的系数，b则为人口规模自变量的指数，c是经济结构变量的指数，d则是技术水平因素的指数，e是模型中的白噪声量。通过上述模型可以发现，IPAT模型可以看作是扩展后的STIRPAT模型在特定条件下的特殊形式。如果对模型的两侧各自自然取对，则为：

$$\ln I = \ln a + b\ln P + c\ln A + d\ln T + \ln e$$

2. 变量选择和数据来源

（1）影响碳排放的经济程度变量。1991年，Grossman和Krueger发表关于对环境有潜在影响的文章，文中认为EKC曲线可以支持他们所提倡的环境理论。Saidi和Kais等（2016）建立经济变量和能源变量作为自变量，碳排放量作为因变量的模型，同时再次力证出经济变量和排放量之间的关系，就是“倒U型”的曲线呈现出的关系。John Deutch（2017）在文章中提出所有的经济活动都需要能源；如果能源从化石燃料来，那么能源的使用会出现二氧化碳、二氧化碳的排放。哈佛报告（2017）指出，中国加速的经济增长会造成相关二氧化碳的大量排放，这对中国城市应对气候变化将继续是一个巨大的挑战。A.J. Li[①] 把生产理论分解分析法和指数分析法相结合，并引入 GDP 技术效率和 GDP 技术变化指标。Stamatios Ntanos，Michalis Skordoulis 等（2018），为了检验能源相关和经济相关的关系，采用 Ward 的分层聚类分析方法，对 25 个欧洲国家的国内生产总值、可再生能源消费、非可再生能源消费等进行了统计分析。因此，经济发展水平是本文要考虑的变量。

（2）影响碳排放的产业结构变量。产业结构方面，大多学者认为三次产业和碳排放之间存在一个长期的协调平衡的状态。李健等（2012）对碳排放和三大产业之间的关系分析用的是灰色关联分析的方法，结果中，作者指出区域的碳强度在某些层面上受第二产业的变化比较强烈，然而地区碳排放强度的降低并没有因第三产业的兴起而有明显变化。因此，综合考虑，本文将产业结构变化纳入影响因素的范畴。

（3）影响碳排放的城市化程度变量。在城市化这个角度上，尤其是影响因素，由于研究方法上、使用的模型上有着千差万别，所以可能得到的结论也是以各自的观点和立场来得出的。但是，大部分研究结果认为影响碳排放量的城市化因素，对它的因变量的影响是积极的。Y.Z.Wu[②] 等以中国为例，通过 U–Kaya 的方法研究了城镇化对发展中国家的碳排放是否存在影响，研究结果发现，高城镇化水平会影响能源碳排放系数和能源强度，进而对碳排放量造成影响。故本文通过城镇化率的因素纳入来探究碳排放的变化。

（4）影响碳排放的能源结构变量。在能源消费对碳排放的研究领域中，尤其是影响因素研究，多数学者在文章中采用因素分解的方法。翟石艳等（2014）通过建立广东省的 ARDL 模型来探索能源结构、对外贸易和碳排放之间的关系，结果表明对外开放度对碳排放量的长期影响不显著，短时间的影响是负向的。碳排放量受能源结构的影响是明显的，长时间内是积极的影响，短时间内则是消极的；经济增长对碳排放的影响从长期和短期来看全部为负值。王仲瑀（2017）主要通过 LYQ 脱钩模型和格兰杰因果关系检验模型研究了京津冀地区能源消费和经济增长对碳排放的影响，结果发现能源消费因素的重要性。所以，该变量也是应该考虑的变量。

由于影响碳排放的要素繁多，选取以上几个比较主要的因素进行分析。综合

---

① Li，AJ（Li，Aijun）；Hu，MM（Hu，Mingming）；Sun，CC（Sun，Chenchen）；Li，Z（Li，Zheng）. Optimal CO2 abatement pathway with induced technological progress for chinese coal–fired power industry. Energy for Sustainable Development，Vol.36. 55–63（2017）

② Yuzhe Wu；Jiahui Shen；Xiaoling Zhang；Skitmore，M.；Wisheng Lu. The impact of urbanization on carbon emissions in developing countries：a Chinese study based on the U–Kaya method. Journal of Cleaner Production，Vol.135. 589–603（2016）

以上分析，影响碳排放的因素不单单是体现在人口总量和碳排放相关的经济发展水平这两个方面，还体现在产业结构变化、城市化水平和能源消费结构等多个方面，由此，本文基于上述描述的扩展环境压力模型，将“地区生产总值”“工业占比”“城市化水平”和“能源消费”四个指标引入模型。扩展的环境压力控制方程为：

$$\ln PC = \ln a + b\ln GDP + c\ln IND + d\ln POP + f\ln REW + \varepsilon$$

表 10–1　各个变量的解释说明

变量	含义	指标选择	单位
PC	碳排放量	人均碳排放量	吨碳 / 人
GDP	经济发展水平	人均地区生产总值	美元 / 人
IND	产业结构变化	工业占地区生产总值比重	%
POP	城市化水平	城市人口占总人口比重	%
REW	能源消费结构	新能源消费占比	%

本文把中国、日本、韩国三国为主要对象国，选择 1997–2017 年这 21 年的数据。其中，碳排放量指标来自于《2018BP 能源报告》，经济发展水平指标、产业结构、城市化水平和能源消费的指标数据来自于世界银行和国际能源署官方网站。由于该样本为时间序列数据，所以本文在建立模型之前对每个变量都进行了协整检验，以确保结果的准确性。

表 10–2　SITRPAT 模型结果分析表

国家	lnGDP	T 值	lnREW	T 值	lnIND	T 值	lnPOP	T 值
中国	7.758	18.33	–0.982	–4.23	0.056	0.14	–1.369	–4.93
日本	3.748	9.82	–0.131	–2.55	–0.181	–2.66	–0.077	–5.92
韩国	3.557	9.62	–0.023	–1.27	0.032	1.63	–0.507	–4.65

从表 10–2 分析得出：（1）从经济层面来看，人均地区生产总值对于三个国家的人均碳排放量影响均为正向的，并且是四个影响因素中影响最大的。其中人均地区生产总值对于中国人均碳排放量具有显著性影响，当人均地区生产总值每变动 1%，中国人均碳排放量变动 7.76%；人均地区生产总值对于日本人均碳排放量具有相同影响，当人均地区生产总值每变动 1%，日本人均碳排放量变动 3.75%；同样地，当韩国人均地区生产总值每变动 1%，韩国人均碳排放量变动 3.56%。（2）从能源消费结构来看，新能源占比的变化对于不同国家的人均碳排放量的影响是不同的。可再生能源占比对中国的影响相对显著，可再生能源占比增加 1%，

人均碳排放量减少 0.98%；但是该影响因素对日本和韩国的影响并不显著，不过对于三国的影响都是负向的。（3）从产业结构来看，碳排放量虽然受产业结构的影响，但是从模型中看，三个国家碳排放受到产业结构的影响并不明显，对比来看，一个国家工业化的程度对中国和韩国是有正向影响的，但影响较小，对于日本的影响相对较大，与中韩不同的是，工业化程度对日本碳排放的影响是负向的。（4）从城市化水平来看，该影响因素对于三国的影响呈现负向的结果。具体来看，城镇人口占比对于中国人均碳排放量具有显著性影响，当城镇人口占比每增加 1%，中国人均碳排放量减少 1.37%；人均地区生产总值对于日本人均碳排放量具有相同影响，当城镇人口占比每增加一个百分点，日本人均碳排放量减少 0.07%；同样地，当韩国城镇人口占比每增加一个百分点，韩国人均碳排放量减少 0.51%。

综上所述，文中选取的四个主要碳排放因素对不同国家的影响具有较大的差异性。其中（1）各国人均地区生产总值人均 GDP 对中日韩三个国家的人均碳排放量为正向影响，中国的影响系数比日本和韩国大，说明经济的发展程度中，中国受影响水平较大，部分地区很有可能会为了加快经济的发展而增加碳的需求量，无论是隐含碳还是实际的碳消耗，都会随之增加；同时很多地区还是没有贯彻落实“边治理边发展”的思想，污染环境的现象依然存在。（2）新能源消耗的占比，这个变量对于中国的影响是显著的，而对于日韩两国来说并不明显，所以中国的减排视角可以更多的放在可再生能源的产生与发展上。（3）城市化水平对于三个国家均为负向影响，中韩两国受此因素的影响强于日本。分析该因素对三国的影响原因主要是因为城市化可以提高产业发展效率，对于产业和技术结构能够有更好地整合性，同时让资源得到最为合理的使用，所以整体体现抑制的那一面。（4）工业化程度的影响虽然不明显，但是从正负向影响看，第二产业为高污染产业，其占比越高会大大增加中韩两国的碳排放量。

五、结论与对策建议

首先，虽然各国有所差异，但是总的来说依然可以考虑以下几点:（1）走“边治理边发展”的道路。各国应该在改变依赖着能源发展的经济增长方式，关注本国能源丰富区域的发展，推进能源优化发展。（2）推进城市化进程。各国应当对于城市化进程中的碳排放变化给予关注，合理地控制人口结构和调整人均居民收入。此外，中国城市化发展过程在人口、区域布局等方面存在质量较低、区域发展难以实现协调发展等问题，这样会导致城市化发展无法发挥集聚效应进而实现提高能源利用效率等作用。因此，中国应需在城市化发展上下大功夫。（3）优化产业结构。三国尤其是中韩两国，为了更加有效的发展本国经济，应当尝试将发展的重心从第二产业上转移，培育发展包括新材料、新能源及中高端服务业等在内的新兴产业，出台更为具体的政策和方案。（4）改善能源消费结构，各国应该减少煤炭等的消费。通过增强清洁技术开发力度，不断推广清洁能源技术，使得清洁能源能够在更大范围的应用和发展。此外，国家应对于新能源、节能材料企业的发展给予支持。

其次，从各国的发展合作来看，根据对中日韩三国的碳排放现状及其相关影响因素的分析发现，三国在能源以及低碳合作上有很大的潜力和必要性。对于中国来讲，中国的能源丰富，并且有严格的法律法规作保障；日本作为低碳经济的典范国，其具备减少碳排放的高新技术和设置有较为严格的制度标准；韩国的环保意识虽然比较薄弱，但是其能源结构良好。因此，三国应谋求节能减排的最优路径，减少治理的时间。但是，目前来看，三国的合作路径并不是很明晰，那么建立长效的国际合作机制，从而使低碳领域的合作能够长远且稳定的发展，这对于中日韩三国来说是亟需解决的问题。同时，合作下所触及的政治经济等问题也是不得不考虑的，面对新形势下的三国低碳合作问题，本文提出三点，以期为建立稳定长效的国际合作机制提供对策建议。（1）加强三国合作力度，共同促进低碳经济的发展。碳排放的增加和减少对于空间的依赖性很强，在碳减排的过程中，如果不重视空间的交互作用，那么减排的效果很可能就会差强人意。所以，三国应该充分认识到这种交互作用，关注各自国家的减排情况包括减排政策和影响因素的变动等。各国需要通过信息共享等途径增强三国之间的合作力度，共同推进低碳经济发展，发挥各自的优势。（2）共同建立能源发展机制，优化各国能源消费结构。能源发展机制可以从两个层面来考虑，一是技术合作机制。通过长期的研究和建设，三国中，日本已经具有较为完善的新能源利用高新技术，那么三国可以考虑通过技术转移以提高各国的能源利用效率，这种技术合作机制也并非技术转移一个方面，还包括技术与资本之间，技术与环境之间的问题，所以三国能源和环保部门可以相互协商合作，探讨新能源技术相关问题，长期合作中还可以共同培育新型能源技术，推向国际，为全球能源问题带去便利；其二便是可再生能源机制。日本是一个能源匮乏的国家，中国和韩国的能源较为丰富，三国可以就此建立稳定的可再生能源利用机制，促进能源结构的调整。这主要是能源的贸易问题，三国可以共同商议优惠政策，界定可再生能源范围，积极促进三国的能源再利用。两种机制结合共同形成的能源合作机制使三国在能源合作发展方面较为明晰的发展途径。（3）建立健全碳交易合作机制，明晰低碳合作路径。三国可以根据自己国家的碳减排标准，制定相应的可持续发展目标，共同面对发展任务。在亚洲地区还没有完全形成一个能够有效运行的碳交易所，这样很大程度上限制了碳金融活动的良好发展。三国中，中国拥有较强的减排能力，日本和韩国则是可以利用更多的资本以进行配额交易。但是就目前的状况看，三国并没有发挥各自的优势形成稳定的碳交易合作机制，同时也不存在像欧盟等国家的碳交易中介机制。所以，中日韩三国可以共同协商，建立东亚地区碳交易中介，制定明确的碳排放标准，建立起资本和碳排放配额之间的桥梁，最终实现合作共赢的局面。

综上所述，各国的努力加上三国在低碳领域的积极合作，能够共同改善国家的环境问题，进而促进政治和经贸合作。同时从全球角度出发，中日韩三国的合作发展能够为全球气候变化作出不小的努力，也能够增强东亚地区的国际竞争力。

参考文献

[1] 陈诗一. 中国各地区低碳经济转型进程评估［J］. 经济研究，2012,47（08）：32–44.

[2] 牛华勇.《巴黎协定》后的全球气候治理趋势［J］. 区域与全球发展，2018,2（01）：69–80+155–156.

[3] 杨骞，刘华军. 中国二氧化碳排放的区域差异分解及影响因素——基于 1995 ~ 2009 年省际面板数据的研究［J］. 数量经济技术经济研究，2012,29（05）：36–49+148.

[4] 蒋金荷. 中国碳排放量测算及影响因素分析［J］. 资源科学，2011,33（04）：597–604.

[5] 庄贵阳，潘家华，朱守先. 低碳经济的内涵及综合评价指标体系构建［J］. 经济学动态，2011（01）：132–136.

[6] 陈诗一. 中国的绿色工业革命：基于环境全要素生产率视角的解释（1980—2008）［J］. 经济研究，2010,45（11）：21–34+58.

[7] 尹希果，霍婷. 国外低碳经济研究综述［J］. 中国人口・资源与环境，2010,20（09）：18–23.

[8] 林伯强，刘希颖. 中国城市化阶段的碳排放：影响因素和减排策略［J］. 经济研究，2010,45（08）：66–78.

[9] 孙建卫，赵荣钦，黄贤金，陈志刚.1995—2005 年中国碳排放核算及其因素分解研究［J］. 自然资源学报，2010,25（08）：1284–1295.

[10] 付加锋，庄贵阳，高庆先. 低碳经济的概念辨识及评价指标体系构建［J］. 中国人口・资源与环境，2010,20（08）：38–43.

[11] 岳超，胡雪洋，贺灿飞，朱江玲，王少鹏，方精云.1995—2007 年我国省区碳排放及碳强度的分析——碳排放与社会发展Ⅲ［J］. 北京大学学报（自然科学版），2010,46（04）：510–516.

[12] 李国志，李宗植. 中国二氧化碳排放的区域差异和影响因素研究［J］. 中国人口・资源与环境，2010,20（05）：22–27.

[13] 张友国. 经济发展方式变化对中国碳排放强度的影响［J］. 经济研究，2010,45（04）：120–133.

[14] 陈诗一. 节能减排与中国工业的双赢发展：2009—2049［J］. 经济研究，2010,45（03）：129–143.

[15] 王锋，吴丽华，杨超. 中国经济发展中碳排放增长的驱动因素研究［J］. 经济研究，2010,45（02）：123–136.

［16］朱勤，彭希哲，陆志明，吴开亚．中国能源消费碳排放变化的因素分解及实证分析［J］．资源科学，2009,31（12）：2072–2079.
［17］［17］．郭印，王敏洁．国际低碳经济发展现状及趋势［J］．生态经济，2009（11）：58–61.
［18］李胜，陈晓春．低碳经济：内涵体系与政策创新［J］．科技管理研究，2009,29（10）：41–44.
［19］宋德勇，卢忠宝．中国碳排放影响因素分解及其周期性波动研究［J］．中国人口·资源与环境，2009,19（03）：18–24.
［20］陈诗一．能源消耗、二氧化碳排放与中国工业的可持续发展［J］．经济研究，2009,44（04）：41–55.
［21］林伯强，蒋竺均．中国二氧化碳的环境库兹涅茨曲线预测及影响因素分析［J］．管理世界，2009（04）：27–36.
［22］胡初枝，黄贤金，钟太洋，谭丹．中国碳排放特征及其动态演进分析［J］．中国人口·资源与环境，2008（03）：38–42.
［23］张坤民．低碳世界中的中国：地位、挑战与战略［J］．中国人口·资源与环境，2008（03）：1–7.
［24］谭丹，黄贤金．我国东、中、西部地区经济发展与碳排放的关联分析及比较［J］．中国人口·资源与环境，2008（03）：54–57.
［25］鲍健强，苗阳，陈锋．低碳经济：人类经济发展方式的新变革［J］．中国工业经济，2008（04）：153–160.
［26］庄贵阳．气候变化挑战与中国经济低碳发展［J］．国际经济评论，2007（05）：50–52.
［27］徐国泉，刘则渊，姜照华．中国碳排放的因素分解模型及实证分析：1995–2004［J］．中国人口·资源与环境，2006（06）：158–161.
［28］高鹏飞，陈文颖．碳税与碳排放［J］．清华大学学报（自然科学版），2002（10）：1335–1338.
［29］王明喜，胡毅，郭冬梅，鲍勤，汤玲．低碳经济：理论实证研究进展与展望［J］．系统工程理论与实践，2017,37（01）：17–34.
［30］张伟，朱启贵，高辉．产业结构升级、能源结构优化与产业体系低碳化发展［J］．经济研究，2016,51（12）：62–75.
［31］蒋青嬗，韩兆洲．面板半参数空间自回归模型的变量选择——基于 STIRPAT 模型的碳排放影响因素分析［J］．数理统计与管理，2017,36（05）：821–832.
［32］魏一鸣，吴刚，刘兰翠等．能源–经济–环境复杂系统建模与应用进展［J］．管理学报，2005,2（02）：159–170.
［33］朱勤，彭希哲，陆志明等．人口与消费对碳排放影响的分析模型与实证［J］．中国人口、环境与资源，2010,20（02）：98–102.
［34］肖宏伟，易丹辉，张亚雄．中国区域碳排放空间计量研究［J］．经济与管理，2013,27（12）：53–62.
［35］苏文松，刘艳艳，王少剑，赵亚博，苏咏娴，李世杰．中国城市能源消费碳排放的区域差

异、空间溢出效应及影响因素分析（英文）[J] .Journal of Geographical Sciences，2018,28（04）：495–513.

[36] Feng，K. et al. Outsourcing CO2 within China. Proceedings of the National Academy of Sciences of the United States of America（PNAS）110，11654 – 11659（2013）

[37] High–resolution Carbon Emissions Data for Chinese Cities（2018），Copyright 2018，President and Fellows of Harvard College Printed in the United States of America

[38] Rodr í guez–Monroy，C.；M á rmol–Acitores，G.；Nilsson–Cifuentes，G. Electricity generation in Chile using non–conventional renewable energy sources—A focus on biomass. Renew. Sustain. Energy Rev. 2018，81，937 – 945.

[39] Alper，A.；Oguz，O. The role of renewable energy consumption in economic growth：Evidence from asymmetric causality. Renew. Sustain. Energy Rev. 2016，60，953 – 959.

[40] Menanteau，P.；Finon，D.；Lamy，M.L. Prices versus quantities：Choosing policies for promoting the development of renewable energy. Energy Policy 2003，31，799 – 812.

[41] Ntanos S，Skordoulis M，Kyriakopoulos G，et al. Renewable Energy and Economic Growth：Evidence from European Countries [J] . Sustainability，2018，10（8）

[42] Kyle W. Knight，Eugene A. Rosa，Juliet B. Schor. Could working less reduce pressures on the environment? A cross–national panel analysis of OECD countries，1970 – 2007. Global Environmental Change. 2013，23：691–700. ?

[43] Ehrlich and Holdren，Impact of Population Growth [J] .Science，1971（171）

[44] Shafik，Bandyopadhyay. Economic Growth and Environmental Quality：Time–Series and Cross–Country Evidence [R] .World Bank Policy Research Working Paper，1992（904）.

[45] Ang B W，Zhang，Choi，Factorizing Changes in Energy and Environmental Indicators

[46] Through Decomposition [J] .Energy，1998，(6).

[47] Galeotti，Lanze. Richer and Cleaner? A Study on Carbon Dioxide Emissions in Developing Countries [R] .Proceedings from the 22nd IAEE Annual International Conference.1999

[48] Ang J B.CO_2 Emissions，Research and Technology Transfer in China. Ecological Economics，2009(10).

[49] Johnston，D.，Lowe，R，Bell，M.An Exploration of the Technical Feasibi1ity of A Chieving CO_2 Emission Reductions in Excess of 60% Within the UK Housing Stock by the Year 2050 [J] . Energy Policy，2005,33：1643–1660.

[50] Ang B W，Xu X Y，Su B . Multi–country comparisons of energy performance：The index decomposition analysis approach [J] . Energy Economics，2015，47：68–76. ?

[51] Bekhrad K，Roumi S，Yousefi H，et al. The decrease of CO2 emission per capita as a result of the reduction in power grid losses in Iran [J] . International Journal of Ambient Energy，2018：1–20.

[52] Shan Y，Guan D，Zheng H，et al. China CO_2 emission accounts 1997 – 2015 [J] . Scientific Data，2018，5：170201.

[53] Mi Z，Meng J，Guan D，et al. Chinese CO2 emission flows have reversed since the global financial crisis [J] . Nature Communications，2017，8（1）：1712.

第十一章 美国退出《巴黎协定》的原因及影响分析

巴玥[①]

【摘要】2015 年 12 月 12 日，《巴黎协定》在巴黎气候变化大会上通过，并于 2016 年 4 月 22 日在纽约签署，该协定的主要目标就是控制全球气候变暖。自从协议生效之后，各国都对此积极反应，但是 2017 年，特朗普却宣布美国退出《巴黎协定》。美国的这一举动影响重大，不论是对全球气候的治理，还是对各国对《巴黎协定》的履约，都可能产生一系列的不良影响，美国的退出引发了世界各国的强烈反映，一致认为这“是一件令人极其失望的事”美国退出《巴黎协定》存在着多方面的原因，涉及到经济、环境以及政治等。同时，这也会对其他各国以及《巴黎协定》本身造成严重的影响。其中，中国可能会成为受到影响最大的国家之一，因为其他各国已经把全球气候治理带头人的重任逐渐转移到中国身上。面对这样的情况，我们应该拿出切实可行的办法来应对，而不是消极反应，争取为全球气候治理贡献出自己的一份力量。

【关键词】美国退出《巴黎协定》；履约；全球气候治理；中国的对策

一、导论

气候问题是关乎世界各地所有人的问题，而近年来气候变暖越来越严重。如果再不采取措施，全球变暖来给人类的气候、疾病、干旱等问题将会严重影响人类的生活。

因此，气候治理是全人类的事，并不仅仅是某个国家或者某个区域的事，若想改变现状，就必须要共同行动。而美国这次宣布退出《巴黎协定》这一受到广泛认可的国际条约，就是在使全球气候治理进程倒退。

分析美国退出《巴黎协定》的原因及影响就是要掌握美国官方宣布的退出该协定的原因，从而分析其合理性，再看到这件事对于全球气候治理以及各方面的消极影响，来印证美国退出《巴黎协定》是一个错误的决定，最终提出中国面对

---

① 巴玥，北京外国语大学国际商学院。

这件事情的措施，以帮助我们更好地实施协定所要求的内容。

美国退出《巴黎协定》这一决定宣布后，便引发了国际社会的普遍批评指责。国内外很多学者都对其进行细致的分析和研究。杜强、柴麒敏、傅莎等国内学者在各自的论文中发表了见解，认为美国退出巴黎协定主要是国际国内政治的产物，而且不仅是对美国国内，对国际社会也会产生相当大的不利影响，中国应当从降低碳排放、加强国际合作等几个方面对此进行妥善应对。

关于美国退出《巴黎协定》的影响，主要是从两个方面来阐述：一是对环境方面的影响；二是对其他国家的压力方面的影响。在《特朗普政府宣布退出 < 巴黎协定 > 的分析及对策建议》中，柴麒敏等四人研究了这一举动发生的根本原因，他们认为美国退出《巴黎协定》原因大部分是其用来说服公众的借口——在对美国能源信息署（EIA）在《2017 年能源展望（AEO）》的预估进行了研究后，可以发现，美国若履行《巴黎协定》将会导致煤炭产业内工作岗位的流失，以及煤炭产量的下降；同时，如果美国经济按现有速度增长，可再生能源就无法满足国内需求①。另外，美国宣称中国、印度等发展中国家应该在协议履行中承担更多责任。作者还点明了美国退出《巴黎协定》对协定的履约以及其对中国的影响。包括拖延全球气候治理的进程、实现全球 2℃温升目标的减排缺口持续扩大、气候治理资金的不足以及大国领导的空缺等。最后，作者提出了中国的一些对策，包括应保持战略定力、正确认识承担领导者的利与弊。

在《美国退出 < 巴黎协定 > 掀起几多波澜？》中，张倩的大部分观点与《特朗普政府宣布推出 < 巴黎协定 > 的分析及对策建议》的作者一致，但当谈到世界对于气候治理的信心时却认为，虽然美国退出《巴黎协定》将会产生资金缺口，气候目标无法完成等诸多问题，但是世界上对于全球气候治理的信心将不会减退，这反而会激发其他国家共同履行《巴黎协定》的信心与责任感。总的来说，基本上所有文献资料对于美国此次举动都怀着负面的情绪，认为其对环境方面的影响极大②。

在美国白宫网站中，其官方宣布的退出缘由和以上学者并无太多区别。在特朗普宣布退出《巴黎协定》的讲话中，他将《巴黎协定》看成一份有损美国国家利益的文件，对工作岗位、经济发展都会形成阻碍。同时在白宫官网中一篇题为《特朗普宣布退出〈巴黎协定〉》(《President Trump Announces U.S. Withdrawal From the Paris Climate Accord》) 的文章中，美国方面抨击了奥巴马政府对于气候治理的种种做法，他们认为奥巴马对于气候治理的资金支持过多，而且没有得到国会的授权；其次，他们质疑协议履行之后的效果，认为即使全部成员国都履行了协议

---

① 柴麒敏，傅莎，徐华清，马爱民．特朗普政府宣布退出《巴黎协定》的分析及对策建议 [J]. 中国发展观察，2017（12）：6.

② 张倩．美国退出《巴黎协定》掀起几多波澜？ [N]. 中国环境报，2017–6–7（6）.

中规定的义务，也同样无法对气候产生任何至关重要的积极影响。①另外，美国国内的一些报纸杂志，包括《纽约邮报》《华尔街日报》《国家评论等》也极力赞扬特朗普此次行动，觉得他的决定考虑到了各方面的因素，同时认为美国之前以及今后都不应该履行《巴黎协定》中的任何义务。

但是对于这件事，美国之外的学者以及社会各个领域的人却对此倍感失望。特朗普代表美国宣布退出《巴黎协定》的消息一经发出，联合国秘书长古特雷斯则针对此事发表其声明，认为这“是一件令人极其失望的事”；同天，法国总统马克龙通过电视讲话，对此事发表了慎重评论，认为“美国总统特朗普的决定是个错误”；包括美国本地许多学者也对此持不赞同意见，如美国的马克·德苏扎，则以自身智库伍德罗·威尔逊中心人口与环境安全主任的身份，公开发表声明，认为美国退出《巴黎协定》是在多个方面进一步“自我孤立”②。

总而言之，国际社会对特朗普退出《巴黎协定》的行为基本上持负面态度，认为气候治理是目前国际社会需要广泛关注以及积极实现的一件事情，而美国则是在倒退这一进程。不论特朗普宣布美国退出《巴黎协定》存在正当理由亦或只是搪塞公众的借口，其只是从自身出发，只做对自己有利的事情，而不顾全世界的整体利益。但事实是，全球一体化的发展使世界上各个国家和地区都紧密地联系在一起，甚至会“牵一发而动全身”。此次特朗普的行为会在一定程度上削弱其他国家在气候治理方面所做出的努力，对美国自身以及世界产生消极影响。

二、《巴黎协定》概述

1.《巴黎协定》的内容

《巴黎协定》这个协议是在 2015 年 12 月 12 日在巴黎大会上提出的，并在 2016 年正式得到签署，是一个气候变化的协定。这个协定中间一共包括 29 条内容，涉及到了目标、减缓、损失、资金等等一系列的内容。其主要目标就是在本世纪将全球的平均温度的上升能够保证在 2 摄氏度以内。同时还能够将全球的气温保证在前工业时期的 1.5 摄氏度范围内浮动。

从环境保护与治理的角度上看，《巴黎协定》最大的贡献就是制定了面临气候变化威胁的全球应对措施，能够使得全球将温室气体的碳排放气体能够达到顶峰，然后在本世纪中叶保证能够达到温室气体零排放。

从人类的持续发展角度来看，《巴黎协定》在协议中提出各个国家应该摒弃传统的“零和博弈”的狭隘思想，各个国家之间应该多一些共享和担当，这就意味

---

① President Trump Announces U.S. Withdrawal From the Paris Climate Accord，https：//www.whitehouse.gov/.

② 张成利 . 美国退出《巴黎气候变化协定》的理由概述及影响分析 [N]. 中共济南委党校学报，2017（5）：66.

着世界各国都要共同行动才能够解决好这个我们共同面临的严峻问题，全球各国以及全人类都息息相关，《巴黎协定》将全人类的发展纳入成为命运共同体。

2《巴黎协定》的特征

（1）延续性

自 1992 年联合国发布的《联合国气候变化框架公约》起，于 1997 年针对全国气候变化所出的《京都议定书》之后，《巴黎协定》是第三个具有里程碑性质的针对全国环境与气候治理和保护而发布的国际性法律文件。

（2）公平性

从公平公正这一角度来看，《巴黎协定》是充分考虑到了参与协定的各国实际情况及其诉求的，在最大程度上公平性和平衡性。其中有一条原则是“共同但有区别的责任”，这一原则即是要求各大国从各自的国情出发，根据各个国家的实际能力，自主采取一定的行动，即采取一定的非侵入和非对抗的协议实施模式来共同达成协议所提出的目标。

（3）长期性

《巴黎协定》制定了一种“只进不退”的棘齿锁定机制，这代表各个国家的行动目标一定要不断进步，而决不能倒退。同时，《巴黎协定》还建立了从 2023 年开始 5 年之内能够对各个国家的行动机制的效果进行定期的评估。

三、美国退出《巴黎协定》的原因

1. 制约美国经济发展

特朗普认为若美国不退出《巴黎协定》，将会为此付出沉重的代价，制造业首当其冲。特朗普认为自从美国签署《巴黎协定》以后，美国国内的失业增加、工厂倒闭、经济逐渐萎缩，故退出《巴黎协定》才能使经济复苏。美国相关部门预测，如果美国不退出《巴黎协定》，那么到了 2025 年，美国将会减少将近 300 万个就业岗位，其中接近六分之一的部分都是制造企业。而到了 2040 年，美国的竞争力会受到严重的削弱，其中，煤炭、钢铁等等都将受到一定程度的影响。最终，美国的 GDP 将会减少 3 万亿美元，并且会流失 670 万个工作岗位。①

2. 使美国承担不对等义务

特朗普是一个气候变化的怀疑者，而且特朗普拒绝承认在《巴黎协定》中规定的国际气候合作的基础——共同但有区别的责任这一原则。尽管当前气候变化主要是由人类不合理的实践活动族所造成的这种观点一直都被美国科学家所赞

① 柴麒敏，傅莎，徐华清，马爱民．特朗普政府宣布退出《巴黎协定》的分析及对策建议 [J]. 中国发展观察，2017（12）：6.

同，但是对于特朗普本人来说，他一直都没有承认过这个原则。在他宣布退出《巴黎协定》的时候，他指出《巴黎协定》对于美国来是很不公平的。特朗普将中国、印度等国家与美国的节能减排目标及承担的相关责任进行对比，认为这不存在公平性，特朗普认为，对于发展中国家来说，因为在《巴黎协定》中设定的目标指标较低，所以实现自主贡献目标并不困难，甚至对于中国而言，“2013 年内可以什么都不做”。中国在所有的提交国家主动贡献方案中承诺要在 2030 年实现碳排放高峰，这样就意味着中国在未来的十几年的碳排放总量将会出现最大幅度的增长，这使得特朗普认为美国在减排方面承担了更大的责任，而中国以及其他发展中国家承担的要少。

但是，必须明确的一点是，每个国家各自都处于发展的不同阶段，将处于不同发展阶段的国家进行对比是一件很不明智的事情。因为在当前的情况下，各个国家都将经济对比放在首位，因此在进行国家环境治理的时候很多都存在“搭便车”的情况。他们都想付出最少的成本以便能够获取最多的利益，但是具体到气候治理的国际谈判中，看一个国家在环境治理中是否还是存在这种“搭便车”的行为就要看这些国家是不是承担了其应该去承担的责任。在这里，其中应该承担的合理的义务和责任，就必然涉及到了公平问题，同时还需要考虑到环境治理的经济发展水平、历史以及各国具体国情的不同。① 从各国的碳排放轨迹看，温室气体排放大体上呈现出“倒 U 型”的特点，即随着国家的发展，排放总量先增加达到一个峰值之后再下降。到目前为止，美国已经跨越峰值点，在排放量逐渐减少的阶段，而作为发展中国家的中国则不同，我们是处于碳排放还在急剧增加的阶段，并没有达到峰值。

特朗普还认为《巴黎协定》中，对于发达国家需要每年筹集 1000 亿美元给发展中国家，一直需要持续到 2020 年的这项规定对于发展中国家来说是很不合理的。因为美国在其中一共承担了大约 70% 的经费，美国在其中需要承担的责任是远远高于其他国家的。特朗普明确指出《巴黎协定》的这项规定其实就是通过一定的绿色气候资金将企业的财富转移到了其他的国家，从而损害了当前美国的经济增长与就业，而其他国家则很少受到碳排放的限制，导致其他国家的制造成本低廉，冲击了美国商品市场。②

3. 质疑协定实施效果

根据美国麻省理工学院全球变化科学与政策联合项目 2014 年的研究，即使《巴黎协定》得到了充分的实施，全球气温也只能下降 0.2 摄氏度。但当时各国都还没有提交各自的国家自主贡献，所以这项研究得出的结论显然不能正确反映

---

① 陈迎 . 国际气候谈判的关键是公平问题 [N]. 中国社会科学报，2009-11-10（2）.

② 杜悦英 . 全球气候治理体系遭遇变局 [J]. 中国发展观察，2017（12）：12.

《巴黎协定》的效果。2016年，同个研究小组在考虑了国家自主贡献后又再一次做出了预测，认为实施《巴黎协定》，全球气温会下降0.6–1.1摄氏度，修正了之前的结论。虽然这与温控在2摄氏度的目标有一些差距，但是我们要知道，若没有国家自主贡献，全球气温上升将达到4摄氏度以上，这样来看，实施《巴黎协定》并不是没有显著效果，即使达不到目标，也能够有效控制全球气温，所以这不能成为特朗普退出《巴黎协定》的理由之一。

4. 两党斗争的结果

从当前美国的社会现状来看，美国的政治出现两极化，而且经济上也出现了同样的现象，不同的党派之间的对立情绪十分严重。各个党派之间的斗争也决定了在特朗普进行决策的时候需要更多的去考虑到自身的阵营，与此同时，当前特朗普还需要去准备下一次的大选，这就需要他明确表明自己的态度，兑现他在竞选当中承诺的事项。

为了更好的进行节能减排，先前奥巴马在就职时提出了一系列的清洁能源措施，但是因为高碳排放行业是共和党选票的重要来源，所以共和党的特朗普上任以后，为了能源集团的利益也为了他自己在下界选举中的选票，特朗普选择放松“节能减排”这个紧箍咒，为美国制造业和能源集团注入活力，这样一来，特朗普既能和共和党搞好关系兑现自己在大选中的承诺，还能缓解美国制造业的颓势。而《巴黎协定》就成为了党派之间斗争的牺牲品。

四、美国退出《巴黎协定》的影响

1. 对美国自身的影响

（1）丧失全球气候治理领导权

当前中国同欧洲与美国所展现的集体领导权对于协定的达成十分重要，因为领导力不仅仅对于环境，其对于各方面的约束都是十分重要的。而美国的这种出尔反尔的行为又使得《巴黎协定》出现领导力真空的问题，协议的履行受到严重的打击。西班牙皇家埃尔卡诺研究所气候变化问题专家拉拉·拉萨罗表示：“美国将因此丧失国际影响力、领导地位和经济机遇。”同时，欧盟和中国也已经准备好接过美国放弃的领导权，美国将面临丧失全球气候治理话语权的危机。

（2）影响美欧关系走势

自从冷战结束以后，美欧之间的关系一直都没有准确定位，无法确定两者之间究竟是竞争关系还是盟友关系。在特朗普看来，欧盟并非是盟友关系，更多的是一种恶性竞争的关系。[①]特朗普所作出的外交政策通常很少征求欧洲的意见，这

---

① 孙世民．从国际环境条约的退出看美国退出《巴黎协定》[J]. 法制与社会，2017：23（131）．

样也引发了欧洲的怨恨。

在气候治理层面，欧洲凭借着先进的环保技术，已经在全球区域气候治理上扮演着引领者的角色。此前，美国退出《京都议定书》的行为已经使欧洲产生了心理芥蒂。这次美国再次退出《巴黎协定》，更是使得美欧之间的关系十分僵硬。

先前，欧盟反复强调《巴黎协定》的重要性，可能美国作出从《巴黎协定》退出的决定对美国来说是弊大于利的，但是对于欧美之间的关系会产生一定的负面影响，甚至特朗普所做出的这种决定对于欧盟的关系走向是具有破坏性和毁灭性的，自从美国宣布退出《巴黎协定》以后，欧洲与美国之间的关系已经进入了极为紧张的时期。2017 年 6 月 1 日，美国白宫发布了一个视频，这个视频有明显的指责《巴黎协定》的倾向。2 日，法国外交部就在推特上对这样一段视频退出指责意见与回击，而且没有使用法语，反而是使用了他们不常用的英语，以便能够在国际上赢得更多的支持。比利时领导人夏尔·米歇尔在美国视频推出的第二天在接受采访时对美国从《巴黎协定》退出的行为进行了评价，认为这种行为充满野蛮的色彩，是毫无责任感与契约精神的，而且违背了美国之前的承诺。欧洲议会前议长马丁·舒尔茨表示，美国从《巴黎协定》退出的行为表明“美国下决心使商品产地摆脱气候变化应对规则的相关限制”，这种选择对于恪守规则的欧洲商品来说，堪称对原有的公平竞争的市场环境的极大扭曲。可见，美国退出《巴黎协定》对美欧关系产生了极大的负面影响。

当前欧美关系虽然不至于完全破裂，但是也会使得欧美之间的关系陷入到了前所未有的动荡时期，或者说更为严重地影响到了美国在西方国家之间的领导地位，使得欧美关系的根基发生了一定程度的动摇。① 对于欧盟国家来说，如果想要继续展示其在《巴黎协定》的领导地位，就需要寻找新的命运共同体。中国作为最大的发展中国家，经济总量一跃成为世界第二大经济体，而且还是一个十分负责任的大国形象，是在《巴黎协定》中能够发挥核心作用的国家。美国退出《巴黎协定》已成事实，欧美之间的争吵一定会对当前的国际形势产生深远的影响。

（3）破坏美国国际形象

2016年，时任美国总统的奥巴马总统签署《巴黎协定》，但2017年6月1日，特朗普就撕毁《巴黎协定》。不管出于什么原因，美国这种出尔反尔的行为已经引发了全球的反对呼声，尤其是面对这样一个被广泛国家都承认、接受以及全力实施的协定。因此，国际社会对美国的信誉问题产生了种种怀疑，有损美国的国际形象。

美国退出《巴黎协定》以后，“美国挑衅世界”“再见，美国”等一些评论出现很多。当前美国特朗普政府在应对气候变化的决定，引起欧美媒体连日以来的

① 李强 . 美国退出《巴黎协定》与中国的应对策略 [J]. 理论视野，2017（9）：74.

批评，当前欧洲各个国家的政界和商界的人士对于美国退出《巴黎协定》的这种行为表示很愤慨。欧美舆论界对于美国不负责任退群的这种行为进行批评与口诛笔伐，使得美国与欧洲之间的关系达到十分紧张的程度。

《巴黎协定》是联合国的196个成员国之间达到一致协议通过的，目前，也已经获取了147个国家的支持，因此任何一单独的成员国都是没有权利要求进行重新谈判的。不管美国有没有退出《巴黎协定》，该协定在发布之时便已然生效。百余个国家在未来的时间内需要共同去执行这种行为，在这个过程中，被孤立的只有美国一个国家。

当前中国已经将可持续发展、绿色发展列为重点。环保问题是当前全世界都无法逃避的现实问题，不但会对一个国家的可持续发展造成影响，更重要的是环境问题已经威胁到全世办人民的身体健康。而《巴黎协定》的遵守只是中国注重环保、节能减排的一个外部动力，遵守并促进《巴黎协定》不但体现了一个大国所应该承担的责任，也是世界人民在未来可以持续健康发展的一个必然选择。

2. 对全球国际合作的影响

（1）增大他国实现温控目标的负担

国际应用系统分析研究所在对当前世界环保现状及科技术水平进行研究后，其科学家2017年4月在《自然·通讯》上发表了其研究结果，认为如果在将来的十年以内，没有出现震惊世人的科技成果或技术进步，世界人民想要在未来十年内达成《巴黎协定》中的预计目标是非常困难的。

如果负排放科技的研发由于资本、技术等受到了一定的限制，导致不能为《巴黎协定》的实施做出贡献，那么在2010年，化石燃料的使用量就可能被要求降低到只有现如今的四分之一甚至更多，才有可能完成《巴黎协定》的目标。

美国作为一个在技术和资本上都相对发达的国家，其退出将会延缓科技以及经济对气候治理的积极影响，从而使得其他国家不得不大大减少化石燃料的使用以实现《巴黎协定》的目标，而科技水平能够与美国相媲美的国家不多，因此美国的退出对于其他国家来说是一种很大的负担，会导致在《巴黎协定》中定下的目标不能够实现。①

（2）重创全球气候治理的信心

美国退出《巴黎协定》的这一举动，意味着其将不会再履行大国自主贡献，这一情况有可能会导致将来在国际合作中“搭便车”现象的频频出现，这一现象必然会严重挫伤国与国之间互惠合作的基础，更甚者，会进一步引发其他国家跟随这一“不作为”政策。虽然至目前为止，绝大多数参与签定《巴黎协定》的国家都发言表态，将来无论何时都绝不放弃履行《巴黎协定》中的各项规则，但是

① 张成利．美国退出《巴黎气候变化协定》的理由概述及影响分析[N]. 中共济南委党校学报，2017（5）：67.

美国退出《巴黎协定》的行为使得一些国家的内部政治制度会发生相应的变化，因为美国的示范效应不能够继续起到一定的作用。

在环境治理、气候变化等各研究领域，美国的科技发展都居世界之首，而在对全球未来气候变化的预测方面，及对环境的治理方面，美国都是拥有其优势的，当前美国宣布退出《巴黎协定》这一举动，必然将会动摇世界各国治理全球气候的信心。

五、总结及中国的应对措施

美国退出《巴黎协定》其中存在着各种原因，包括特朗普本身的原因以及美国社会现状的原因，但不论有哪些原因，都避免不了对环境，以及对其他国家维护该协定产生消极的、广泛的影响。

具体地，中国应在以下方面积极应对：

1. 加强国内气候治理，树立良好大国形象

在巴黎气候谈判的进程中，中国与美国之间密切合作，这样为协定的最终达成奠定了坚持的基础，也被称为全球气候治理中的 G2 治理模式。随着当前特朗普的退出，G2 模式也面临结束，因此中国需要继续承担更多的责任。[①] 中国能够加强国内气候治理，树立好大国形象。

首先，中国是全球气候治理中偏好程度最多的，因为中国是受到环境变化影响最大的国家之一。因此中国要能够切实采取国内行动，这样能够为全球气候变化做出表率。长期以来，中国一直都将气候问题看做我们发展的重大战略，并采取一系列措施积极应对。中国把“绿色低碳”作为生态文明建设的核心内容，并倡导民众进行节能减排行动，从而对全球气候做出我们的贡献。

中国政府应该支持发展中国家，特别是最不发达国家与中国一起共同应对气候变化挑战，这与中国倡导的“一带一路”强调互联互通建设相一致。[②]

同时，中国应该积极开展气候外交，为开展全球气候治理提供我们的力量。美国退出《巴黎协定》，中国需要以更加负责任的大国形象屹立在世界之林，要能够全方位的参与各项议题的谈判，要加强国内气候治理，从自身出发，将国内气候治理作为全球气候治理的榜样和最佳的案例分析。

2. 发展我国碳市场

碳市场就是碳交易市场。与配额相似，目前各国都有各自的允许的排放碳数量，有一些国家（如中国），会因为国家自身的原因或者环保工作落实得好，实

---

① 姜天海．美退出《巴黎协定》气候行动再陷危机 [J]. 科学新闻，2017: 6（72）.

② 杜悦英．全球气候治理体系遭遇变局 [J]. 中国发展观察，2017（12）：12.

际碳排放量低于分到的数量，即实际的碳排放量低于配额。

目前，欧盟和美国是规模最大的两个碳交易市场，碳交易量达到全球总碳交易量的 90% 以上。中国碳市场交易额同样较大，但是我国的碳市场不够完善，这就导致我国在全球碳市场话语权的争夺中，面临着的两方面压力：一是发展中国家；二是发达国家。碳市场话语权与碳减排责任关系密切，同时也对一个国家低碳产业发展趋向带来影响，甚至会对国际金融市场的未来发展规划带来影响。①

首先，应出台全国性法律。目前，我国关于碳交易的法律仅有 2011 年国家发改委颁布实施的《温室气体自愿减排交易管理暂行办法》等部门规章，但这应上升到国务院条例或人大立法。其次，应建立统一的定价体系。市场交易的产品必须标准化、可计量，须有一套各方均认可的定价方法作为基础，同时要有全国统一的价格，以防止套利行为的出现。最后，应明确科学的配额分配方案，即在总量控制和行业间减排成本均等化二者中选择其一。

3. 发展新能源，把握能源发展大趋势

中国的国家自主贡献是基于当前我国的基本国情研究上制定出来的，因此中国要有足够的政策自信，发展新能源，把握当前能源发展的大趋势。中国应该站在低碳经济在当前中国的改革新政中所占有的重要地位出发，突出我国能从低碳经济中取得什么经济利益与社会效益，还可以注重通过法治去提升气候治理体系和治理能力的现代化与科技化。

事实上，美国选择退出《巴黎协定》这一举动，对中国绿色发展，节能减排的决心是造成了一定的影响的，并且还滋生了很多气候怀疑论的“土壤”，因此中国要采取务实的政策来治理环境，发展新能源。在发展进程中，国家应该一步步提出并实现新的节能减排小目标，通过一个个小目标的实现来坚定信心，并在小目标的制定上，应该关注并承诺中国将坚定实现《巴黎协定》中 2030 年国家自主贡献目标的上限指标。也就代表着截至 2030 年，中国将实现二氧化碳排放量达到顶点的目标，这就要求与 2005 年相比，单位国内生产总值二氧化碳排放量降幅要超过 5 成，达到 65%。

4. 清醒定位

认清《巴黎协定》具有三重属性，一是节能减排协议；二是关涉多方利益主体的经济协定；三是政治性较强的协议。②《巴黎协定》协议的达成与中美达成共识并积极推动有极为密切的关系。因此美国从《巴黎协定》退出则使其相关产业不再受到气候协定的约束，如此一来势必会严重冲击中国产业，中国产业可能会在中美贸易中显现出不利的发展动向。从这一层面来看，在全球治理中，中国要

---

① 薛睿.《巴黎协定》格局下的中国碳市场应对 [J]. 生态经济，2017，33（2）.46.

② 张丽敏. 美国退出《巴黎协定》引发多重不确定性 [N]. 中国经济时报，2017-6-6（008）.

将话语权紧紧把控在自己手中。

参考文献

[1] 柴麒敏，傅莎，徐华清，马爱民．特朗普政府宣布退出《巴黎协定》的分析及对策建议 [J]. 中国发展观察，2017(12).
[2] 陈迎．国际气候谈判的关键是公平问题 [N]，中国社会科学报，2009-11-10(002).
[3] 杜强．美国退出“巴黎协定”的影响及中国的应对策略 [J]. 亚太经济 ,2017(9).
[4] 杜悦英．全球气候治理体系遭遇变局 [J]. 中国发展观察，2017(12).
[5] 傅莎，柴麒敏，徐华清．美国宣布退出《巴黎协定》后全球气候减缓、资金和治理差距分析 [J]. 气候变化研究进展，2017，13(5).
[6] 高石．全球气候治理需要切实担责 [N]. 人民日报，2017-6-3(11).
[7] 何佳艳．《巴黎协定》的变与不变 [J]. 投资北京，2017(7).
[8] 姜天海．美退出《巴黎协定》气候行动再陷危机 [J]. 科学新闻，2017(6).
[9] 李强．美国退出《巴黎协定》与中国的应对策略 [J]. 理论视野，2017(9).
[10] 刘姬．美国或将退出《巴黎协定 [J]》. 生态经济，2017,33(6).
[11] 美国退出《巴黎协定》[J]. 石油石化绿色低碳，2017,2(3).
[12] 美国退出《巴黎协定》后 , 全球电动汽车厂商纷纷转向中国 [J]. 环境经济，2017(11).
[13] 孙世民．从国际环境条约的退出看美国退出《巴黎协定》[J]. 法制与社会，2017(23).
[14] 特朗普宣布美国退出《巴黎协定》[J]. 中国发展观察，2017(11).
[15] 薛睿.《巴黎协定》格局下的中国碳市场应对 [J]. 生态经济，2017,33（2）.
[16] 闫磊．美国退出《巴黎协定》可能性增大 [N]. 经济参考报，2017-6-2(004).
[17] 杨璨．美国退出不会逆转《巴黎协定》[N]. 文汇报，2017-6-4(004).
[18] 张成利．美国退出《巴黎气候变化协定》的理由概述及影响分析 [N]. 中共济南市委党校学报，2017(5).
[19] 张丽敏．美国退出《巴黎协定》引发多重不确定性 [N]. 中国经济时报，2017- 年 6-6(008).
[20] 张倩．美国退出《巴黎协定》掀起几多波澜？ [N]. 中国环境报，2017-6-7(006).

第十二章　二十国集团碳排放及能源结构的比较研究

牛华勇　解晓怡①

【摘要】碳排放量增长造成的全球气候问题已然成为当今世界最重要的议题之一,《巴黎协定》后全球环境治理协作进一步加强，旨在抑制全球气温快速上升的趋势。而二十国集团作为全球治理的重要参与者，在二氧化碳排放量增幅方面的表现及其各国能源密集度的构成都值得世界关注。本文利用2000年至2014年二十国集团碳排放量以及能源密集度的数据对该问题进行了研究。结果表明二十国集团在碳排放方面表现突出，二氧化碳排放量增速相较世界整体水平较慢，且多个国家真正实现了“碳减排”的目标。通过研究能源密集度与二氧化碳排放量的关系，我们发现核能等新能源的利用能有效减少二氧化碳排放，而煤炭、石油、天然气的使用会导致二氧化碳排放量的增多，且煤炭的使用对二氧化碳排放量增长的影响最为明显。二十国集团已经积极参与全球气候问题治理，制定碳减排和应对全球气候变暖问题的对应举措，但是距离实现《巴黎协定》的目标以及真正扼制全球变暖的进程，二十国集团的前路仍然布满荆棘。

【关键词】二氧化碳排放量；二十国集团；能源结构

一、引言

2019年气候峰会将于9月份召开，旨在探讨应对气候变化的解决方案以及敦促实现《巴黎协定》制定的目标。同年，新型气候经济——经济环境全球委员会、全球气候行动峰会、以及联合国气候大会将陆续举办，超过100多个国家和地区将参与到近150多场关注气候变化的活动中，参与成员的广泛性与活动力度足以证明现今全球对气候环境变化的关注程度。

全球气候治理是当今世界的重要议题，而碳排放问题无疑是其中的重中之重。工业化社会的发展燃烧大量煤炭、天然气和石油，导致二氧化碳排放量急剧上升，随之而来的恶果导致人类不得不面对多种多样的生存危机：海平面上升，

---

①　北京外国语大学国际商学院。

部分国家和沿海城市将被淹没水中；气候异常，风暴袭击增多；沙漠化面积增大，粮食、水源短缺，种种危机使得人类不得不采取有效应对措施，从而对二氧化碳排放增长加以扼制。而二十国集团[①]作为世界上最重要的国际合作论坛之一，其成员国的碳排放量及碳排放治理措施对全球碳排放具有重要意义。本文着重研究二十国集团二氧化碳排放量及其能源结构，探究这一重要组织在减排上的机制与贡献。

二、全球的二氧化碳排放量分析[②]

1. 全球总体趋势

1980 年至 2016 年，全球二氧化碳排放量急剧上升：1980 年二氧化碳排放量为 17118.99 百万公吨，而 2016 年二氧化碳排放量达到了 35271.54 百万公吨，与前者相比，增长率达到 106%。二氧化碳排放量的增速变化具有阶段性波动的特点：1992 年，二氧化碳排放量增长率达到 6.02%，也是这 37 年来增长率的最高峰，此后，二氧化碳排放量绝对值虽有上升，但总体速率有所减缓。2009 年增速为 -0.74%，实现近 10 年来二氧化碳排放量的首次负增长，此后增速再次呈现上升又回落的趋势，2015 年及 2016 年的增速均为负值，碳排放得到有效控制。从上述分析中我们发现，1992 年以后，全球二氧化碳排放量增速有所减缓，这与《联合国气候变化框架公约》的签订可能存在一定联系，公约的签订使得部分国家认识到了气候问题的严峻性和治理气候问题的重要性，各国陆续采取措施促进碳减排。然而，由于技术、观念等方面的限制，二氧化碳排放量的增速在 2010 年再次达到峰值。从图 12-1 我们可以看出二氧化碳排放量的增速大体上呈现出周期性波动的规律，2015 年是一个关键节点，这与《巴黎协定》的签订密不可分。由此可见，全球性气候协议的签订对环境治理具有重要意义，规则及目标的制定能有效敦促各国制定方案，减少二氧化碳排放。

不同燃料产生的二氧化碳占总量之比也发生了显著变化：天然气产生的碳排放量占二氧化碳排放总量的百分比近 40 年间未发生明显变化，石油和其他液体产生的二氧化碳量占比明显下降。石油等液体燃料对总体二氧化碳的贡献在 2003 年降至 40% 左右，与 1980 年相比，下降约 12%。煤炭燃烧逐渐成为导致二氧化碳排放的“罪魁祸首”，2003 年占比已经达到总量的 40%。

---

① 二十国集团成员中法国、德国、意大利既属于 20 国集团成员国，又属于欧盟，因此，20 国集团共包括 43 个国家。

② 数据来自于 EIA（Energy Information Administration）。

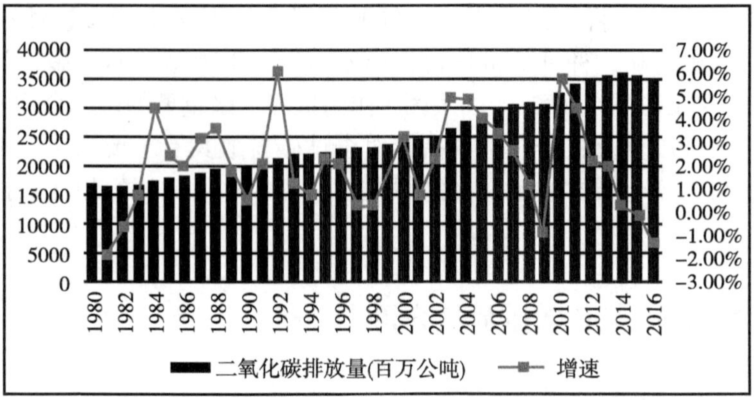

图 12-1 1980-2016 年世界总体二氧化碳排放量变化

数据来源：U.S. Energy Information Administration

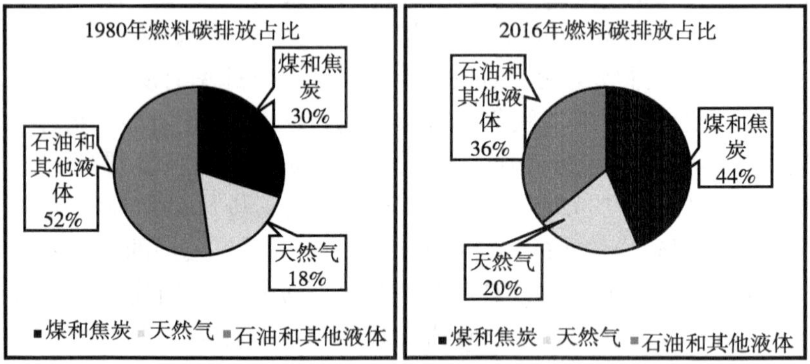

图 12-2 1980 年与 2016 年燃料碳排放占比对照

数据来源：U.S. Energy Information Administration

总体而言，世界总体碳排放量在近 40 年间大幅上升，碳排放问题必须引起世界各国的必要重视，有效控制碳排放是全人类面临的重大难题；另一方面，从数据变化，我们不难看出，减排工作已初见成效，虽然从总量而言二氧化碳排放量仍然呈现上升趋势，但是增速不断减缓，近年来已经出现负值，世界碳排放增速显著优化。

2. 分区域碳排放分析

亚洲和大洋洲是碳排放的“重灾区”，2016 年比 1980 年增长约 363%，远远高于世界平均增速，而且无论是从排放量亦或是增速而言，都要远远超过其他地区。北美区二氧化碳排放量同样不可小觑，虽然增速小于亚洲和大洋洲区域，但是该区域自始就是主要碳排放区，且目前仍是世界最主要的碳排放区之一。中东地区虽然就绝对值而言，并非主要碳排放地，但是 1980 年至 2016 年，碳排放增长了 345%，仅次于亚洲和大洋洲区域。欧洲、欧亚大陆碳排放相对较低，且近 40 年间变化幅度较小，尤其是欧洲地区，2016 年相比 1980 年，碳排放仅仅增长 3.8%，碳排放增速远远低于世界上其他地区，是“碳减排”工作中的佼佼者。

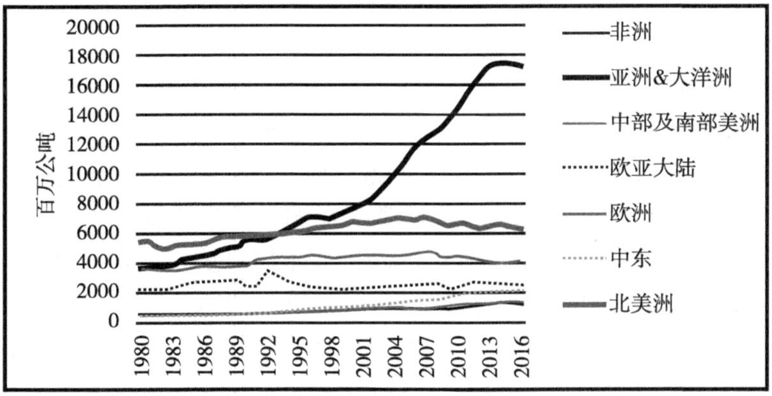

图 12-3　1980-2016 年分区域二氧化碳排放量

数据来源：U.S. Energy Information Administration

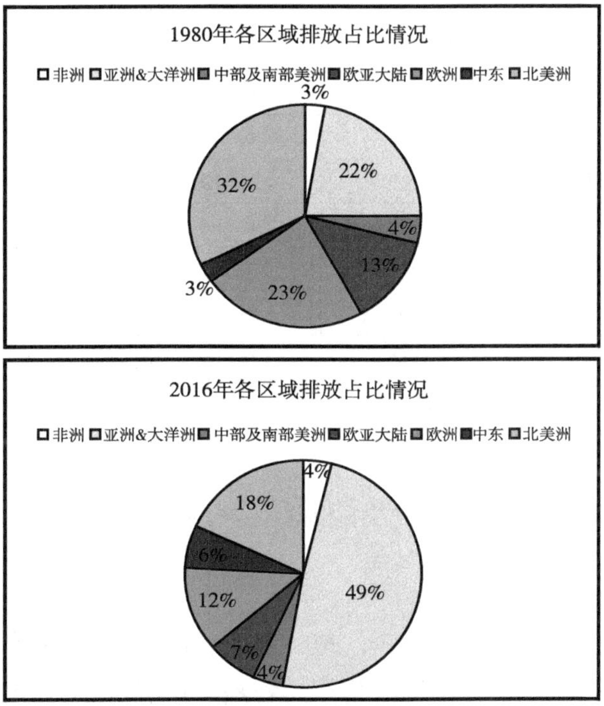

图 12-4　1980 年与 2016 年各区域碳排放占比情况对照

数据来源：U.S. Energy Information Administration

欧洲和北美工业化起步较早，因此早期是世界上最主要的碳排放区域，尤其是北美地区，早期阶段该区域碳排放量约占全球碳排放总量的三分之一左右。随着其他区域工业经济的发展，区域碳排放变动明显，欧洲碳排放量占比相较1980年约缩减二分之一，而亚洲和大洋洲地区碳排放量占比约是1980年的一倍，碳排放区域占比在近40年来发生了较为显著的变化。

就各类燃料产生的二氧化碳占总量之比而言，中部和南部美洲地区石油等液体燃料占比达到了70%以上，联系前文分析，我们发现中部和南部美洲地区碳排放总量较低，且占世界总量之比相较1980年维持在4%，碳排放得到有效控制，能源结构相对较合理。与之相反，亚洲和大洋洲的煤炭燃烧产生的二氧化碳占总量的60%以上，而亚洲及大洋洲地区的碳排放不仅总量多，且增速快。欧洲、欧亚大陆、北美地区的燃料碳排放占比相对而言较为均衡，且都是以石油等液体燃料为主。从各区域的能源结构和二氧化碳排放量分析中我们不难发现，能源结构对二氧化碳排放量具有重要影响，但是两者之间究竟具有何种关系，且不同能源对二氧化碳排放量的影响究竟有多大呢？我们利用2000年至2014年20国集团二氧化碳排放量及能源密集度相关数据对该问题进行探究。

表12-1　1980-2016年燃料碳排放占比均值

	煤炭＆焦炭	天然气	石油及其他液体燃料
非洲	39.51%	20.73%	39.76%
亚洲＆大洋洲	61.41%	6.78%	31.81%
中部及南部美洲	7.94%	20.80%	71.26%
欧亚大陆	24.17%	44.21%	31.62%
欧洲	30.66%	20.03%	49.32%
中东	2.06%	36.83%	61.11%
北美洲	31.66%	23.11%	45.23%

数据来源：U.S. Energy Information Administration

三、二十国集团碳排放量及能源结构分析

1. 二十国集团碳排放量分析①

图12-5为二十国集团2000年至2014年二氧化碳排放量趋势分析，单位为千克/2010年美元GDP。保加利亚、中国、爱沙尼亚、印度、俄罗斯、沙特阿拉伯和南非较其他20国集团国家碳排放量更高，但总体上这15年间各国二氧化碳排

① 数据来源于世界银行。

放量呈现波动下降或平稳趋势，并未有任何国家碳排放量有显著的增长。而从人均二氧化碳排放量的角度而言，澳大利亚、加拿大、沙特阿拉伯、卢森堡、俄罗斯和美国的碳排放问题较为严重，尤其是卢森堡和美国，多个年份人均公吨数达到 20 以上。总体而言，多数欧洲国家在碳排放方面的表现要优于其他 20 国集团成员。从图 12-5 和图 12-6 的比较不难发现，从不同角度对碳排放问题进行衡量，碳排放大国的定义可能会产生重大差异。现如今，碳排放问题已成为世界环境保护的重要议题，在对治理分配上，我们也不能从单一角度进行衡量，要将历史进程和国家差异性包含在内，多角度探寻碳减排的合理方案。

2. 模型及数据

本文采用 2000 年至 2014 年 15 年间的面板数据，旨在研究二十国集团的能源结构对其二氧化碳排放量的影响。因变量为人均二氧化碳排放量，解释变量为各类燃料的能源密集度，包括石油、天然气、煤炭以及核能源的人均消耗量，考虑到不同国家的异质性，还在本文中加入了一系列的控制变量，包括人均 GDP、实际利率、腐败程度、政府对金融的干预程度以及制度透明度。本文采用固定效应回归的方式来研究二十国集团的能源消费与二氧化碳排放之间的关系，并通过上述控制变量来排除干扰。

$$cperson_{it}=\alpha+\beta\, energy\_intensity_{it}+\gamma controls_{it}+\varepsilon_{it}$$

表 12-2　变量说明

变量类型	变量符号	变量说明	数据来源
因变量	cperson	二氧化碳排放量（人均公吨数）	世界银行
解释变量	pe	人均石油消费量	EIU 国家风险模型
	ng	人均天然气消费量	EIU 国家风险模型
	coal	人均煤炭消费量	EIU 国家风险模型
	nuclear	人均核能源消费量	EIU 国家风险模型
控制变量	gdppc	人均 GDP	世界银行
	rint	实际利率	世界银行
	corpt	公共部门腐败程度	EIU 国家风险模型
	staint	国家对银行系统的干预	EIU 国家风险模型
	transp	公共财政的透明度	EIU 国家风险模型

本文采用二十国集团成员的 43 个国家，15 年（是指 2000 年到 2014 年）的数据研究一国的能源结构对其二氧化碳排放量的影响。解释变量分别为人均石油消费量、人均天然气消费量、人均煤炭消费量及人均核能源消费量，通过分析解释变量系数的方向我们可以探究出不同的能源对碳减排究竟是促进还是抑制，而

通过分析解释变量系数的大小我们可以判定各类能源对二氧化碳排放量的影响程度。控制变量中人均 GDP、实际利率与国家对银行系统的干预主要体现研究对象经济层面的差异，而公共部门腐败程度和公共财政的透明度则更多集中在政治层面，体现国家政治管理的有效性和合理性。

本文选取的数据主要来自于世界银行和 EIU 国家风险模型①，通过对 20 国集团 43 个国家的数据整合，我们获取了各国人均二氧化碳排放量、能源密集度以及政治、经济控制变量的相关数据，描述性统计结果如下：

表 12–3　描述性统计结果

Variable	Obs	Mean	Std.Dev.	Min	Max
cperson	645	8.237175	4.582522	0.9673811	24.82465
pe	525	1.252762	0.8269834	0.105	4.795
ng	525	0.8280914	0.663591	0.016	2.764
coal	525	0.7045105	0.588192	0	2.525
nuclear	525	0.361179	0.4976161	0	2.246
gdppc	645	27028.61	20397.32	762.3133	111968.3
rint	371	5.020527	7.709648	–11.38625	48.34124
corpt	624	1.739797	1.255918	0	4
staint	624	1.181442	0.9276192	0	4
transp	624	1.219017	1.100052	0	4

分析描述性统计结果我们可以发现，二十国集团成员的人均二氧化碳排放量存在较大差异，最大值约是最小值的 26 倍左右。从能源密集度角度而言，成员国间也有较大差异，有的国家在核能等新能源的利用率上已经处于较高的水平，人均核能消耗量达到 2 以上，有的国家则还未开展核能源的利用；煤炭的能源密集度在 20 国成员国之间也存在很大的差异，在转向新型清洁能源的利用方面，成员国之间因此，虽然处于同一个经济合作组织，理论上 20 国集团的成员在全球议题上应顾及共同利益，在碳减排方面同进退，然而事实上，各国间的能源结构和人均二氧化碳排放量仍然存在较大差异。

3. 实证结果分析

表 12–4　实证结果②

VARIABLES	（1）	（2）	（3）	（4）
pe	3.011***	2.723***	2.881***	3.094***

① EIU Country Risk Model 国家风险模型。

② 回归结果均采用 LSDV 方法。

续表

VARIABLES	(1)	(2)	(3)	(4)
	(0.173)	(0.207)	(0.289)	(0.205)
ng	1.988***	2.019***	1.997***	2.084***
	(0.205)	(0.204)	(0.245)	(0.281)
coal	3.772***	3.888***	3.839***	3.584***
	(0.116)	(0.0948)	(0.246)	(0.281)
nuclear	-0.525***	-0.601***	-0.474*	-0.762*
	(0.155)	(0.216)	(0.276)	(0.379)
Constant	0.318***	0.367	0.408	0.806
	(0.0871)	(0.340)	(0.314)	(0.659)
Observations	525	335	525	335
R-squared	0.988	0.993	0.944	0.956
固定效应	NO	NO	YES	YES
控制变量	NO	YES	NO	YES

上述结果中第（1）列和第（2）列为混合回归结果，第（1）列不加入控制变量，而第（2）列加入控制变量；第（3）列及第（4）列为固定效应回归结果，第（3）列不加入控制变量，第（4）列加入控制变量。回归结果较为稳健，通过上述结果，我们可以得出以下结论：

（1）传统燃料如煤炭、天然气和石油消费的增加会导致人均二氧化碳排放量的增加，而新型能源核能人均消费量的增加会导致人均二氧化碳排放量的减少。煤炭、石油、天然气人均消费量的增加虽然都会导致人均二氧化碳排放量的增加，但是不同能源对二氧化碳排放量增长的影响是不同的。煤炭燃烧对二氧化碳排放量增加的影响最大，以最后一列的回归结果为例，人均煤炭消费量每增长 1 单位，人均二氧化碳排放量将增长 3.584 个单位。其次是石油，人均石油消费量每增长 1 个单位，人均二氧化碳排放量将上升 3.094 个单位。天然气的影响要弱于煤炭和石油，然而天然气的人均消费量每增长 1 单位，仍然会导致人均二氧化碳排放量增长 2 单位以上。

（2）核能源的普及对减排具有重要意义，核能源消费量高的国家，其二氧化碳排放量会减少。人均核能源的消费量每上升 1 单位，人均二氧化碳排放量会降低约 0.762 个单位。

（3）传统能源对碳排放的影响就目前阶段而言，仍然要远远大于新型能源产生的影响。虽然新型能源人均消费量的提高对碳减排工作有促进作用，但是这种正向影响难以扭转传统能源消耗产生的负面效应。在两者对二氧化碳排放量影响

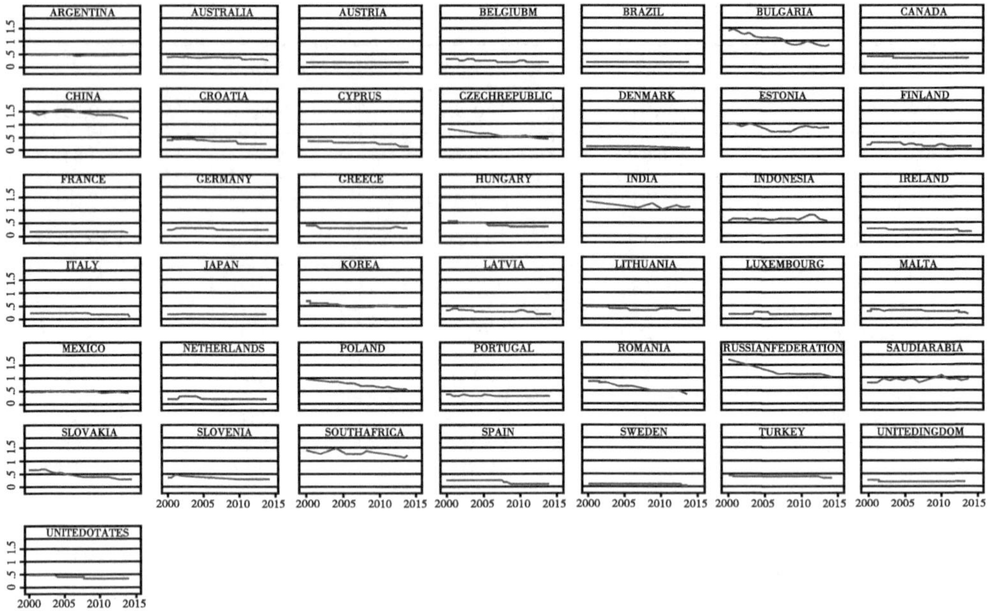

图 12–5 二十国集团二氧化碳排放量（千克 /2010 年美元 GDP）

数据来源：世界银行

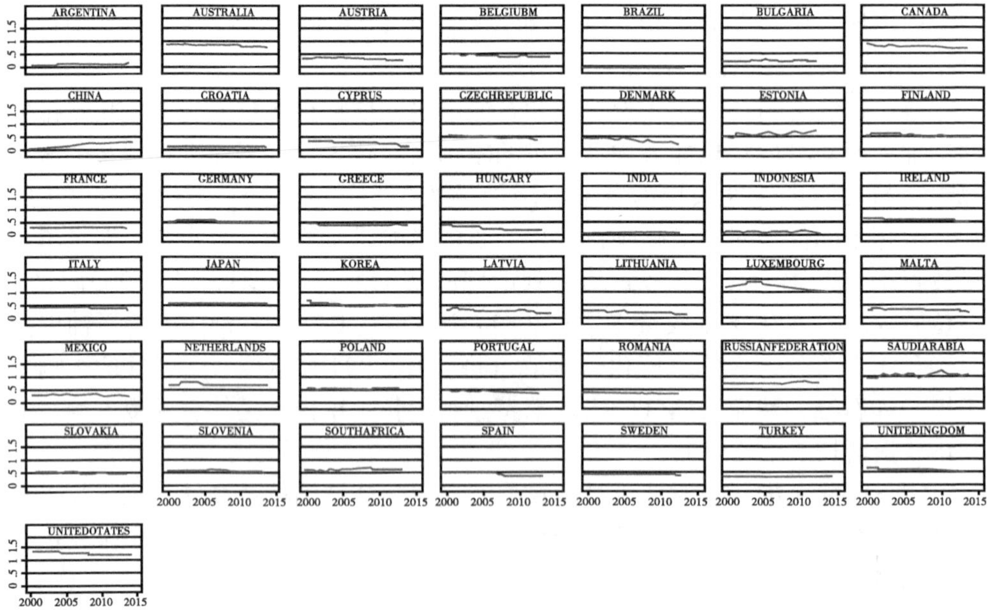

图 12–6 二十国集团二氧化碳排放量（人均公吨数）

数据来源：世界银行

的博弈中，显然传统能源更加具有话语权。

值得庆幸的是，我们依然发现新能源的利用对碳减排工作是有效的，随着新型能源的进一步推广，人均新能源消费量的不断增加，碳排放量的降低指日可待。此外，我们需要注意到，由于数据获取的有限性，在本文能源密集度的研究中，新型能源仅获取了核能的人均消费量，然而由于自然环境和技术的限制，核能在很多国家的利用率可能是很低的，并没有广泛推广到生活中，而现今，越来越多的新能源已然走进我们的生活：太阳能、风能、水能、地热能、生物能等各种新型能源已经达到了可利用的水平，且在生产、生活中对传统能源进行了不同程度的替代。因此，虽然从现有研究来看，新型能源利用给碳减排带来的积极效应十分有限，但随着新型能源种类的增多、新型能源推广范围的扩大、新型能源利用率的提升，二氧化碳的排放量将会大幅度降低。

从上述分析中，我们可以发现，能源消费占比对二氧化碳排放量具有重要影响，各国能源结构的差异可能是导致碳排放差异的最主要原因之一。中国二氧化碳排放量较高就与能源密集度具有重要关系，中国油气/煤矿物业的销售增长率约达到了20%，大约是欧洲的两倍[①]，油气/煤矿对经济的贡献率远远要超过新能源（如核能等）创造的价值，这种能源结构特点使得我国的碳减排工作面临着巨大的压力。

表 12–5　中、德、美四种能源人均消费量的比较

	中国				德国				美国			
	pe	ng	coal	nuclear	pe	ng	coal	nuclear	pe	ng	coal	nuclear
2000	0.174	0.016	0.525	0.003	1.517	0.873	1.031	0.537	3.087	1.941	1.891	0.737
2001	0.177	0.018	0.548	0.004	1.55	0.917	1.049	0.541	3.107	1.804	1.845	0.725
2002	0.189	0.019	0.591	0.005	1.485	0.916	1.019	0.52	3.05	1.857	1.854	0.728
2003	0.21	0.022	0.701	0.009	1.451	0.919	1.027	0.521	3.1	1.787	1.833	0.707
2004	0.243	0.025	0.809	0.01	1.438	0.923	1.037	0.528	3.158	1.739	1.885	0.723
2005	0.245	0.03	0.926	0.011	1.416	0.944	0.993	0.515	3.142	1.715	1.888	0.714
2006	0.26	0.036	1.024	0.011	1.417	0.963	1.046	0.529	3.061	1.681	1.844	0.712
2007	0.271	0.045	1.116	0.012	1.272	0.93	1.047	0.445	2.997	1.799	1.84	0.723
2008	0.275	0.052	1.14	0.014	1.348	0.941	0.978	0.472	2.786	1.777	1.793	0.717
2009	0.284	0.057	1.226	0.014	1.264	0.889	0.881	0.43	2.609	1.744	1.581	0.705
2010	0.321	0.067	1.342	0.014	1.281	0.928	0.966	0.448	2.604	1.797	1.625	0.707
2011	0.33	0.082	1.45	0.017	1.26	0.866	0.972	0.35	2.523	1.825	1.537	0.687

① 数据来源，SPEEDA 数据库。

续表

	中国				德国				美国			
2012	0.345	0.092	1.477	0.019	1.252	0.867	0.995	0.322	2.486	1.894	1.352	0.665
2013	0.36	0.104	1.501	0.022	1.277	0.905	1.011	0.314	2.439	1.917	1.366	0.677
2014	0.372	0.113	1.488	0.025	1.244	0.78	0.98	0.312	2.454	1.968	1.354	0.679

从表 12-5 的分析中我们可以发现，早期，德国和美国的人均煤炭消费量都要高于中国，但从 2006 年左右开始，中国的人均煤炭消费量不断升高，而德国和美国的人均煤炭消费量开始走低，尤其是美国，人均煤炭消费量 15 年间下降了 28% 左右，而中国的人均煤炭消费量 15 年间却上升了 65% 左右，虽然中国人均煤炭消费量增速较快，但是我们发现，2000 年，美国的人均煤炭消费量是中国的 3.6 倍，2014 年中国的人均煤炭消费量是美国的 1.1 倍左右，根据前文的研究结论，人均煤炭消费量对二氧化碳排放量增多有较大影响，中国现今确实是二氧化碳排放量大国，但是美国及一些欧洲国家也不能以如今碳排放量低为由，拒绝承担碳减排的责任，因为他们早期是最主要的碳排放国。

此外，数据表明，中国的石油人均消费量也要远远低于欧洲和美国，而石油消费对碳排放增长的影响要小于煤炭。核能的利用同样如此，虽然中国核能的人均消费量处于稳步上升的态势，但是相比于欧洲和美国来说，还有较长的路要走，2014 年，美国的人均核能消费量约是中国的 27 倍左右。

想要有效解决二氧化碳排放量的增多问题，二十国集团必须改善各自的能源结构，推广清洁的新型能源，目前澳大利亚、奥地利、丹麦、希腊、印度尼西亚、爱尔兰、意大利、波兰、葡萄牙、沙特阿拉伯、土耳其多数年份的人均核能消费量仍然为 0。因此，虽然二十国集团二氧化碳排放量有明显的改善，但是为了切实实现碳减排的目标，控制全球气温的增长，各国必须将改善能源结构提上日程，新型清洁能源的利用是降低碳排放最有效也是最直接的方式。

四、结论及建议

1. 主要结论

通过面板数据的回归分析，我们发现二氧化碳排放量与能源结构有密切关系。传统能源的消费增多会导致二氧化碳排放量的增多，且影响因子煤炭大于石油大于天然气；而新型能源的利用则可以降低二氧化碳的人均排放量，只是这种促进碳减排的积极效应相对较弱。

二十国集团是全球气候治理中的重要一环，该合作组织在 GDP 及贸易总额上都占据了全球总额的 80% 以上，因此二十国集团成员国参与碳排放治理的积极性对全球二氧化碳排放量的降低具有重要意义。从前文的分析我们发现二十国集团在碳减排方面表现不俗，多数成员国二氧化碳排放量维持稳定状态或是波动下降，在全球碳减排工作中具有重要贡献。这与二十国集团积极参与全球环境治理，参加气候治理的国际性组织有密切的关系。

联合国环境规划署（United Nations Environment Programme）是推进全球环境治理工作的权威机构，旨在促进全球资源的合理利用和推动环境的可持续发展。该机构关注全球环境问题，并在每年提出关于全球环境治理问题的倡议，多次议题与二氧化碳排放及全球变暖问题相关，如1989年主题为警惕全球变暖；1991年议题为气候变化——需要全球合作；2007年议题为冰川消融，是个热点话题吗？ 2008年议题为转变传统观念，推行低碳经济。从表12-6中我们可以发现，除少数几个国家，二十国集团基本都为联合国环境规划署成员国，积极参与解决全球环境问题，为减少大气层中二氧化碳等温室气体的含量做贡献。

《京都议定书》的订立目的是控制大气中温室气体的含量，防止极端气候变化带来的环境危害与生存危机。《京都议定书》将国家减排指标进行量化，沿袭了“共同但有区别的责任”原则，将发达国家和发展中国家共同纳入减排体系中，既包含了强制减排机制，又包含了不同市场间的交换和合作机制，对碳减排具有重要意义。值得注意的是，虽然多数二十国集团成员国都参与了《京都议定书》的签订，但部分国家对于履行减排目标持有反对态度，如俄罗斯、日本等，美国和加拿大则在签署后又相继退出《京都议定书》。虽然《京都议定书》在指标制定、遵守及规定约束力上仍有种种不足，但是该约定仍然被认为是目前最成熟的国际环境条约。

在主要的全球环境治理组织及协定中，二十国集团的成员有较高的参与度。这表明二十国集团成员对碳排放问题的关注、拥有碳减排的决心，愿意通过加强国际协作共同探讨碳减排的方针及措施，这是促进碳减排的重要举措之一。

表12-6　二十国集团是否为联合国环境规划署成员国或京都议定书参与国

国家	联合国环境规划署成员国	京都议定书参与国	国家	联合国环境 规划署成员国	京都议定书参与国
阿根廷	是	否	爱尔兰	否	是
澳大利亚	是	是	意大利	是	是
奥地利	否	是	日本	是	是
比利时	否	是	韩国	是	是
保加利亚	是	是	立陶宛	否	是
巴西	是	否	卢森堡	否	是
加拿大	是	否	拉脱维亚	否	是

续表

国家	联合国环境规划署成员国	京都议定书参与国	国家	联合国环境 规划署成员国	京都议定书参与国
中国	是	是	墨西哥	是	否
塞浦路斯	否	否	马耳他	否	否
捷克共和国	否	是	荷兰	是	是
德国	是	是	波兰	是	是
丹麦	是	是	葡萄牙	否	是
西班牙	是	是	罗马尼亚	否	是
爱沙尼亚	否	是	俄罗斯	是	是
芬兰	是	是	沙特阿拉伯	否	否
法国	是	是	斯洛伐克	是	是
英国	是	是	斯洛文尼亚	否	是
希腊	否	是	瑞士	是	是
克罗地亚	否	是	土耳其	是	否
匈牙利	是	是	美国	是	否
印度尼西亚	是	否	南非	否	否
印度	是	否			

2. 建议

我们要积极加入改善气候问题的相关组织与协定。全球环境治理不断趋于完善，环境治理组织及气候协定的签署都对碳减排产生重要的推动作用。

全球环境治理的必要性已经引起了世界各国的注意，全球气候变暖，海平面上升，部分岛国及沿海城市面临淹没于水中的毁灭风险，关注环境治理尤其是碳排放问题已然迫在眉睫。1992 年《联合国气候变化框架公约》涉及 150 多个国家和欧洲共同体，是世界上第一个应对全球变暖问题的国际性公约。该公约的签署将环境治理纳入了各国视野，建立了初步的环境保护履约机制，提出了“共同但有区别的责任”原则，将发达国家和发展中国家均纳入环境治理框架下，并充分考虑到国家间的差异性和各国国情的独特之处，促进了各缔约方之间的合作。

《京都议定书》是对《联合国气候变化框架公约》的补充，该议定书持续关注温室气体含量问题，旨在通过规定各国的减排指标并加以贯彻落实，将温室气体的排放量控制在适当水平，减轻极端气候变化给人类带来的伤害。京都议定书明确规定了量化的限制或减少排放的承诺，并提出了促进条款实施的支持和援助措施，对确保议定书的执行力和约束力具有重要意义。

《巴黎协定》于 2015 年通过，相比前两个公约或协定而言，该协定的参与度更高，包括 184 个国家或地区加入协定，以促进碳减排的实现，力求将气温升高幅度控制在适当区间。纵然目标的实现具有艰难性，即使全部国家均完成减排目标，实现升温水平低于 2 摄氏度目标的可能性仍然微乎其微，但《巴黎协定》体现了各国应对气候变化的决心，旨在通过全球协作共同解决气候问题，保护我们赖以生存的地球环境。

《巴黎协定》是人类加强全球协作，共同治理气候问题的一个重要的转折点，该协定的签订，表明全球气候治理的遵约机制由被动转为主动，由单一机构到团体机构，由促进性措施转为惩罚性措施，参与主体更加广泛，主动减排意识增强，治理碳排放问题的决心更加坚定，治理措施与手段也更加强硬。这些全球气候治理趋势中特点的变化表明气候治理是全人类的共同心愿，代表全人类的共同利益，回避和逃脱解决不了任何问题，环境恶化带来的灾难性后果没有任何一个国家能够承担，治理气候变暖势在必行。

目前，全人类正集中智慧应对碳排放导致的全球变暖问题，解决方案及策略更加多元化，2019 年峰会便从能源转变、工业转型、基于自然的解决方案、城市与地方行动、抗灾能力、气候融资与谈定价多个角度来探讨应对气候变化的方案。随着参与成员国的增多，各国改变气候环境问题决心的加强，解决气候变暖策略落实更加完善，实现减排目标，扼制全球变暖将会更加有效。

3. 气候治理措施

教育与宣传：在全球环境治理趋势的变化中，我们不难看出人们观念和决心的变化，而这些变化通过教育的传递，在全球范围内能够更快、更加全面的普及。多样化改善气候变化主题活动的举办，让更多的人意识到气候问题的严重性以及改善全球变暖的必要性，“全球行动方案”“气候赋权行动”“2050 年的天气”等活动及节目的举办，警示人们碳减排的必要性与重要性。这些教育节目和活动，使得改善全球气候问题不再是仅仅局限于政府首脑、全球精英等小范围的倡议，而是真正落实到每个国家、每个城市、每个家庭、每个人身上的使命。教育不仅仅促进人们观念的改善，更对改善气候问题的相关技术的提升具有重要意义。年轻人是变革的决定性力量，通过教育与宣传，年轻人在全球气候治理中的参与度明显增强，期待他们成为推动碳减排工作的中坚力量。

技术减排：人们通常认为二氧化碳排放量的增多是经济增长带来的必然性后果。想要实现经济上的增长，就必须以环境的恶化为代价。经济发展带来了气候问题已经给各国的经济发展设置了重重阻碍，各国已经为“先发展后治理”的理念付出了沉重的代价。那是不是意味着想要实现碳减排，扼制气候变暖就必须接受经济的停滞甚至倒退呢？事实上，经济发展与碳减排两者并不是互相矛盾的。

技术进步对于减少二氧化碳排放量具有重要意义。申萌等（2012）在内生增长模型的基础上引入了技术进步对二氧化碳排放的弹性，研究表明技术进步一方面对经济增长有促进作用，另外一方面，它又是实现碳减排的关键性因素。技术进步可以提高能源利用率，减少废气和有毒气体的排放，从而减少大气污染。技术的发展，使更多新型能源的使用具有可能性，传统燃料煤炭、石油、天然气的过度使用给大气带来的沉重负担得以减轻。清洁以及气候智能型经济会在创造巨大经济利益的同时，减少对气候的影响，降低大气中的碳排放量。技术进步作用于经济发展和碳减排之间，在两者中可以实现很好的协调作用。技术进步带来的产物之一是绿色工作，通过技术进步，实现工业的转型、可再生能源的高度利用以及发展循环经济，创造大量的就业机会。根据国际劳工组织的报告：到 2030 年，只要采取并实施可持续的做法，全球将新增就业机会 2400 万个。

技术进步是我们在维持经济高速增长的同时改善气候恶化的最有力的武器，新技术、新能源的利用为我们打了一剂强心针，各国可以在不损害自身利益，不影响自身经济发展的情形下，为全球碳减排做出贡献。

技术进步可以有效地协调好经济发展与碳减排之间的关系，而经济发展可以进一步促进社会公平，提升城市化水平，推动低碳城市的建立，从源头上减少二氧化碳的排放。教育、技术、经济、城市化、环境改善各个要素环环相扣，想要实现碳减排的目标，在每个关键环节上 20 国集团成员以及世界各个国家和地区都需要针对自身国情，不断进行优化和完善。碳减排是个长期的战斗历程，目标的实现不是一蹴而就的，各国必须坚定信心，加强协作，共同促进全球气候的改善。二十国集团作为重要的经济合作组织，在全球环境治理中也要做出表率，努力达到碳减排的目标，为全球碳减排工作的发展贡献力量。

参考文献

[1] 杜强.美国退出“巴黎协定”的影响及中国的应对策略.亚太经济，2017（5）：93-97.

[2] 杜培林，王爱国.全球碳转移格局与中国中转地位：基于网络治理的实证分析.世界经济研究，2018（7）：95-107.

[3] 康晓.人类命运共同体视角下的亚太区域气候治理：观念与路径.区域与全球发展，2018（1）：81-93.。

[4] 牛华勇.《巴黎协定》后的全球气候治理趋势.区域与全球发展，2018（1）：69-80.

[5] 秦天宝，侯芳.论国际环境公约遵约机制的演变.区域与全球发展，2012（2）：54-68.

[6] 申萌，李凯杰，曲如晓.技术进步、经济增长与二氧化碳排放：理论和经验研究.世界经济，2012（7）：83-100.

[7] Daniel E. Klein.CO2 emission trends for the US and electric power sector. The Electricity Journal, 2016（29）：33-47

[8] Kwangbok Jeong, Taehoon Hong, Jimin Kim.Development of CO2 emission benchmark for achieving the national co2 emission reduction target by 2030. Energy and Buildings,2018（158）：86-94

[9] Yuping Bai, Xiangzheng Deng, John Gibson, Zhe Zhao, He Xu. How does urbanization affect residential CO2 emissions? An analysis on urban agglomerations of China. Journal of Cleaner Production, 2019 (209): 876–885

第三部分　学术视角

第十三章　中国的经济发展与城市战略研究

陈岳云[①]

上篇：中国能否避免大国崛起的"修昔底德陷阱"？

【摘要】本文重点探讨了中国能否及如何避免"修昔底德陷阱"。文章解释了与历史上其他大国快速崛起相比，中国快速崛起在国际环境与条件方面、及其战略目的上的差异。文章进一步讨论了中国应该做些什么以便避免这种陷阱。

【关键词】修昔底德陷阱；中国崛起

一、引言

过去几十年中国迅速崛起，成为世界第二大经济体，并有望在若干年后超越美国，成为最大经济体。2008 年金融危机后，世界贸易萎缩、经济低迷，贸易保护主义与逆全球化抬头，美国等西方国家经济恢复缓慢，并且在政治上出现了大的变动，"黑马"领导人上台，颠倒、推翻原来的国内外政策，徒增国际关系的风险与不稳定性，国际政治关系及秩序，经贸等发生了显著的变更；而中国虽历经各种困难与挑战，经济仍继续保持较高的增长，经济结构不断调整优化，为中国经济长远、稳定发展奠定了较好的基础。"此消彼长"与"一失一得"，使中美两个大国，在世界上的地位出现历史性、标志性的变化。美国不想也无法当"世界警察"，而中国正积极参与，甚至引领世界向着更包容，开放，共商共建共享的方向发展。

正是上述国际关系、地位的变化，特别是中美间发展、经济体总量的变化，国内外有越来越多的人提出，中国会否替代美国，成为世界的主导者？中国会否掉入历史上新兴大国崛起的"修昔底德陷阱"。更有人提出，中美是否"必有一战"决胜负。这些人士中，有关心、担忧中国前途、命运的善意提醒者，有"未雨绸缪"为中国排忧解难的战略思想家；当中也有不愿看到中国崛起，想方设法

---

① 陈岳云，美国洛杉矶西来大学终身教授，也是北京外国语大学二十国集团研究中心特邀研究员；作者联系：billchen@uwest.edu。

阻碍中国发展的不怀好意者，更有唯恐天下不乱，期望“中国崩溃”的妄想者。

中国需要并能掌握自己的的命运。只要我们清楚地认识我们自身的实力，明确而切实地实施我们分步走的宏伟发展战略目标，并能很好、有效地与世界各国沟通，使之充分理解我们的战略意图、目标，并采取正确的战略与方针，相信中国定能避免大国崛起的“修昔底德陷阱”，中美两国定能和平地既竞争又合作的相处。

“修昔底德陷阱”是指一个新兴大国挑战现存大国，而现存大国也会回应这种挑战，这样战争可能不可避免；它是由古希腊历史学家修昔底德提出的。历史的发展虽然有其规律，许多历史会重复出现。但特殊历史现象的发生，有其条件与环境的因素。早期历史上，大国崛起根本上是靠掠夺土地，建立殖民地实现的。德国、日本、英国、法国、西班牙等的崛起均如此。此类新兴大国的崛起，必引起军事等冲突、战争。美国二十世纪的崛起，既依靠抢占别国的自然资源，也依赖国际贸易，抢占世界市场，因此美国崛起的过程中，既有许多战争，更依赖全球化与自由贸易。

正如习近平主席所说的，中国没有“强国追求霸权的的基因”。况且二十一世纪的世界，是一个全新的世界，世界贸易高度发达，各国经济的依赖性前所未有，国际金融、资本流动广泛深入，跨国投资、相互投资、联合投资日益提高，人口流动、交流大幅提升。科技的突破性发展，为促进经济社会的全面发展创造了条件，使世界变得更扁平、更一体化。

跨国公司的快速增长及全球市场一体化的进展，消除了过去大国崛起靠殖民化、抢夺资源与土地的必然性与需求，从而可以通过市场竞争、市场开放、国际资源的有效配置、合作而达到跨国公司成长，大国经济扩展的目的。现在世界上近 2/3 国际贸易由跨国公司经营，许多这类公司超过 50% 其收入及利润来自于国外。美国苹果公司，市值超过九千亿美元，生产线全部在中国等海外地区，尽管其手机在中国的销售迟后美国若干年，其中国手机的总销量，已超过其在美国本土的总量。

二、直接减缓中美之间的矛盾与冲突，是避免“陷阱”的根本点

中国最重要的国际关系是与美国的关系。几十年的历史经验说明，我们与美国的关系顺畅、好，中国与西方大部分发达国家的关系就顺畅、好；若中美关系有麻烦，与若干西方发达国家就会跟着有麻烦。特别是美国仍是世界最大的经济体，最大的市场，对中国产品出口至关重要。中美贸易一年已达 7000 多亿美元，中国有 3000 多亿的贸易顺差。美国的科技、创新、教育等发达，富有活力。美国众多企业世界著名，有不可替代的产品及服务。这些都对中国过去几十年出口创

汇，吸引外资，引进技术与管理经验，做出重要的贡献。稳定、不断改善中美关系，及时解决遇到的重大问题，建立起双方足够的互信、理解与合作，对双方都非常关键。我们决不能低估中美友好关系的重要性特别是必须避免历史上新兴大国崛起与现存大国之间重大冲突的“修昔底德陷阱”。

中美两国贸易、经济等互补性强，有许多的共同利益；世界上许多冲突、热点问题的缓和、解决，都需中美两个大国的参与与协调。“太平洋这么大，定能容得下中美两国”。中美合作则赢，互斗则伤。对话比互责好，合作比对抗好，交流比猜疑好。

三、逐步有效实施“一带一路”建设，是避免“陷阱”的长远战略

“一带一路”沿线共有65个国家，超过20万亿GDP，约占世界人口的65%，GDP的30%，国际贸易的三分之一。“一带一路”的国际合作将带动中国与这些国家的更快发展，亦将增进世界经济的平衡发展。中国与64个沿线国家有紧密的经济、贸易关系，与这些国家的贸易约占26%的中国总贸易。

成功实施“一带一路”战略，将使中国贸易，经济更分散化、多样化，提高中国能源进口的稳定性，多样性，开拓能源运输，国际贸易新的航线，从而根本上增加中国整体的安全度。中国与64个沿线国家关系的改善，也将增加中国在世界上的影响力，加强友邦友谊，从而得道多助。更多国家利益的共同性，经济，贸易，资本的依赖性，就更能避免不必要的国际冲突。

四、“有所不为而有所为”是避免“陷阱”的有效方针与策略

过去多年中国外交上的杰出成就，是有效贯彻“有所不为而有所为”方针与策略的成果。我们在有关领海、领土主权争议与纠纷的事件中，坚持原则，划红线，守底线，不退让，针锋相对；同时不采取极端措施，富有耐心，不挑起并避免战争，捍卫了国家尊严，有效地处理了冲突。

“有所不为”就是不当“世界警察”，不争出头，不争霸，不意气用事，不以强欺弱，有理有节，也不毫无原则地一味退让。“有所作为”就是要捍卫国家主权，领土完整，守住底线，积极参与构建人类命运共同体，引领全球治理。

“有所作为”与“韬光养晦”的有机结合就是“有所不为而有所为”。20世纪80年代，我们在外交上贯彻执行了“韬光养晦，不争出头”的基本方略，极大地改进与西方国家的关系，既坚持了我们独立外交，为发展中国家代言、伸张世界正义，也有理有节，不直接与美国等大国直接进行大的冲突，获得了国际上的广泛理解、认同与支持，对促进中国改革开放等起到了重要的作用。随着中国经济

快速增长，总体国力的提高，美国曾首先提出了中国应该变成“负责任的大国”的要求；特别是在2010年中国成为世界第二大经济体及最大出口国、最大制造业国家后，国际上对中国的期待明显提高。

中国在外交上“有所为”，总之是内外条件、因果变化的结果。特别是中国2008年以来持续的稳定繁荣、增长发展，使中国与发达国家在经济上的差距迅速缩短，对世界经济增长的贡献近几年超过了30%，高于日本、欧盟及美国贡献的总和，从而显著提高了中国在世界上的影响力、话语权，就是说，中国自然地已经“有所为”。

外交上有所退才能有所进。中国已从过去的“韬光养晦”，成为“有所作为”；但我们既不能妄自菲薄，也不能盲目乐观；应充分认识到，中国还是一个发展中的大国，我们的人均GDP仍不高，我们的制造业仍大而不强，我们的教育、科技、创新仍与世界先进国家有较大的距离。自身的实力与条件决定我们“有所不为才能有所为”。

五、顺应时代发展潮流，是避免“陷阱”的道德基础

作为一个负责任的大国，中国在国际的交流中，要更加顺应人类发展的方向与时代潮流，促进世界和平安全，支持公平正义；帮助解决突出性的世界问题。特别是更积极地参与解决疾病扩散，气候暖化，粮食短缺，环境污染等世界性的问题。要为发展中国家发声，为地球的可持续性请命；要为人类发展生存呐喊。

我们在国际的关系中要以史为戒，以史为鉴，近几年中国国际地位的明显提高与外交上的显著成绩，是我们自身发展强大、实力提高的成果。中国的发展代表了人类发展的一种模式，特别是为发展中国家的发展赶超提供了榜样。

六、更好解决与邻国的纠纷、矛盾，建立友好、和睦的邻邦关系是避免“陷阱”的着力点

大的国际冲突，往往是由若干导火线引起的，所以处理好与邻国的关系，既维护国家主权、领土完整、民族尊严，又严控矛盾、冲突，理性和平的解决这些问题，非常重要。

外交必须以邻为友，以邻为邦。近几年来，中国理性、积极、有效地处理与邻国的各种纠纷，既维护了领土完整、国家的主权，也降低、化解了矛盾，改善了与相关邻国的关系，更赢得了国际上的赞誉，彰显了中国有担当、负责任的大国形象。

七、更多中国企业走出去，是避免“陷阱”的支柱

近几年来，中国企业越来越多走向世界，合并兼并企业，创立新的企业，跨国经营，多样化发展，成就突出，从2015年起，中国企业海外投资的总额已超过所吸引的外资总额，已成为资本净输出国。中国政府更购买了美国国债一万多亿。中国企业更多的走出去，是中国经济发展，企业成长发展的必然道路。只有走出去，才能成为全球化的，有国际竞争力的强大公司。跨国公司的多少、强大程度，是一个国家经济实力、竞争力的重要标志。

中国企业在海外的经营生产，可以促进所在国的就业，增加税收及经济增长，亦有利于所在国人民对中国的切实了解。经济上的相互依赖性，利益上的共同性，民众间的感情，是避免大的冲突甚至战争的最好药方。

中国企业在海外，也能真实、全面地了解所在国的政治、经济、社会情况，及时反馈国内，以避免误判误读、而做出错误的决策。每当两国出现重大冲突，危机的时候，民族主义往往高涨，非理性思维与行动陡增。这时候，我们更需充分、全面的资讯，客观、理性地考虑整体的战略的利益与目标，兼顾海外的各种利益与公民的人身安全、保护，从而减缓国家间的矛盾与冲突。

八、全方位、多层次、综合性的外交，是避免“陷阱”的有效武器

近几年中国外交全方位出击，取得了显著成果。外交应是综合性、全方位的。不仅需要官方外交，也需民间外交；不仅需政府间外交，也需注重议会的外交。外交不仅是国际间或双方关系的讨论，也是人文、教育、经济、科技等领域的交流。近几年，中国更加重视民间和人文的交流，取得了积极成效，比如中美间除战略、安全、经贸领域的交流外，增加了人文领域的对话机制，对增加中美双方的理解合作起到了非常好的作用。

外交的综合性、全方位，就是不仅要注重与国际组织、其它大国的关系，更要积极拓展与发展中国家的外交。世界发展取决于各国的共同发展和进步，世界和平取决于各国的和平。

十九大的顺利召开，分步走宏伟目标的制定，使中国今后的发展方向更明确，行动更一致。这也使世界更了解中国，从而减少国际间的误判，避免可能的冲突。

李克强总理在接受采访时曾表示，中国把自己的事情办好就是对世界最大的贡献。只要中国经济继续稳定增长，社会安定，人民满意幸福，我们就能有效有力地处理各种国际矛盾、冲突。只要中国的总体实力增强提高了，特别是中国科技、创新能力提高了，我们就能主动地避免一些的历史陷阱。

下篇：紫海战略与城市群发展

【摘要】本文重点分析了城镇化与城市及城市群发展的关系，工业化、服务业发展与城市、城市群发展的关系，据此指出了不断提高城镇化比率与水平，加快工业化程度，改进专业化分工与协作，不断提高服务业比重、水平、质量对巩固发展城市群的关键作用。本文亦借鉴国际上城市群发展的经验与教训，并引用紫海战略，对中国城市群的发展提出相应的战略与建议。

【关键字】城市群；城市发展；城镇化；竞争战略

一、城市及城市群的特点及作用

城市是与乡村或农村相区别的一个生活、经济活动与社会组织形式。有别于乡村，城市具有人多且集中、经济活动频繁、相互联系紧密、社会化分工管理程度高等特点。绝大多数城市位于平原上，往往是经济活动、交易或贸易、资本中心。古代的多数城市，以其独特的地理位置而形成，而现代许多城市则多据于资源开发、生产（工业化）或贸易汇聚而崛起。

城市在经济、社会发展中起了极其重要的作用。美国有超过 70% 的人居住、生活在不到 2% 的土地上。世界上亦有超过 53% 的人，生活在城镇中。中国近几年城镇化率不断提高，有近 57% 的人生活及工作在城镇中。即使欠发达的国家，城镇化率也在加速提高、推进。按照联合国 2014 年的统计，从 1950 — 1975 年，欠发达国家的城镇化率从 16.7% 提高到 28%；从 1990 — 2014 年，城镇化率从 35% 提高到 48%。

中国二十多年快速的经济发展，工业化程度的提高，外贸出口的快速增长，带动了城镇化率的显著提高及城市、城市群的崛起。如何更好地利用城市及城市群的发展来带动区域经济及整体经济的发展，进一步推动城镇化率的提高，解决农业人口转移问题，解决地区发展不平衡问题，及收入分配不均衡问题；如何更好地规划、布局、建设城市及城市群，避免大城市病，使城市的生活更和谐、协调、绿色、环保，使城市的管理、运作更有效率，使城市间的协作及城乡关系更和睦、顺畅、互惠互利，这是摆在我们目前的急迫课题。

上述问题的解决，必须依据中国的国情，各个地方的历史、文化、资源等实际情况，而采取不同的规划、方法与措施。同时，我们亦应借鉴其他国家，特别是西方发达国家城市及城市群发展的经验与教训，它山之石，可以攻玉。

本文在分析城市特点的基础上，讨论了城市发展的条件与规律，重点讨论了现代城市及城市群的发展，有赖于城镇化率不断提高，有赖于工业化的发展及服务产业的发展；并列举了西方发达国家在城市、城市群发展中遇到的问题与挑战。本文最后探讨了如何应用紫海战略来更好地协调、规划城市群，更好地发展现代城市。

二、城市及城市群发展的条件与规律

一个城市的发展必须满足一定的条件和遵循一些规律。

1、城市发展的条件：

凝聚性—吸引人，吸引资本，吸引交易、贸易；

规模性—足够大，具有生产、消费、运输等的规模经济；

幅射性—能影响附近地区的经济与生活活动；

人文性—不仅经济活动，并具丰富的人文、社会活动；

集成性—产业与生产链的集聚，从而带来集成（约）效应；

分享性—各种资源、设施的分享与共享；

外溢性—各种技术、知识、资本等外溢性及外溢效应；

综合性—基础及各种设施，各种生产、社会生活，功能俱全、完备。

2、城市发展的规律：

城市的发展潮起潮落，为了保持城市的发展，必需具备：

开放性—对外的开放，吸纳新鲜的人才，思想，文化，教育；

竞争性—企业在竞争中成长、壮大，城市亦如此；

创新性—不断改革创新，技术、开发、管理、组织的创新；

平衡性—各种利益、关系、职能 / 功能的平衡；

进取性—不满足现状，不断奋斗，努力；

持续性—环境、人才、资源的可持续性；

包容性—不同文化、教育、种族、宗教的包容，对不同收入水平人的包容；

特色性—各个城市在文化、经济等方面，有其特色。

三、城镇化与城市、城市群的发展

一个国家与地区中城市与城市群的发展，离不开其总体的经济发展，特别是其总体城镇化的发展。综观世界各国，凡其城镇化率高，其城市及城市群就多，发达程度就高。表 13-1 为世界有关国家的城镇化率。图 13-1 为中国城镇化率的变化。表 13-1 中数字表明，中国的城镇化率只略高于世界的平均水平，比发达国家低得多。图 13-1 说明，中国逐年城镇化率的提高。2016 年中国的城镇化率大约是 57%。中国的目标城镇化率是 65%。与所有西方国家相比，中国的城镇化率仍然较低；特别是其城镇户籍的城镇化率现在只有约 35%。

城镇化与城市、城市群发展相辅相成。城市及城市群的发展，会带动城镇化率的提高，而城镇化率的提高，会形成新的城镇，并形成更多的城市群。中国每年需解决新增的两千多万城镇化人员的居住与生活问题，只有大力发展城市及城市群，才能解决这样的问题。

表 13–1　世界有关国家城镇化率（2014）（世界平均水平 52.1%）

	中国	美国	日本	瞼国	印度	韩国
人口总数	1,357,380,000	316,497,531	127,338,621	80,645,605	1,279,498,874	50,219,669
城镇化率	54.7%	82.4%	91.3%	73.9%	31.3%	91.6%

数据来源：世界银行

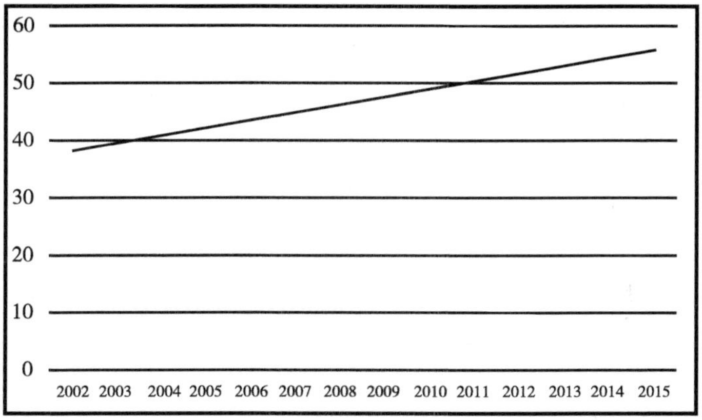

图 13–1　中国城镇化率（%）

数据来源：世界银行

四、工业化、服务业发展与城市、城市群发展

如前所述，现代许多城市的形成与发展，是因工业化而起。工业化的发展，带来许多新的产品，从而形成了许多大型及超大型的工厂。工业化需要大量的原料、资源，亦带动了原始资源的开发，从而形成了新的产业基地。工业化需要大批的员工，从而聚集了大批的人员。工业化创造了许多全新的技术，不仅提高了生产率、生产规模，亦对相应的教育、科研提高了要求，从而带动了教育、科研产业的形成与发展。所有这些，都对现代城市、城市群的形成与快速发展提供了动力与保障。

表 13–2 为世界有关国家三大产业的分布情况。表 13–3 为中国近几年三大产业变化的情况。这些数据表明，中国已从农业为主的经济体，逐步转为以工业与服务业发展并举的经济体，并正在向服务业为主导的经济体发展。

与其他发达国家相比，中国农业在经济体中的比重仍然过高，农业从业人员比率更高。解决此一问题，就需要提高城镇化率，进一步巩固发展工业，大力提高服务业，大力改进提高农业的生产率。

现代城市的发展离不开服务的发展。各种服务业的提升与发展，特别是社会服务、公共服务、金融服务、通迅服务、生产服务的发展，是现代城市发展的基础与保障。中国城市的总体服务内容、程度都在不断提高，但许多服务领域，特别是公共与社会服务仍明显不能适应社会的需求。这是城市与城市群建设与发展中需解决的一个突出问题。

表 13–2　世界有关国家三大产业分布

	世界	中国	美国	日本	德国	印度	韩国
农业 GDP %	6.40%	8.20%	0.90%	1%	0.60%	16.80%	2.20%
工业 GDP %	30%	39.50%	18.90%	29.70%	30.10%	28.90%	38.80%
服务 GDP %	63%	52.20%	80.20%	69.30%	69.30%	46.60%	59.10%
总劳动人口	3,450,543,765	785,368,461	163,365,624	66,427,585	43,319,182	520,193,950	27,875,987
农业劳动人口 %	26.48	17.51	1.66	3.49	1.28	42.74	4.89
工业劳动人口 %	22.44	26.62	18.89	25.58	27.26	23.79	24.79
服务劳动人口 %	51.08	55.87	79.45	70.93	71.46	33.48	70.32

数据来源：世界银行 2017

表 13–3　中国三大产业分布变化

	2016	2015	2014	2013	2012	2011	2010
农业 GDP %	8.6	8.9	9.2	10.0	10.1	10.0	10.1
工业 GDP %	39.8	40.9	42.7	43.9	45.3	46.6	46.7
服务 GDP %	51.6	50.2	48.1	46.1	44.6	43.4	43.2

数据来源：中国国家统计局

五、城市及城市群发展的国际经验

中国可以借鉴、学习其他国家，特别是西方国家城市发展的经验与教训，包括：

1. 更多的超级（特大）城市形成，人口向特大城市集中；
2. 中小城市发展更稳定、更快；
3. 许多大城市人口的急剧下降；
4. 城市郊区的快速、稳定发展；
5. 大城市、超大城市市中心的衰落；
6. 大城市中，区域发展的分化及贫富分化。

根据联合国（2014 年）报告，世界有更多的超级（特大）城市和更多的人搬到了这些超大规模的城市。在 1990 年，共有十大“超级城市”（1000 万居民或更多），略低于当时全球城市人口的 7%。在 2014 年，有 28 个特大城市，约 12% 的世界城市居民。到 2030 年，全球预计将有 41 特大城市。

虽然美国大多数的人口和经济增长发生在大型都市地区，但许多以资源为基础的经济体或地下水储量缺乏地区已苦于人口和经济的严重下降。一些大城市中心和二线城市也经历了几十年的下降。例如，美国的费城、巴尔的摩、匹兹堡、克利夫兰、底特律、圣路易斯和新奥尔良自 1960 年以来失去了三分之一或更多的人口。即使城市郊区仍在增长，许多城市中心已经失去了税收基础和经济活动的居民；贫穷已成为常见的情况。

在 1960 年，Jean Gottmann 曾预言，到 2000 年，美国一半多的人员，会居住生活在三大城市群。但实际上，在过去 50 多年中，这三大城市群的人员出现了下降。美国过去 100 多年中，人员增加最大的是城郊地区，从 1960 年的 31%，增加到 2010 年的 51%；而在市中心的人口，从 1960 年的 30%，只增加到了 2010 年的 33%。

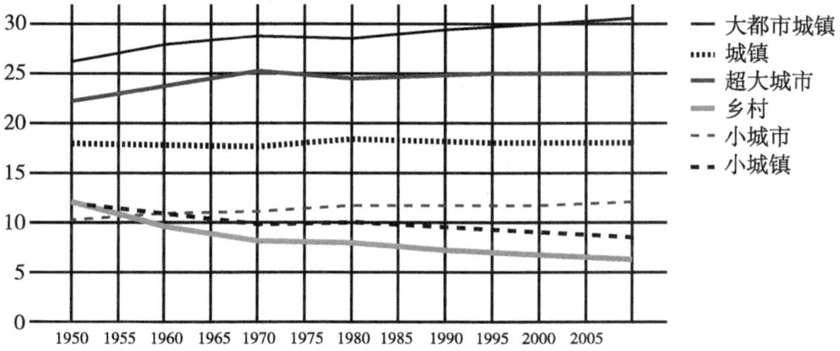

图 13–2　美国城市群人口分布（%）

图 13–3（Byler 2017）为美国人口在不同城市的分布，其中：特大城市有 500 万或更多人，大城市有 100 万至 500 万人，小城市有 500,000 到 100 万人，大城镇 10 万到 500,000 人和小城镇有少于 10 万人。美国约有 30% 的人居住在大城市，25% 在超大城市，18% 在大的城镇，13% 在小城市，其余在小城镇及乡村。

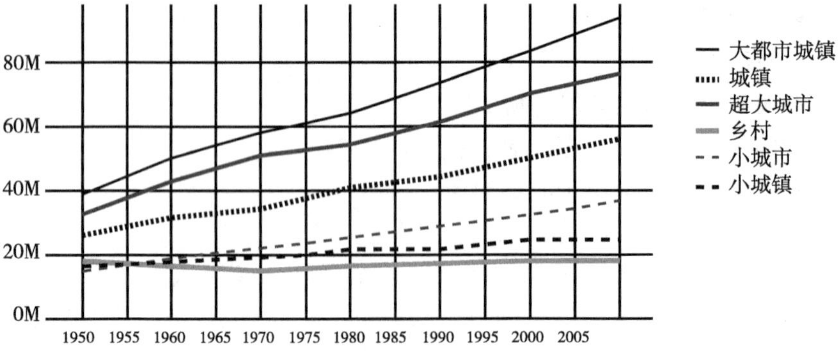

图 13-3 美国城市群人口分布（百万）

在美国，自 1969 年以来，八大城市群的 GDP 增长率，只是其他三类较小规模城市年增长率的三分之一。2008 世界经济与金融危机后，欧洲绝大多数大城市经历了冲击、衰退，但许多附近的中小城市并未受影响，反而稳定成长。

根据以上城市与城市群发展的国际经验，中国在发展中应注意并解决以下的问题：

1. 超大城市及城市群的形成与发展仍有潜力与空间。特别是中国人口多，中国人喜欢生活、工作在大的城市。另外，目前中国像北上广深这样的超大城市，人口密度仍比有些世界大城市低。所以需进一步改善、发展这些超大城市，吸引更多的人口，转移不必要的生产、制造功能，使之更具可居性、文化性。

2. 加快中小城镇的发展，特别是大城市卫星城市的发展及特色城镇的建设与发展，为加快城镇化建设提供条件与保证。

3. 由于交通、生活习惯等问题，中国的城郊目前不可能吸引太多的人居住、生活，但随着城市轨道交通的发展，城郊将会越来越具吸引力。有规划地发展城郊地区，特别是大城市间的郊区，对大城市及城市群的发展意义重大。

4. 中国目前大部分大城市并未显现市中心衰落的问题。但未雨绸缪，应加强对大城市市中心的投资、规则与建设，使其保持活力、吸引力。

5. 重视并解决大城市中不同区域不同人群分化问题，对稳定社会、和谐发展至关重要。合理、均衡的投资，相应的策略与措施，公共设施的建设，社会福利安排等，是解决这些问题的关键。

六、紫海战略与城市群发展

正确、有效战略的制定与实施，对一个企业的发展至关重要；城市与城市群的可持续发展，竞争力不断提高，亦有赖于其正确而有效的战略。

有三类不同的战略——红海、蓝海及紫海战略。下表是三种不同战略的概要总结。城市群的发展应更多借鉴紫海战略的思路与要略，注重平衡、综合与协调，善于把各个战略要点有机地联结起来，形成一个战略面，战略优势，发挥集聚，整合形势，善于创新而兼顾传统，富有特色而不失大众。鼓励、提倡、支持企业家精神，创新、创业，敢于冒险，不断进取，永不满足，善于寻找机会，并果断决策。

表 13-4　紫海战略—介于红海和蓝海之间

红海战略	紫海战略	蓝海战略
在已有市场空间竞争	在已有市场空间竞争，但通过增加一点点意料之外的额外产品或服务而脱颖而出	创建一个毫无争议的市场空间
击败竞争对手	与竞争对手差异化	与竞争对手不相关
利用已有的需求	利用当前的客户基础以降低损失，提高忠诚度，提升口碑	创造并抓住新的需求
成本价值型交易	打破交易型市场经济心态，增加价值，超越期望	打破成本价值型交易
根据其差异化或低成本策略，来设计公司的全局行为	通过增加价值来追求差异化，进而设计公司的全局行为	通过追求差异化和低成本，来设计公司的全局行为

城市及城市群的发展需要平衡。不同城市间的平衡，合理布局、规划、分配与协调。各个城市自身需要平衡，包括各种生产、生活、社会活动，教育、科研等设施的安排与布置。不同层次资源、人才的平衡。环境与人类生活及生产制造的平衡与协调。

城市及城市群的发展需要创新及企业家精神。没有创新就没有活力，没有创新就没有发展。许多城市的没落，就是因为缺乏创新。企业家是社会及经济发展的推动力。不仅企业发展需要企业家精神，社会发展包括城市发展更需要这种精神。城市的各级领导人，亦需要这种精神，敢于冒险，勇于尝试，不满足于现状，不断求新、求变。

城市及城市群的发展需要竞争。不同城市群之间需要竞争，城市群内不同城市间需要竞争，城市内亦需要竞争。不仅竞争性行业及产品需要竞争，公共（公益）性行业及服务亦需要竞争。企业及个人在竞争中长大，社会及城市亦在不断竞争中发展。

城市及城市群的发展需要以人为本，以人为中心。城市是人类集居、生活、工作的地方。城市的发展有赖于对人，特别是各种优秀人才的吸引力，凝聚力。不断更好地满足不同阶层人们的各种需要，创造并提供各种人才施展理想、抱负的各种条件，形成与发展和谐、便利、安全、绿色、开放、包容、活力的整体环境，这样的城市自然就有吸引力、生命力。

城市及城市群的发展需要以教育、科技为依托。综观世界各国大城市、超大城市，几乎都有世界著名的高等教育及科研机构，或者说，他们都拥有超大及著名的大学及科研机构。

七、总结

本文简要分析了城市及城市群的特点及作用，探讨了城市及城市群发展的条件与规律。重点讨论了城镇化与城市及城市群发展的关系，工业化与服务业发展与城市及城市群发展的关系。分析、列举了国际上城市及城市群发展的经验、教训，并重点探讨了如何借鉴紫海战略，来更好地规划、发展城市群。

中国的经济发展，城市及城市群的崛起与发展，史无前例。过去十多年大量基础设施的建设，特别是城市内地下、地上、及空中交通的投资与建设，城际轨道与其它交通的建设与高速铁路的布局与建设，为城市、城市群的发展提供了基础与保障。如果我们能充分借鉴国外城市及城市群发展的经验与教训，充分认识各个不同城市、区域的历史、文化、传统及其它各种特点，特别考虑到人的基本需求，经济发展的内在需求，注重特色、平衡、可持续性，包容性与创新，我们的城市及城市群发展一定能更快、更好，对经济、社会发展起到更大的推动作用。

参考文献

[1] 陈岳云（2018），“China’s Foreign Relationship-New Thinking and Features（“中国外交的新思维新特点”），People’s Forum（<< 人民论坛 >>），People’s Daily（<< 人民日报 >>），March.

[2] Yueyun（Bill）Chen, et al.（2017），“The Productivity, Economic Structure and Middle-Income Trap—Can China Avoid this Trap?” Journal of Applied Business and Economics, Volume 19（11）.

[3] 陈岳云（2017），“What Should China Do?”（“中国下一步怎么走？），People’s Forum（<< 人民论坛 >>），People’s Daily（《人民日报》），October.

[4] Yueyun（Bill）Chen（2016），“Targeted and Effective Innovations and Supply-side Reforms: Actively Supporting and Developing Import- Substitution Manufacturing Industry”, International Economic Observation, Beijing Foreign Language University, G20 Research Center.

[5] Yueyun（Bill）Chen（2016），“China’s Path to the Sustainable, Stable and Rapid Economic Development: From the Largest to the Strongest Manufacturing Country”; Journal of World Economic Research, August.

[6] Agnoletti, Chiara, Chiara Bocci, Sabrina Iommi, Patrizia Lattarulo and Donatella Marinari（2015），“First- and Second-Tier Cities in Regional Agglomeration Models,” European Planning Studies: Vol. 23 Issue 6, p 1146-1168.

[7] Byler, David (2017), "The U.S. Megalopolis Isn't as Politically Powerful as You Think", Real Clear Politics, Feb. 6th.

[8] Carlino, Gerald A. (2011), "Three Keys to the City: Resources, Agglomeration Economies, and Sorting," Business Review (Federal Reserve Bank of Philadelphia): Third Quarter, p1-13.

[9] Camagni, Roberto and Roberta Capello (2015), "Second-Rank City Dynamics: Theoretical Interpretations Behind Their Growth Potentials," European Planning Studies: Vol. 23 Issue 6, p1041-1053.

[10] Chen, Yueyun (Bill) (2016), "International Comparisons of Service Industry-What China Can Learn from Other Countries; " Journal of Advances in Economics and Finance, November.

[11] Chen, Yueyun (Bill) (2016), "Targeted and Effective Innovations and Supply-side Reforms: Actively Supporting and Developing Import- Substitution Manufacturing Industry; " International Economic Observation; Beijing Foreign Language University, G20 Research Center, September.

[12] Chen, Yueyun (Bill) (2015)," China' s Path to the Sustainable, Stable and Rapid Economic Development: From the Largest to the Strongest Manufacturing Country; " Journal of World Economic Research, August.

[13] Cummings, Stephen (2017), "Purple Strategy; " Tsinghua Management Review, China, Jan. 6th.

[14] Glaeser, Edward L and Joshua D Gottlieb (2009), "The Wealth of Cities: Agglomeration Economies and Spatial Equilibrium in the United States," Journal of Economic Literature: Vol. 47 Issue 4, p 983-1028.

[15] Gottmann, Jean (1961), "Megalopolis: The Urbanized Northeastern Seaboard of the United States," New York: The Twentieth Century Fund.

[16] Herstad, Sverre J. and Bernd Ebersberger (2014), "Urban agglomerations, knowledge-intensive services and innovation: establishing the core connections," Entrepreneurship & Regional Development: vol. 26, issue 3-4, p 211-233.

[17] Khan, Herman and Anthony J. Wiener (1967), "The Year 2000: A Framework for Speculation on the Next Thirty-Three Years" New York: Macmillan, 61.

[18] Kim, W. Chan, and Ren é e Mauborgne (2005), Blue Ocean Strategy, Expanded Edition: How to Create Uncontested Market Space and Make the Competition Irrelevant, Harvard Business School Press, Cambridge, Massachusetts.

[19] Krätke, Stefan Kraetke (2007), "Metropolisation of the European Economic Territory as a Consequence of Increasing Specialisation of Urban Agglomerations in the Knowledge Economy," European Planning Studies: Vol. 15 Issue 1, p 1-27.

第十四章　对美国近几届总统的经济思想的研究

任康钰　巴玥　张茉[①]

【摘要】美国总统特朗普上任以来出台了一系列政策，给美国乃至世界都带来重要影响；其中，他挑起的中美贸易争端，给两国经济都带来了更大的不确定性，也冲击着中美关系。这样的政策选择表现出特朗普的个人特质，更反映出其在经济上的基本思想。事实上，不仅是特朗普，历任美国总统都有着各自鲜明的政策倾向，形成了自己的经济思想。本文对里根以来的六位美国总统的经济思想进行梳理与研究，再对其进行比较，然后重点观察六位总统的对华经济政策，审视其经济思想如何反映在对我国的政策选择上。通过这样的研究和比较，能够让我们更为深入和系统地认识美国领导人的经济思想。这为我们理解过去、预判未来，尤其是把握中美关系，就当前美国可能对中国产生影响的领导人因素提供思想资源，从而帮助我们做出必要的准备。

【关键词】美国总统；经济思想；中美关系

一、引言

2018 年以来，中美这两个世界上最大的经济体之间，贸易摩擦不断。大国之间的经济往来不可或缺，间或出现纠纷也是正常。但这次持续时间较长的贸易摩擦，确实带着非常明显的“特朗普”色彩。特朗普总统在竞选时就提出了很多关于全球化、美国对外贸易政策方面的纲领，自 2017 年 1 月就职以来开始逐渐兑现其承诺，而且有过之而无不及，因此就有了挑起中美贸易战等一系列让全世界都颇为震惊的动作。

美国的政治体系中，作为行政分支首脑的总统，其权力受到来自立法和司法分支的制衡。但是，在实践中，总统实际上具有非常大的权力，并且，鉴于美国自身的体量和其在世界经济体系中的地位，这一权力还存在着放大效应。因此，每任总统当政时，对国内外经济政策的制定都有非常大的发言权，甚至可以说起

---

① 北京外国语大学国际商学院。

着主导作用。而影响一位在任总统在经济方面的决策的，一方面是其党派背景，另一方面就是更具有个人色彩的基本思想。特朗普作为共和党候选人赢得大选，上任后继承了共和党惯有的一些主张，比如减税；但也有其独有的经济政策，比如反全球化。虽然到目前为止任职刚过两年，但特朗普已经形成了带有其标签的经济思想。

事实上，不仅仅是特朗普，每一任美国总统都在其或长或短的任期里提出了自己的经济政策主张，并逐渐形成了带有其鲜明特色的经济思想。这一现象不仅存在于美国总统身上，在世界范围内也频繁出现。比如近年来出现的日本的“安倍经济学”、菲律宾的“杜特尔特经济学”等。因此，有很多学者观察和研究了近几十年来美国的六任总统，包括20世纪80年代初上任的里根总统、布什总统，到90年代的克林顿总统，再到新世纪以来的小布什总统，以及奥巴马总统和前面提到的特朗普总统。

对于里根总统的经济政策，学者们的看法基本相似，但也有不同的声音存在。左雷认为里根总统认识到了美国经济中的问题，放弃了凯恩斯主义转而选择供给学派与货币学派相结合的经济手段。但 Paul Krugman 则认为其在某种意义上仍旧延续了凯恩斯主义。王剑也总结了里根总统的一系列经济思想，并认为中国应该有所借鉴。而甘培根则研究了里根的经济复兴计划，从供给学派的基本观点出发讨论了其选择减税以及控制货币供给量的原因。中国银行纽约分行则着重分析了里根实施经济政策的两个特点即周期性和结构性，并对政策实施效果给予了较为正面的评价。相比较而言，对老布什的研究就少了许多，毕竟他只做了一届总统，所以在经济上基本上是延续了里根总统的政策。

接下来，克林顿总统的八年任期引起了不少学者的关注。张建清认为克林顿特别关注预算赤字和公共投资缺口，改善财政状况与促进经济发展并举，还对美国外贸政策作了较大幅度的调整，推行“公平贸易”政策。许梦博则提出了克林顿总统的谨慎理财特征，将削减财政赤字作为调控宏观经济的突破口。对小布什的经济政策，大部分学者认为其对美国经济的复苏作用有限。甄炳禧认为小布什采取的是凯恩斯主义与自由主义相结合的经济政策，但其减税作用并不大。Laura Tyson 认为减税不一定是刺激经济的必要手段，且小布什的减税政策并没有给美国的普通民众带来好处。而美国加州大学伯克莱分校经济学教授，前美国助理财政部长布拉德福德·德隆更是直接对小布什政府的经济政策进行了极其负面的评价，认为其经济政策是一团乱麻，对美国经济完全没有贡献。与之不同的是，张志刚则将小布什的经济政策归纳为“降赋税、促投资、减开支、重市场、增就业”，虽作用有限，但对美国经济“软着陆”做出了不可忽视的贡献。

奥巴马是在国际金融危机的背景下上任的，因此学者们基本上以金融危机为背景对其经济政策进行评析，并基本认为奥巴马的刺激政策是有效的，使美国经济回到了危机前的水平。王虎、杨雪朋对奥巴马在经济上的政绩给予了极高的评价，认为其不仅在应对金融危机、推动收入公平、加大基础建设投资、推动能源改革等方面都取得了不错的成绩，而且对中美关系以及全球多边合作的发展也做出了巨大的贡献。但 Chris Matthews 在对盖洛普高级经济学家 Jonathan Rothwell 的一篇报告进行分析后认为，奥巴马虽然帮助美国走出金融危机的阴霾，但当时的经济表现并不是很好。对于特朗普，尽管其任期不长，但由于其行事风格独特、上任以来多次不按常理出牌，引起了不少学者的关注。杨其静认为特朗普具有轻意识形态而聚焦经济竞争的政治思想。戴慧认为特朗普政府正在调整美国过去六十年实行的自由国际主义外交政策，在经济上则表现为由强调自由贸易到美国优先的公平对等贸易。

除了对每一位总统的分析，还有一些学者将不同的总统进行了比较研究。例如，刘少华就里根和特朗普两位总统税改的背景、目标以及内容进行了对比，认为特朗普税改是对里根税改的一次效仿，并预期特朗普税改会给市场注入新鲜活力，也会改变全球贸易环境。Adam Slater 则认为，虽然两位总统的政策有些许类似，但特朗普所处时代的复杂以及如今背景的不利导致其政策实施效果可能不如里根的好。张江涛也对比了里根与特朗普，认为二者都是以供给学派作为理论支撑，核心理念都是注重从供给侧进行结构性改革，预测特朗普会选择与里根政府相类似的先短期紧缩、后长期宽松的策略。

已有研究为我们认识和理解这几位总统的经济政策提供了丰富的参考，但是还缺乏文献系统对他们的经济思想进行总结，并把他们所有人放在一起进行比较研究，而这样的研究会给我们提供更为丰富的关于美国经济政策的认识，并对我们当下理解及未来预判美国的经济政策提供思想资源。

接下来，我们首先会对要研究的从里根到特朗普的六位总统（里根、布什、克林顿、小布什、奥巴马、特朗普）进行党派及个人背景方面的观察，并对其任期内主要的经济指标状况进行分析，然后梳理几位总统任期内可能影响或反映其经济思想的用人及立法、产业政策等方面的情况，从而归纳出几位总统的经济思想特征，并进行对比研究。当然，对美国总统经济思想的观察，最主要的目的之一是对其可能对中国产生的影响进行分析或预判。所以，对总统经济思想的观察中跟中国有关的部分，是本文的重点之一。最后我们总结并结合当前的中美贸易摩擦和中美经济关系提出想法和建议。

本文的创新之处在于系统研究近四十年来美国总统的经济思想，并将他们的经济思想进行对比，还特别关注其经济思想中与中国相关的部分。同时，这四十年也是中国改革开放的四十年，中国在取得巨大成就的同时也逐渐融入世界经济、走上世界舞台。因此，对世界第一大经济体领导人的经济思想的研究，对于我们理解经济政策、理解中美关系，都有着重要的意义。

二、背景观察

一个领导人经济思想的形成，跟其党派背景和个人成长、发展、所受教育等方面息息相关。因此，背景观察是认识和理解经济思想的前提。在我们所观察的六位总统中，有四位来自共和党：第 49–50 届总统里根、第 51 届总统布什、第 54–55 届总统小布什以及第 58 届总统特朗普。其中布什和小布什还是一对父子。作为来自共和党的代表，这四位总统有一些共同的底色，比如偏保守主义。但具体到每位总统，还是要聚焦到各自的背景上。

里根在踏入政坛之前，曾是一名演员，还做过救生员、专栏作家、讲师等工作。1940 年代末，里根担任好莱坞演员工会主席时，已开始涉足政治。1962 年，里根从民主党改投共和党，并在加利福尼亚权势集团的支持下，开始在政坛上崭露头角。1966 年，里根击败了连任两届的派特·布朗，当选第 33 任加利福尼亚州州长，并于 1970 年成功连任。早在 1968 年和 1976 年，里根两次参加了共和党总统候选人提名的选举，但均以失败告终。1980 年，里根重整旗鼓，赢得了党内的提名。从竞选阶段开始，供给学派理论就一直是里根竞选纲领中的核心内容，而减税则是他的主要药方。凭借着这样的经济主张，里根获得了美国民众的青睐，并最终在大选中获胜。

布什在二战中应征入伍，在太平洋舰队担任鱼雷轰炸机驾驶员。二战期间的卓著战功为他赢得了飞行十字勋章。1948 年，布什取得耶鲁大学经济学学士学位。1951 年起，布什创办了石油公司并取得成功，很快就成为了百万富翁。1964 年布什弃商从政，多次参加议员竞选，并多次担任驻外代表，其中在 1974 年至 1975 年担任美国驻北京联络处主任。1979 年，老布什被共和党提名为副总统候选人，后在竞选中获胜，担任美国副总统。在里根总统执政期间，老布什在处理内政外交事件上展现出卓越的才能，受到里根总统的信任和器重。1988 年，老布什在里根总统的支持下参加总统竞选，击败了民主党候选人杜卡基斯。

小布什是布什的长子，在从政之前也当过空军，并获得了两次晋升，从少尉升至中尉。但为了在哈佛大学的学业，小布什选择了提前退伍。1975 年，小布什获得了哈佛商学院工商管理硕士学位，成为第一位有工商管理硕士学位的美国总统。1978 年，小布什参与竞选德克萨斯州众议院议员，但却负于民主党的肯特·汉斯。1985 年，小布什创立了布什能源公司（Arbusto Energy），还成为了好几家企业的合伙人。1994 年，小布什当选为得克萨斯州州长，并于 1998 年连任。2000 年小布什赢得大选入主白宫。

不同于布什家族，特朗普在竞选总统之前从未担任过公共职务。1968 年从宾夕法尼亚大学沃顿商学院毕业后，特朗普进入其父的房地产公司工作，并于 1971 年开始掌管公司运营，正式进军商界。在随后的几十年间，特朗普建立了自己的房地产王国，人称“地产之王”。除房地产外，特朗普将投资范围延伸到其他行业，包括开设赌场、高尔夫球场等。他还涉足娱乐界，是美国真人秀《名人学徒》等电视节目的主持人，并担任“环球小姐”选美大赛主席，早在几十年前就成为美国知名的亿万富豪。2015 年 6 月，特朗普以共和党竞选者身份正式参加 2016 年美国总统选举，并最终击败之前被普遍看好的民主党候选人希拉里。

与共和党在一些基本理念上不同，民主党相对更偏自由派立场，这反映在两位来自民主党的总统身上：第 52–53 届总统克林顿和第 56–57 届总统奥巴马。克林顿和奥巴马都是学法律出身，早年做过教师，后来从政。克林顿早期任教于阿肯色州州立大学，1976 年，出任阿肯色州司法部长。1978 年至 1992 年，克林顿连续 6 次担任阿肯色州州长，并且在担任州长期间由于在推动州教育改革和实施经济发展计划方面成绩显著而被选为美国南部经济发展委员会主席，兼任全美州长联席会议主席，协助主持国家最高教育当局的工作。1990 年，克林顿当选民主党最高委员会主席，1992 年赢得总统大选，并于 1996 年成功连任。奥巴马早年则是在芝加哥大学法学院做宪法讲师，还在当地从事公益事业，与此同时开始投身政治事务；从 1996 年起先后当选为伊利诺伊州参议员、联邦参议员等。2008 年 11 月，奥巴马击败了共和党对手参议员麦凯恩，成为美国历史上第一位、也是至今为止唯一的非洲裔总统，并于 2012 年 11 月成功连任。

党派背景和个人背景决定了一个领导人经济思想的底色，而他所面对的经济环境、所关注（或不得不关注）的经济问题又直接影响着具体经济思想的形成。因此，各位总统在竞选期间或上任后面对的经济状况，是我们观察其背景的另一个维度。

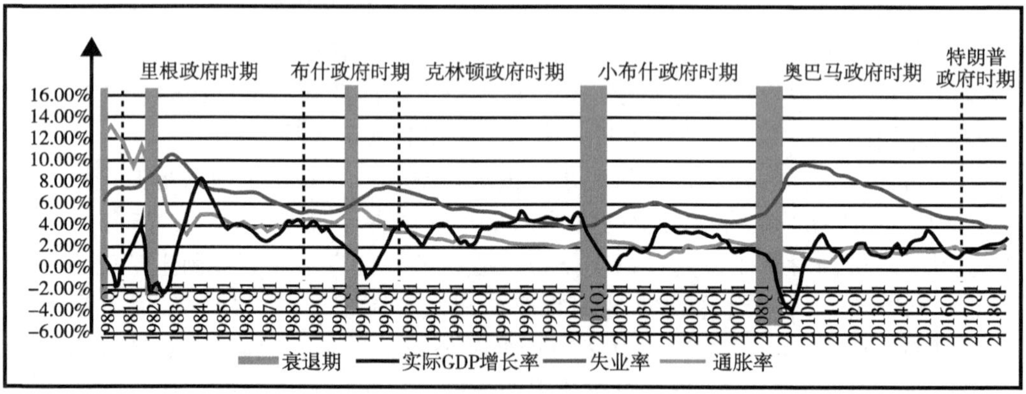

图 14–1　1980–2018 年 GDP 增长率和失业率、通胀率（阴影部分表示衰退期间）（季度数据）

数据说明：实际 GDP 增长率和失业率来自于美国劳工部，通胀率是指美国的核心 CPI 指标，也来自劳工部；衰退期数据来自 NBER 官方网站 https：//www.nber.org/cycles/cyclesmain.html

GDP 增长率和失业率、通胀率是一国宏观经济表现的基本指标，也是选民感受最直接的指标，尤其是后二个指标，会直接影响到上任总统或当任总统的经济政策方向。从图 14–1 可以看出：1981 年里根上任时，美国经济处于再次衰退的前期，失业率不断攀升，通胀水平居高不下，形成了经济困境中最复杂的一种状况——滞胀。布什上任时美国经济又快要进入衰退期，失业率从 1989 年的 5.3% 上升到 1992 年的 7.5%；同时，通货膨胀继续位于高位；除此之外，此时还有几个比较严重的经济问题，一个是里根政府遗留的高额财政赤字（1990 年美国的财政赤字已达到 2200 亿美元，是 1980 年财政赤字的三倍）；另一个则是贸易逆差。

到了克林顿时期，他面对的是连续执政 12 年的共和党留下的高达 2900 亿美元的预算赤字。但宏观经济表现较好，在 GDP 快速增长的同时，通货膨胀率、失业率都在下降。其上任初期，美国实际 GDP 不到 10 万亿美元，失业率在 7% 上下而；到卸任时，美国 GDP 已经达到 13 万亿美元，失业率也降到 4%。除此之外，美国财政赤字奇迹般地被克林顿转为盈余，从 1993 年 2550 亿美元的赤字到 2000 年 2362 亿美元的盈余，给小布什带来了非常大的政策空间。

在经历了克林顿时期近十年的飞速发展之后，小布什入主白宫，长期良好的经济状况给小布什带来了非常大的政策空间。但小布什并没有把他自己享受到的好运传给他的继任者，相反，奥巴马上任前，自 1930 年代大萧条以来最为严重的金融危机已经在全球范围内蔓延，美国经济陷入衰退。2008 年奥巴马上任前，美国实际 GDP 为 15.6 万亿美元，而到了 2009 年，却下降到了 15.2 万亿美元，下降幅度约为 2%。同时，在这两年内，失业率也飙升到惊人的 10%；而且，小布什还给奥巴马留下了“双赤字”问题：超过 6800 亿美元的贸易赤字和高达 1.4 万亿的联邦预算赤字。因此，可以说，奥巴马政府面临着巨大的挑战。特朗普在后危机时代入主白宫时，美国的经济状况已经有了很大好转。但是，此时全球化对美国本土的冲击显得更为突出。大量制造业劳工失去工作岗位，收入分配差距不断拉大。

从上面的基本经济观察可以看出，随着全球化的程度不断加深，美国的对外贸易情况也越来越成为总统要面对和解决的重要经济问题。从 1980 年开始的美国对外贸易情况，反映在下图中。

从图 14–2 可以看出，进入 21 世纪以来美国的经常项目逆差（货物贸易差额与服务贸易差额之和）规模越来越大，很多经济学家甚至认为这是引发 2008 年国际金融危机的主要原因。匡可可通过实证分析证明经常项目逆差是引发金融危机最直接的影响因素。前者认为经常项目逆差占 GDP 比重每上升 1 个百分点，金融危机发生的相对概率将会增加 45.9%，因此，危机之后，美国也在致力于减少这一逆差，美国总统也就必然会特别关注这一指标。与此同时，中国几乎一直是美国贸易逆差的最大来源国，这就直接影响了美国总统在思考中国问题、制定与中国相关经济政策上的考量，这一点我们会在后面进行深入探讨。

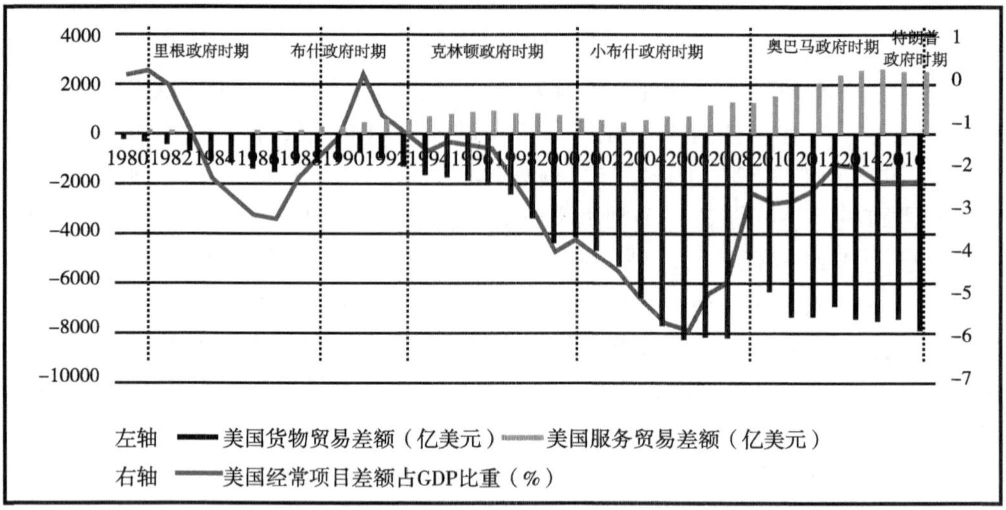

图 14-2 美国对外贸易情况

数据来源：Bureau of Economic Analysis

三、经济政策

无论总统的背景如何，所面对的经济状况如何，最终都要落实到具体的经济政策上。总统对经济政策的选择主要体现在以下几个维度上：对经济相关官员的任命、对经济相关立法的推动直至出台以及一些重点推动的产业政策。这些选择一方面反映出总统们的经济思想倾向，一方面也在不断塑造总统们的经济思想，使其逐步形成鲜明的个人特征。

首先，我们从“人”的层面来观察。总统一般在上任之初就会重新组建国家经济委员会和白宫经济顾问委员会，对这两个机构主席的任命又可能反映出其大致的经济政策主张或偏好，因为主席一般都是著名经济学家出身。就两个机构的主要职能来看，1946 年成立的白宫经济顾问委员会的职责是对美国当前的经济形势做出实证分析，并就分析结果给出政策建议；而 1993 年才由时任总统设立的国家经济委员会的职责主要是对经济政策的协调与制定，并且会直接参与到经济政策的制定与实施的过程中，故国家经济委员会主席的经济思想可能对最终经济政策的形成有着更加重要的意义。另外，实际制订和执行宏观经济政策的财政当局和货币当局，其首脑（财长和美联储主席）必然也是举足轻重的。通常情况下，总统上任后会提名新的财长人选，参议院表决通过后正式上任；但是中央银行即美联储主席的任命，则有所不同。

表 14-1　几位总统任期内重要的经济官员

总统	里根	布什	克林顿	小布什	奥巴马	特朗普
时间线	1981　1985	1989	1993　1997	2001　2005	2009　2013	2017——-
国家经济委员会主席	——	——	罗伯特·鲁宾 劳拉·泰森 基因·斯珀林	劳伦斯·林赛 斯蒂芬·弗里德曼 艾伦·哈伯德 基斯·亨尼西	劳伦斯·萨默斯 基因·斯珀林 杰弗里·泽恩斯	加里·科恩 拉里·库德洛
经济顾问委员会主席	穆雷·韦登鲍姆 马丁·费尔德斯坦 贝里尔·斯普林克尔	博斯金	劳拉·泰森 约瑟夫·斯蒂格利茨 珍妮特·耶伦 马丁·贝利	伯列·哈伯德 格里高利·曼昆 哈维·罗森 本·伯南克 爱德华·拉齐尔	克里斯蒂娜·罗默 奥斯坦·古尔斯比 阿兰·克鲁格 贾森·弗曼	凯文·哈塞特
财长	唐纳德·里甘 詹姆斯·贝克 尼克拉斯·布雷迪		劳埃德·本特森 罗伯特·鲁宾劳伦斯·萨默斯	保罗·奥尼尔 约翰·斯诺 亨利·保尔森	蒂莫西·盖特纳 雅克布·卢	史蒂芬·努钦
美联储主席	保罗·沃尔克 1979–1987		艾伦·格林斯潘 1987–2006		本·伯南克 2006–2014	珍妮特·耶伦鲍威尔 2014–2018　2018–

资料来源：维基百科

面对宏观经济的严重滞胀，重新使美国的经济回到正轨是里根政府的迫切任务。上任之初里根就任命穆雷·韦登鲍姆（Murray Weidenbaum）为白宫经济顾问委员会主席。韦登鲍姆是爱德华·马林克洛特大学的名誉教授，也曾任职于圣路易斯华盛顿大学。他认为商业公司正面临着越来越多的政府监管，而且这种趋势一直在继续，这会抑制经济活力。因此，他主张放松管制。到了 1982 年，里根又任命来自纽约的著名经济学家、供给学派的代表人物马丁·费尔德斯坦（Martin Feldstein）接任委员会主席，他将美国出现滞胀的原因归咎于长期采用凯恩斯学派主导的需求刺激政策，因此，他更倾向于“刺激供给”的政策选择，主张减税与削减财政支出相结合。到了里根总统的第二个任期，贝里尔·斯普林克尔（Beryl Sprinkel）又成为委员会主席，他是货币学派的代表人物，也同样反对政府干预、倡导市场机制；同时还赞同政府通过控制货币供给量来降低通货膨胀。

里根总统在任期内先后任命了唐纳德·里甘（Donald Regan）和詹姆斯·贝克（James Baker）为财长。里甘对里根的经济政策发挥了非常重要的作用，提倡通过减税来刺激经济；贝克曾是福特、里根、老布什、小布什四任美国总统的竞选顾问，也是著名的“广场协议”的重要推手，与英、法、日等五个发达工业国家达成联合干预外汇市场的共识，使美元对主要货币有秩序地下调，以解决美国巨额的贸易赤字。到第二任任期即将届满的 1988 年 9 月，里根总统又任命了尼克拉斯・布雷迪（Nicholas Brady）出任财长。后者在布什任期内留任，使布什总统成为我们的研究中唯一没有任命财长的总统。不过，布什总统还是在上任之初就任命了经济顾问委员会主席——来自斯坦福大学的经济学教授迈克尔・博斯金（Michael Boskin）。博斯金自 1996 年以来就一直担任著名石油公司埃克森美孚的董事。1999-2008 年期间，他是甲骨文公司、日本新生银行以及沃达丰集团的董事。除此之外，他还是商务部国民收入和产品账户咨询委员会的成员。

到了克林顿时期，他分别任命过四位白宫经济顾问委员会主席和三名财长，还又专门设立了国家经济委员会，并任命过三位国家经济委员会主任。在这些官员中，特别值得提出的有三位。首先是罗伯特・鲁宾（Robert Rubin），1964 年拿到耶鲁大学法律学士学位后在纽约从事律师事业，接着加入著名投行高盛的风险套汇部；1993 年开始从政，担任美国参议员及新泽西州州长，后被克林顿调任美国财长。第二位是著名经济学家约瑟夫・斯蒂格利茨（Joseph Stiglitz），他提出了一种新的经济哲学，即“第三条道路”；主张不受政府管制的市场往往不能很好的发挥作用，但只靠政府的力量进行监管也不够；他后因其在信息经济学上的贡献而获得 2001 年诺贝尔经济学奖。第三位劳伦斯・萨默斯（Laurence Summers）也是著名经济学家，还担任过哈佛大学校长。在为克林顿政府工作期间，萨默斯在美国应对 1994 年墨西哥经济危机，1997 年亚洲金融危机和俄罗斯金融危机中发挥了主导作用；萨默斯主张放松对金融的监管，并强调市场经济的重要性。

跟克林顿总统类似，小布什总统在任期内也任命过多位国家经济委员会主任、白宫经济顾问委员会主席和财长。其中，国家经济委员会主任劳伦斯・林赛（Lawrence Lindsey）和基斯・亨尼西（Keith Hennessey）对小布什的减税计划、经济刺激计划等的制定都发挥了重要作用。白宫经济顾问委员会主席则既包括信奉供给学派的伯列・哈伯德（Glenn Hubbard），也有新凯恩斯主义的代表人物格里高利・曼昆（Greg Mankiw），还有很快就转任美联储主席的、以研究大萧条著称的本・伯南克（Ben Bernanke）。在几任财长中亨利・保尔森（Henry Paulson）是小布什政策理念的坚定同盟，他忠于自由贸易，坚定支持减税，主张美国经济的“活力、弹性及开放”。

尽管拥有多位经济学家做政策支持，小布什在任期的最后还是遭遇了自“大萧条”以来最为严重的金融危机，然后又很快将接力棒传给了奥巴马。因此，奥巴马总统一上任就请研究“大萧条”的资深学者克里斯蒂娜・罗默（Christina Romer）担任经济顾问委员会主席；后来又相继任命几位经济学家接任。这几位学者相对更为赞成总统主动实行一些政府干预措施，如调高最低工资、改革医保体系等。之前做过克林顿时期财长的萨默斯又出任了奥巴马总统的国家经济委员会主任。相对来讲，奥巴马任上的财长较为稳定，分别是第一任总统任期内的蒂莫西·盖特纳（Timothy Geithner）和第二任任期内的雅克布·卢（Jacob Lew）。前者也是处理金融危机的专家，后者则主张政府在教育、科研、基础设施等重点领域进行投资。

现任总统特朗普上任后，任命了凯文·哈塞特（Kevin Hassett）为经济顾问委员会主席、史蒂芬·努钦（Steven T. Mnuchin）任职财长，前者曾担任美国联邦储备委员会高级经济学家、哥伦比亚大学教授，属于支持自由市场与贸易的保守派经济学家。后者之前就担任其竞选期间的财务总监，是特朗普减税政策的支持者。国家经济委员会主任方面目前为止任命了加里·科恩（Gary Cohn）和拉里·库德洛（Larry Kudlow）两位。前者是一位投资银行家，任期内促进了税收，基础设施，金融监管等法案的推出，但其在加征关税上与特朗普意见相左，这也成为他辞职的导火索。科恩辞职后，拉里·库德洛接任这一职务，他是供给学派经济学的支持者，提倡减税、支持自由贸易。他对特朗普的经济决议基本支持，但也对其贸易举措则存有顾虑，曾公开批评特朗普的关税计划。

相比于上面看到的变动较为频繁的委员会主席和财长，美联储主席的任职要稳定得多，这可能很大程度上归因于中央银行的独立性。从我们观察的第一位总统里根开始，他继承了上一任总统任命的美联储主席保罗·沃尔克（Paul Volcker）。尽管沃克尔对通货膨胀的强力政策一度加深了经济困难，但里根总统后来还是支持了他的连任，一直到 1987 年才任命了艾伦·格林斯潘（Alan Greenspan）接任。而这位主席，就一直在这个位置上干了 19 年，又经历了布什、克林顿、小布什 3 位总统；直到 2006 年，才有了新一位主席——从小布什的经济顾问委员会主席转任过来的本·伯南克；奥巴马在伯南克第一个任期期满时继续任命了伯南克，到第二个任期里的 2014 年任命了美联储百年历史上的第一位女性主席珍妮特·耶伦，她也曾在克林顿政府时期担任过经济顾问委员会主席。相对于前几任总统在这个位置上的较为具有继承性，特朗普在上任之初就在耶伦的第一个任期结束时（2018 年 2 月）立即任命了新的美联储主席杰罗姆·鲍威尔（Jerome Powell），他曾担任布什政府时期的财政部副部长，负责监管金融机构和美国国债市场。

第二，在“人”的视角之后，我们再从“法”等角度来观察。尽管立法是由议会完成的，但总统在提出新的法案或现有法案的修订中起着非常重要的作用，而这也集中反映了总统在基本经济政策方向上的选择。另外，可能还有一些产业推动等方面的政策还没有上升到立法的层面，但也有助于我们认识其经济思想。

表 14–2　几位总统任期内主要的经济法案

总统	主要法案	主要内容
里根	《经济复苏和税收法案》（1981）	降低个人所得税、资本利得税、企业所得税税率
	《税制改革法案》（1986）	降低个人以及企业所得税，对美国整个税制结构进行了重大改革
	《综合贸易法案》（1988）	强化贸易保护主义的措施和立法，加强美国工业的国际竞争地位，设立“特殊 301”和“超级 301”的机制
布什	《金融机构改革、恢复和强制法案》（1989）	对储贷机构及其监管进行重大改革
	《收入法案》（1990）	增税
克林顿	北美自由贸易协定（1994）	正式建立一个自由贸易区，取消贸易障碍
	关税与贸易总协定（1994）	经济联合国，促进国际贸易自由化
	《平衡预算法》（1997）	减少政府开支
	《金融现代化法案》（1999）	实现了从分业经营到混业经营的转变
小布什	《经济增长与减税协调法案》（2001）	主要是降低个人所得税和遗产税
	《增加就业和援助雇工法案》（2002）	为企业减负
	《就业与增长税收减免协调法案》（2003）	进一步降低个人所得税和资本利得税
	《外商投资与国家安全法案》（2007）	加强美国对关系国家安全的外国投资行为的审查与限制
奥巴马	《经济复苏与再投资法案》（2009）	经济刺激计划，对清洁能源进行直接投资和税收鼓励
	《美国清洁能源与安全法案》（2009）	引入总量控制与排放交易制度，减少美国碳排放，鼓励使用清洁能源
	《多德 – 弗兰克法》（2010）	限制系统性风险，为大型金融机构可能遭遇的极端风险提供安全解决方案，将存在风险的非银行机构置于更加严格的审查监管范围下
	《减税法案》（2010）	将布什制定的全民减税计划延长，同时为企业投资提供税收减免待遇
	《税收减免、失业保险重新授权和就业机会创造法案》（2010）	刺激经济，促进就业
	《美国纳税人减税法案》（2012）	对富人多征税的同时，为中低收入人群和企业减税
特朗普	《金融选择法案》（2017）	金融去监管
	《2017 年减税与就业法案》（2017）	大幅削减海外回流税、企业所得税
	《外国投资风险评估现代化法案》（2018）	对 2007 年《外商投资与国家安全法案》的更新，增加了网络安全审查的内容与规定

从几位总统任期内主要的经济法案中可以看出，里根总统重点关注税收政

策，他在任期内先后推出了《经济复苏和税收法案》与《税制改革法案》两个减税法案。前者主要降低了个人所得税、资本利得税、企业所得税的税率，并增加了企业所得税的抵扣；后者更是对美国整个税制结构进行了重大改革。可见，减税是里根重振美国经济的重要法宝，通过减税刺激人们工作和投资的热情，进而扩大产出。此外，针对贸易领域的《综合贸易法案》体现出浓重的贸易保护色彩，其中的“特别 301 条款”，还将保护范围扩大到知识产权领域，将那些美国认为没有有效保护知识产权的国家列入“重点国家”，并进行谈判迫使对方采取相应政策，否则美国将采取报复措施。

而老布什执政后选择了与里根部分相反的税收政策。他在 1989 年签署的《收入法案》中摒弃了里根减税的政策，转而增税。即便如此，他就投资及企业研发等领域还是予以减税支持，仅仅增加了个人税收。而《金融机构改革、恢复和强制法案》对储贷业提出了一系列监管措施，反映出老布什“大政府”的政策倾向。

相比于在贸易上没有过多作为的老布什，克林顿看起来更为注重贸易在美国经济中的地位。任期内，其签署了《北美自由贸易协定》与《1994 关贸总协定》两个在世界范围内举足轻重的贸易协定。前者是美、加、墨三国为推动相互经贸往来而达成的一项自贸协定，其为美国扩大出口，开拓国外市场都起到了关键性作用；而后者主要是为了大幅削减关税、取消贸易壁垒促进贸易自由化而达成的一项多边自由贸易协定。在政府预算方面，《平衡预算法》削减了医疗保险的支出，以控制政府开支。而在 1999 年颁布的《金融现代化法案》中，将金融活动确立为混业经营的模式，构建与此相适应的金融监管体制，把规范的重点从金融活动转变为管理和防范金融风险，促进金融市场主体的联合和竞争。

与里根类似，克林顿的继任者小布什也将其经济政策重点放在了税收上，并于 2001–2003 年的三年里相继颁布了主要下调个人所得税和遗产税的《经济增长与减税协调法案》、降低企业税赋的《增加就业和援助雇工法案》与进一步降低个人所得税和资本利得税的《就业与增长税收减免协调法案》三项法案，以支持其大规模减税的政策，从而刺激投资、带动美国经济的增长。在投资领域，小布什于 2007 年颁布了《外商投资与国家安全法案》，加强美国对关系国家安全的外国投资行为的审查与限制，也表明小布什在当时努力寻求投资开放与国家安全之间的平衡。

为了应对金融危机，奥巴马延续了之前的减税政策，颁布了多个减税法案，希望通过税收优惠的手段增加就业岗位，刺激美国经济从危机中复苏。此外，奥巴马还关注新能源领域的发展，于 2009 年颁布了《美国清洁能源与安全法案》，加大在该领域的投入。而在金融领域，奥巴马于 2010 年签署了《多德 – 弗兰克法》，将存在风险的非银行机构置于更加严格的审查监管范围下，同时针对衍生产品交易进行改革，淋漓尽致地体现出了民主党“大政府”的政策倾向。

但现任总统特朗普上任后，便放弃了前任奥巴马对金融领域的严格监管，于2017年签署了《金融选择法案》松绑金融监管。在税收方面，他颁布了《减税与就业法案》，大幅减少企业税负、鼓励海外企业回流。此外，特朗普还就2007年小布什签署的《外商投资与国家安全法案》进行了一系列加强，颁布了《外国投资风险评估现代化法案》（FIRRMA），将矛头直指中国，要对来自中国的投资进行更为严格的涉及国家安全方面的评估和审查。

除了上述经济法案的颁布，对于重点产业政策的扶植也可以看出几位总统的政策倾向以及其经济思想。就我们研究的六位总统中，克林顿、奥巴马、特朗普三位在各自任期内都有着其重点推动的产业政策。

克林顿任期内正值互联网行业繁荣发展的时期，故其非常重视高新技术产业的发展，一上任就发表了代表了其科技政策的纲领性文件《技术为美国经济增长服务：一个建设经济实力的新方针》，明确了利用科技发展带动美国经济的目标。同年成立国际科技委员会，负责制定科技战略目标以及政策。从1993年起，白宫陆续推出了《面向可持续发展的未来的技术》《为了国家利益的科学》《通向可持续发展未来的桥梁：国家环境技术战略》等一系列强调技术重要性的报告并投入大量的研发经费。冷战期间，政府研发经费主要投入在军事方面，长期存在重军用轻民用的特点，而克林顿将科技政策的重点放在了军民两用科技上，更多地投资于通讯技术、能源技术、环保技术等方面。据统计，1994–2000年，是美国研发支出增长最快的几年，从1994年的1692亿美元激增到2000年的2993亿美元，扣除通货膨胀因素，年均涨幅达到6%，大大超出同期GDP增长率。此外，克林顿还致力于加强科技在教育中的体现，为美国培养了一大批高科技人才。克林顿对科技政策的推动不仅促进了产业结构升级，而且提高了劳动生产率，带动了经济持续增长，使美国在世界能够长期保持领先地位。

而到了奥巴马任期内，其在克林顿的基础之上，进一步推动科技领域以及新能源产业的发展。就科技领域的投入，奥巴马将重点放在了机器人上。2011年，奥巴马在卡内基·梅隆大学正式启动国家机器人计划，随后投入大量资金用于机器人研发。2012年，美国国家科学基金会、国家卫生研究院、国家航空航天局和农业部联合出台了国家机器人技术研究计划，并共同投入5000万美元征集机器人研究项目。2013年，奥巴马发布《机器人技术路线图》，描绘了机器人技术在美国制造业的重要作用和发展路径。此外，奥巴马还大力提倡STEM教育计划，总拨款达到了10亿美元。可见奥巴马对于该领域是十分重视的。而奥巴马投资于机器人制造的部分原因是为了服务于制造业。金融危机以来，奥巴马政府不遗余力推动制造业复苏，机器人研发就是其中一环。在传统制造业中，机器人主要被应用于加工、组装等低端岗位，从而降低美国制造业成本，将流失在外的制造业重新吸引回来。

而在新能源产业方面，奥巴马重点投资于清洁能源计划，并将其视为重振美国经济的重要措施。奥巴马政府为了帮助新能源的供应方更快降低生产成本，凭借价格竞争力扩大市场份额，向新能源产品的研发和制造提供资助、税收优惠或贷款便利。2008 年金融危机爆发后，奥巴马于 2009 年出台了《美国复苏和再投资法》，大规模投资于新能源技术的研发与创新，将供给侧扶持的规模提升到了前所未有的高度。能源部用于资助清洁能源技术研发和能源基础设施更新的支出达到 130 亿美元。为了增加新能源技术研发的规模和速度，能源部于 2009 年专门拨出 3.77 亿美元，资助大学、国家实验室、非盈利组织以及私人企业新建了 46 个能源前沿研究中心（EFRC），其后 5 年，对有关项目的资助总额达 7.77 亿美元。

不同于关注高科技或能源产业，特朗普将重振制造业放在了首要位置上。近年来，美国以煤炭、汽油、钢铁为代表的传统制造业的竞争力一直在下滑，这些产业对就业影响显著，也冲击着美国的传统优势，因此特别受特朗普的重视。相对而言，特朗普似乎对新能源领域采取了倒退的政策选择，转而扩大国内化石能源的开采和生产规模，加快环境审查和高优先级基础设施项目的审批，废除环境质量委员会针对温室气体排放和气候变化的政策指导；这些都使奥巴马之前的节能减排计划受挫。同时，特朗普还采取贸易保护手段，减少来自外部的竞争压力。为了使美国钢铁业的产能利用率恢复到 80%，2018 年 3 月，特朗普宣布对钢铁和铝进口分别征收 25% 和 10% 的关税。而这也成为了中美贸易摩擦的开端。

四、经济思想

以上我们对总统们主要的背景、经济政策情况进行了观察和梳理，这些都在塑造进而彰显他们的经济思想；这些思想给美国经济带来的影响不尽相同。同时，由于美国在世界经济舞台上举足轻重的作用，这些思想也会对外部世界产生重要影响。

从个人背景来看，这六位总统基本上都没有经济学教育背景，但是作为一国首脑，大都形成了或正在形成自己的经济思想。因此，他们的经济思想不同于常规语境下经济学家的经济思想。后者一般是出于专业领域的研究而形成的，有宏观的也有微观的，宏观的也有财政、货币、就业等不同的偏向性；而前者则往往是关于宏观经济运行和政策的基本认识和态度，并具有较强的实践性。接下来，我们就首先分析几位总统的经济思想形成，然后再从整体上进行比较研究。

1. 经济思想形成

里根上任之后，经济上的滞胀状态使他意识到了之前流行的凯恩斯主义已经不再适用于当下的美国经济，再加上正是减税这一重要主张使他赢得大选，所以里根根据当时的经济环境进行了一系列政策上的调整，这些调整所体现的思想被称为“里根经济学（Reagonomics）”。“里根经济学”是将“供给学派”与“货币学派”的核心思想结合起来，通过发挥二者的优势把美国经济从滞胀的泥沼里拯救出来。供给学派以拉弗曲线为理论依据，主张削减个人及企业的税负来刺激工作和投资的积极性，从而扩大产出。产出的扩大会带来税基的扩大，继而带来财政收入的增加而不是下降，故里根选择以减税的手段来复兴美国经济；同时，供给学派主张政府减少对经济的干预，促进市场竞争。供给学派这一思想的提出无疑是受到了时任白宫经济顾问委员会主席马丁·费尔德斯坦的影响，而货币学派这一思想则是下一任委员会主席贝里尔·斯普林克尔所提出的。货币学派主张通过对货币供应量的控制来抑制通胀。

老布什作为里根总统的副总统，后来又在里根总统的支持下赢得大选，按常理来说，往往会继承前任总统的经济思想。然而上任之初，面对里根政府遗留的三大难题：财政赤字，贸易逆差和通胀压力，老布什政府放弃了里根政府所信奉的“供给学派”思想，重新重视起凯恩斯主义，这一点也可从其任内的《金融机构改革、恢复和强制法案》和《收入法案》看出。首先，在1989–1990年期间，老布什政府为抑制通胀，采取紧缩性的货币政策；其次，1990年时，美国的财政赤字已达到2200亿美元。老布什政府为降低财政赤字，缩减政府开支，同时降低军费支出。但由于当时的国会是在民主党的控制之下，所以老布什只能采取加税的办法，而这一做法违背了老布什当初“不加税”的竞选口号；第三个方面则是改变了里根政府减少政府干预经济的做法，提出加强政府调节经济的一系列政策措施。但是，由于老布什的任期比较短，再加上他在任期的下半期忙于海湾战争，所以很难说形成了系统的经济思想。

在1992年的大选中，代表民主党出战的比尔·克林顿在竞选口号中就集中在经济上，意在纠正老布什政府当时对经济的忽视。由于克林顿是美国历史上最年轻的州长，又曾获六次连任，所以相对其他总统而言，克林顿比较重视政府在各方面的推动作用，包括在经济上。上台之后，克林顿政府采用了不同于以往政府的振兴美国经济的“综合发展计划”，即“克林顿经济学”。这种综合发展计划强调经济结构的调整，注重投资而不是消费。在财政上，克林顿对财政赤字非常敏感，出台了《平衡预算法》，通过税务改革和政府机构调整，削减赤字，实现预算平衡。克林顿也是唯一一个成功把财政预算从赤字变成盈余的总统。在货币政策方面，实行稳定中性的货币政策，遏制通胀。在产业政策上，注重“面向未来”的政府公共投资，加强教育，医疗，环保，通讯等基础设施建设，推动产业技术进步，加大对信息等新兴产业的扶植。克林顿任命的经济顾问委员会主席中，经济学家约瑟夫·斯蒂格利茨是对他影响颇深的一位。斯蒂格利茨提出了“第三条道路”这一经济哲学，主张寻求政府对市场的合理适度监管。后来，美国在经济上达到了二战以来罕见地持续性高速增长也证明了克林顿经济学对当时环境下的美国是非常合适的。

作为唯一一个拥有工商管理学硕士学位的总统，小布什在经济方面的表现却饱受其任内两次经济衰退的负面影响。其经济方面的思想“布什经济学”（Bushonomics）采用凯恩斯主义与自由主义相结合的经济思想：既相信市场的力量，又承认政府干预的必要性；通过大幅减税来刺激消费和投资，并且重视社会福利支出，但同时也认同应该缩小政府的作用。在小布什的经济思想中，扩张性财政政策是其精髓，认为只有通过大幅减税才能刺激消费和投资，从而促进经济的发展，而这和供给学派的主张是一致；同时，还重视社会福利问题，在社会保障方面进行大规模政府支出。此外，小布什支持自由竞争，相信市场的力量，倾向于减少干预的“小政府”政策。而在贸易方面，小布什在推进自由贸易以及经济全球化方面做出了贡献。

在金融危机中上任的奥巴马肩负了重振美国经济的重任，更为严峻的经济环境使其在经济思想中倾向于强化政府的作用，使政府在危机中采取有效的应对措施，具体表现为量化宽松等经济刺激措施，以及就业计划。另外，或许由于奥巴马的非洲裔背景，以及热衷公益的个人特质，他还很关注民生问题，就税收公平、基础设施建设、医疗保障、清洁能源等领域的改善与发展都进行了相应的投资立法与政策支持。尤其是他对推动对清洁能源的开发方面的重视，为美国后续减轻对石油的依赖程度打下了坚实的基础。此外，奥巴马还是一个经济全球化的有力推手，任期内启动了 TPP 与 TTIP 的谈判。而在贸易方面，虽说其“出口倍增”的举措显现出了贸易保护的思想，但总体来说奥巴马还是一个自由贸易的支持者。

2017 年 1 月 20 日，特朗普开始上台执政，距今不过短短两年，但“特朗普经济学”的轮廓已初步显现。他追求传统的共和党优先事项：减税、限制以及环境与消费者保护的倒退。作为从未有过从政经验的商界成功人士，特朗普对政府的干预持排斥态度。在金融监管方面，特朗普签署了一系列行政命令和总统备忘录，为放松管制铺路；而在税收方面，特朗普的改革计划从整体上看是一个普惠方案：同时大幅度减少企业所得税率和个人所得税率，又免征遗产税和净投资所得税，使底层和中高层民众都能享受税改的好处，以此扩大内需，创造工作机会；同时，特朗普政府通过了对工薪家庭的大幅减税，并将儿童税收抵免增加了一倍，结束了小企业、牧场以及家庭农场的遗产税。在贸易方面，特朗普秉持“美国优先”这一理念，在国际贸易中为美国争取了更多偏向性政策，其中很多政策都带有反全球化色彩，比如退出跨太平洋伙伴关系协定，以及通过一系列谈判将北美自由贸易协定改换成美加墨自由贸易协定。这些政策的目的则是增加美国国内的制造业就业岗位，尤其是中低端制造业，以满足“铁锈地带”白人蓝领工人（特朗普的坚定支持者）的就业需求。

2. 经济思想比较

面对着巨大的经济体量、复杂的经济形势以及多变的全球环境，再加上各自有不同的成长或观念形成背景，历任美国总统的经济思想通常会表现出不同的特点。但是，有几条主线可以帮助我们抓住这些思想中的主要特征。

首先也是最重要的就是税观。总统们在任期内基本都会出台有关税收的法案；且无论是来自民主党还是共和党，基本都会宣称减税的政策倾向，只不过在具体的减税幅度和方式上会有差别。宏观经济政策中最重要的一个杠杆就是税收，为了支持经济、争取选民，总统们基本上都会在经济思想中构建减税这一观念。只有极为个别的情况下，总统可能会在实际政策上选择加税，比如老布什总统由于面临的严重预算赤字而不得不选择增税的政策，这也是与他的本意相违背的。

第二条线索是对政府作用的观念。克林顿和奥巴马延续了民主党的风格，坚持“大政府”的原则；较其他四位共和党总统来说更加注重政府在宏观经济调控中的作用。这两位总统在任期内均出台了相应的金融监管法案，试图通过政府的力量保持金融活动的有序进行。况且，奥巴马在金融危机中上任，也使得他不得不推出一系列政府干预手段来推动美国经济重新走上正轨。而其他四位共和党总统，除了老布什由于任期内的储贷机构问题被迫推出《金融机构改革、恢复和强制法案》对金融业进行监管与改革外，都表现出更加推崇“小政府”的一贯特点，现任总统特朗普甚至还推出《金融选择法案》这一金融去监管法案来弱化政府在经济中的作用。

第三条主线是福利政策。在我们观察的六位总统中，里根总统为了控制政府预算选择削减社会福利支出，老布什总统则由于其执政期间高涨的失业率社会福利开支被迫大幅增加。除了上述两位总统，其他四位均主动采取加大社会福利支出的政策。可见，多数总统在各自的经济思想中包含扩大福利开支这一元素。这一方面是总统赢得选民支持的重要举措，另一方面也承载着总统作为公共部门最高领导人的基本理想。但是，在具体的社会福利开支上总统们的选择会有所不同。克林顿与奥巴马两位总统在任期内虽面临着巨额政府预算赤字，肩负着控制政府开支的重任，但他们在教育、环保、医疗、通讯、高新技术、基础设施建设等一系列关乎民生以及社会福利方面均投以巨资；而其他几位共和党总统比如现任的特朗普总统，则更为强调基础设施、边防安全等方面的建设。2018 年 2 月美国发布了未来 10 年的基础设施建设方案，联邦政府计划出资 2000 亿美元支持；2019 年初特朗普还因美墨隔离墙建设的预算问题与民主党相持不下，使政府关门长达史无前例的 35 天。

第四条主线则是如何看待美国与世界的关系。同属民主党的奥巴马和克林顿毫无疑问都是自由贸易与全球化的坚定支持者，但在四位共和党总统之间却出现了一些分歧。我们拿政策特点最鲜明的里根和特朗普进行对比就能看出：里根时代放开了对企业以及资本的管制，导致 1980 年代整个产业的大规模外移，进而形成了制造业的全球产业链，推动了经济全球化的发展。而特朗普的想法则与里根完全相反，其以减税为契机收回已散布在世界各地的产业链，在国内重新建立起产业体系，重振美国制造业。在特朗普的经济思想中，本国利益高于一切；为此，其宁愿逆着全球化这一潮流而行。就这一点来说，若抛开党派因素，特朗普称得上是最特殊的一个。因此可以说，在我们研究的六位总统中，无论是民主党总统还是共和党总统均采取相对开放的政策，唯有现任总统特朗普明确了“美国优先”的政策方向，并回归孤立主义，否定并废除 TPP 等一系列全球合作成果。

除了以上对总统经济思想的比较外，我们还特别关注他们对中国的态度。这几位总统所经历的时期，基本上与我国改革开放的四十年相吻合。这四十年中的一个重要篇章就是中美之间的经济往来。但是，在刚刚过去的 2018 年，中美之间贸易摩擦频发，中美关系也面临很多挑战。在这样的背景下，专门分析总统经济思想与中国就十分必要。

3. 经济思想与中国

里根总统的任期正值中国实行改革开放的初始阶段。中国的建设重点转移到经济上，里根总统认为中国的经济发展可能会影响到美国的经济地位，但其也很快就看到中国经济发展的潜力，意识到经济合作在中美双边关系中有着至关重要的作用。里根在 1984 年访华前表示“这次访华要竭尽全力推销美国产品”，充当“推销员”的角色。可见，里根总统还是比较主张相对密切的中美经济往来，尽管也有不和谐音的存在，但总的来讲，美国在技术、投资、金融等领域都在扩大与中国的合作，并帮助中国恢复了在关贸总协定（GATT）中的席位，为日后中国加入 WTO 奠定了基础。

接任的布什总统曾做过驻北京联络处主任，他仍然认为“美中合作对美国的战略、经济利益和政治具有长期的重要性”，所以在“对华孤立”的呼声中，还是最大限度地保留中美合作的基础，主动采取措施与中国恢复联系。因此，随着中国国内形势趋于稳定，布什总统不断深化“接触（Engagement Policy）政策”，除了双边管道，也通过多边机制或地区机制等平台不断接触中国，与中国保持交往。所以说，尽管在这段时期里存在很多困难，但布什总统的对华政策还是颇为正面，使中美之间的主要合作得以延续，为中美关系的进一步发展打下良好基础。

与布什不同，克林顿总统的对华政策中既有“接触”，也有“遏制”，相对来说较为强硬，把很多政治问题加入到经济关系中，但他也认识到应该同中国进行“广泛的交往”；此时的中国刚刚经历了邓小平的南巡，对市场经济的地位进行了确认，经济进入新一轮高速发展期。在这种情况下，克林顿总统也适时进行调整，转而加强与中国发展经贸关系，并延续了对中国的最惠国待遇；随着第二任任期的到来，克林顿的对华政策更为积极，形成“全面接触”，并强调中国战略地位的重要性，要与中国建立信任、加强合作。

经过克林顿总统的 8 年任期，中美经济合作关系已经基本稳固；小布什总统上台后，继续推动中美经济关系深入发展。首先，非常重要的是，小布什继续了克林顿总统在中国加入 WTO 上的支持。他认为，入世不仅对中国本身是有益的，对美国的国家利益以及 WTO 其他成员也会带来好处。但是，随着中国在 2001 年加入 WTO 和不断的深化改革，中国的对外贸易尤其是出口发展迅速。于是，中美贸易不平衡问题逐渐形成，美国开始认为中国是其巨额贸易逆差的“罪魁祸首”，而这背后主要是被抑制升值的人民币。因此，小布什政府开始就人民币问题给中国施压，人民币汇率自此成为美国关注中国的一个重点。同时，保护知识产权成为另一“焦点问题”，因此还引起了美国对中国的“特别 301 调查”，将中国列入“重点观察国家”。

从克林顿总统任职开始，尤其是到小布什继任前后，中美之间的贸易和货币关系就成为影响总统对中国经济考虑的重要线索，下图给出了 1992 年以来美国对中国贸易逆差和美元兑人民币汇率的情况。

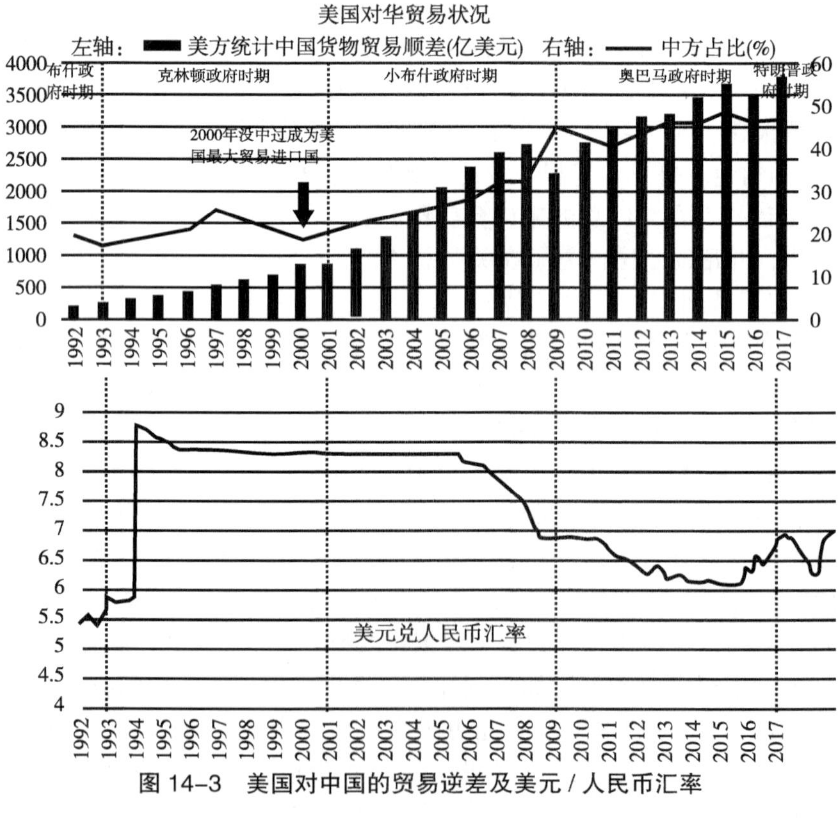

图 14–3　美国对中国的贸易逆差及美元 / 人民币汇率

奥巴马总统上任之初首先要面对的是全球金融危机带来的一系列问题，因此这段时间更为重在寻求与国际社会的协同合作，而综合国力不断提升的中国就成为了美国寻求合作的重点对象之一。因此，两国在全球经济领域有更加频繁的互动，彼此的依存度也达到了顶峰；与此同时，美国也与中国在全球治理上积极合作，推动了 G20 的发展、IMF 的改革等。但在贸易方面，中国作为美国贸易逆差的最大来源国已经持续了多年，由于受到国内经济形势以及政治压力，奥巴马不得不将美国对华政策推向相反的方向，而且，在 2010 年，中国超过日本成为世界上仅次于美国的第二大经济体。因此，一方面，奥巴马总统关注中国的人民币等问题，另一方面开始在全球贸易规则上排斥中国转而推动 TPP，旨在制订一套更高标准的贸易准则，并将中国排除在外。张颖在判断奥巴马政府的对华政策时，也认为中美关系并没有实现预期中的迅速接近，反而出现一定摩擦，这其中既有金融危机的影响，也有政策调整因素，还源于中美之间在文化背景、意识形态等方面的非标准差别。而张建新在《奥巴马政府对华贸易政策与中美经贸关系》一文中对奥巴马的对华态度有着更为积极的看法，认为中美之间的相互依赖关系越来越具有对称性。

到了特朗普上任后的第一年（2017），美方统计的对华贸易逆差达到创纪录的 3752 亿美元，占美国货物贸易逆差的 46.3%，这可能就直接激发了特朗普总统在 2018 年初开始的一系列对华贸易政策，引起中美之间的贸易战。Ted Kramer（2018）的想法就印证了这一观点：他认为美国虽然以“301 调查”结果为由对中国进行贸易限制，但美国对中国的贸易逆差才是主要原因。学者杨其静也在 2016 年就给出了预判，认为特朗普较为轻意识形态而更为聚焦经济竞争；在这种思想指导下，他会不掩饰地抛开各种面纱、大胆地集中火力，采取各种政治经济手段对中国经济、尤其是中国制造业力量实施精准打击。因此，特朗普的当选很可能对中国形成前所未有的挑战。

上述几位美国总统的对华态度也反映了从“理想主义”到“现实主义”的转变。“理想主义”可以追溯到一战后的美国总统威尔逊提出的国际社会原则；从里根到克林顿到奥巴马，尤其是早期，中国是体量很大、但非常弱小的发展中国家，所以这些总统的“理想主义”色彩很浓，有一种“从高而下”的帮助感。但是，随着中国在 2000 年左右成为美国最大的贸易逆差国，2010 年超过日本成为仅次于美国的第二大经济体，这种“居高临下”的感觉就会慢慢减少，转而变成一种“不安全感”、甚至是一种“被威胁感”，还有一定程度上源于对两国体制差异方面的“失望”，美国开始慢慢转回到“现实主义”。这种“现实主义”从奥巴马时期就开始了。但是同时，奥巴马总统在世界范围内还是继续推进“理想主义”的做法，比如推进 TPP，意图建立一个更高标准的世界贸易规则。而到了特朗普总统，他本身就是一个成功的商人，从来没有从政经历，也没有受过传统的理想主义熏陶或教育，所以从上任到现在，他一直奉行“现实主义”（这是他能够成为一个成功商人的经验）；尤其是2017年在他第一个任期年里中国的经贸数据非常“触目惊心”，所以2018年就开始对中国实行各种贸易限制措施。这种“现实主义”不仅表现在贸易领域，还表现在外商投资领域（即前文中提到的2018外商投资法案）。

五、总结与启示

纵观美国近四十年所经历的从里根到特朗普的六任总统，他们的个人及党派背景的不同，各自所选择的经济顾问团队和经济政策的不同使其形成了各有侧重、不尽相同的经济思想。但是，不管这些思想的内容如何，所指向的目标都大同小异。对国内而言，就是保证就业、物价，带来经济上长期可持续的繁荣增长；对外则是稳固在世界舞台上的领导位置，保证美国的政治、军事、文化、科技等各方面处于领先地位，综合国力在竞争日趋激烈的情况下保持绝对优势。

在以上六位总统执政的四十年内，中国也经历着改革开放，国力大幅提升，国际影响力日益扩大，逐步走向世界舞台的中央。对于美国来说，中国在政治、经济、军事等各方面的发展越发不容忽视。那么在这种情况下，美国对华战略必然会发生转变。再加上我们上面所分析的现任总统特朗普的经济思想，使这些转变已经或即将以更为激烈的方式来临。例如，除了前文中提到的贸易、投资方面的举措外，美国政府于2017年12月19日发布的首份国家安全战略报告中，已经明确将中国视为自身安全的最大威胁，有的美国政府官员甚至已经开始使用“冷战”一词来评判中美关系。中国要面对的来自美国政策上的不确定性必然会不断增加。

同时，外部环境也在发生着深刻变化，贸易保护主义和逆全球化思潮愈演愈烈，世界经济开放指数自2009年起开始下跌，然而据专家预测，到2020年，这一指数仍然难以恢复到2008年的水平。中国更是在贸易上成为了被西方各国围堵的对象。据世界贸易组织统计，中国占全球出口比重的12%，而全世界有22%的反倾销案件是针对中国的。同时，WTO成员国使用贸易壁垒的情况在增加。根据欧盟官方网站发布的消息，欧盟新的贸易规则于2018年6月8日正式生效，在进口国对欧盟成员国国内产业进行威胁报复时，欧盟委员会可在没有企业进行申请的情况下，自行发起反倾销或反补贴调查。这一政策使中国成了潜在的最大受害方。

因此，面对来自美国和全球在经济贸易形势上的挑战，中国该如何应对呢？首先，我国必须通过进一步推动深层次的供给侧结构性改革，提高供给质量，改善供给结构，加大对非公有制经济的扶持力度，降低民营企业营运成本，为企业的投资生产营造良好环境。深挖国内市场潜力。第二，继续我们的开放政策，吸引外部投资，拓展海外市场，以外部压力促使国内经济的深度转型，以此应对外部环境中的不确定性。第三，我国要加快全面建设内生型科技创新体系的步伐，在高新技术产业上摆脱对美国等科技创新大国的依赖。第四，我们要在出现反全球化浪潮中继续维护多边贸易体系，进一步推动我国提出的“一带一路”倡议的实施，积极发展与沿线国家的经济合作伙伴关系，为我国创造更多机遇，减缓对美贸易可能收缩带来的冲击。第五，我们应该积极加入到国际经济贸易规则升级及更新的过程中，坚持多边与多元原则，在不断提升我国领导力的背景下获得更多的国际话语权，并努力争取对我们有利的方案。

在过去四十年来的经济全球化进程中，中美两国已形成以贸易投资为先导的两国经济间的深度合作，实现了资源的优化配置。尽管中美两国在某些方面存在着分歧，但从长远角度来看，合作共赢才是谋求发展的唯一道路。同时，中美作为世界最大的两个经济体，经贸关系的互补性大于竞争性，其双边关系的稳定与发展，不仅有利于中美两国自身经济的繁荣与稳定，也对世界经济的可持续发展有着相当重要的作用。

参考文献

[1] 左雷:《1981 — 1984 年里根政府经济政策分析》,《长春大学学报》2010 年第 7 期，第 92–95 页。

[2] Paul Krugman, “Reagan Was A Keynesian”, *New York Times*, June 2012, p27.

[3] 王剑:《里根时期经济政策对我国当前宏观调控的启示》,《经济问题探索》2011 年第 4 期，第 157–161 页。

[4] 甘培根:《里根的经济复兴计划与供应学派经济学》,《金融研究》1981 年第 8 期，第 58–61 页。

[5] 中国银行纽约分行:《里根的经济政策及其效果》,《金融博览》2017 年第 5 期，第 32–33 页。

[6] 王桂娟:《从老布什到小布什：过去 15 年美国财政政策回顾》,《中国财经信息资料》2005 年第 3 期，第 13–18 页。

[7] 张建清:《克林顿政府对外贸易政策调整剖析》,《世界经济》1998年第10期，第51–59页。

[8] 许梦博，吴宏韬:《克林顿与布什政府的宏观经济政策比较及对我们的启示》,《当代经济研究》2002 年第 5 期，第 66–69 页。

[9] 甄炳禧:《布什政府经济政策及其对美国经济的影响》,《国际问题研究》2001 年第 3 期，第 8 页。

[10] Laura D'Andrea Tyson, “The Bush Tax Cuts are Sapping America' s Strength”, *Business Week*, August 2003, p22.

[11] 布拉德福德 · 德隆:《令人绝望的布什政府财政政策》,《商务周刊》2006 年第 9 期，第

22 页。
[12] 张志刚：《美国布什政府宏观经济政策分析》，《世界经济与政治论坛》2007 年第 1 期，第 70–76 页。
[13] 王虎、杨雪朋：《奥巴马经济政绩及经济政策评述》，《中国财政》2017 年第 2 期，第 63–65 页。
[14] Chris Matthews，“Maybe The Obama Economic Recovery Wasn't a Recovery After All”，7 December 2016，http：//fortune.com/2016/12/07/no-economic-recovery/，访问日期：2019 年 3 月 8 日。
[15] 杨其静：《特朗普当选，中国面临巨大挑战》，《人大国发院政策简报》2016 年 11 月，总第 11 期。
[16] 戴慧：《特朗普上任以来美国贸易政策转变回顾与思考》，《中国发展观察》2018 年第 11 期，第 59–62 页。
[17] 刘少华：《特朗普税改与里根经济政策比较》，《金融发展评论》2018 年第 5 期，第 57–65 页。
[18] Adam Slater，“Trump versus Reagan – the global dimension.”，*Economic Outlook*，April 2017，p19–26.
[19] 张江涛：《特朗普与里根经济政策的共性及影响分析》，《国际金融》2017 年第 6 期，第 31–35 页。
[20] Byron York，“The Right Stuff”. *Foreign Affairs*. Sep/Oct 2014. p57–62.
[21] 匡可可：《经常项目逆差引发金融危机的路径研究》，《金融理论与实践》2014 年第 6 期，第 12–17 页。
[22] 万里宏：《美国 < 金融服务现代化法案 >》，2011 年 9 月 15 日，
[23] 刘助仁：《冷战后美国科技政策导向及其启示》，《国际问题研究》2003 年第 1 期，第 50–54 页。
[24] 元简：《政策变化对美国新能源产业的影响》，《国际问题研究》2017 年第 5 期，第 88–105+130–131 页。
[25] 郧彦辉，《特朗普政府产业政策的基本特征》，《中国经济报告》2018 年第 11 期，第 64–66 页。
[26] Matthew Philips，Joe Deaux，“The Metal That Started Trump's Trade War”，*Bloomberg Businessweek*，October 2018，p48–55.
[27] 甄炳禧.《布什政府经济政策及其对美国经济的影响［J］》.《国际问题研究》，2001（03）：17–22+63–64.
[28] David Goodhart，“The United Kingdom’s Trump Trap：How Special a Relationship?”，*Foreign Affairs*，October 2017，p17–20.
[29] R. W Tucker.“Reagan’s Foreign Policy”，*Foreign Affairs*，1988/1989，p1–27.
[30] 宫力：《峰谷间的震荡——1979 年以来的中美关系》，北京：中国青年出版社，1996 年，第 146 页。

[31] 顾国平:《金融危机阴影下的美国对华经贸政策——经济和贸易政治的视角》,《国际论坛》2011 年第 4 期，第 60–66+81 页。
[32] 张颖:《奥巴马政府对华政策与中美关系走向》,《战略决策研究》2010 年第 2 期，第 18–24 页。
[33] 张建新:《奥巴马政府对华贸易政策与中美经贸关系》,《国际论坛》2009 年第 4 期，第 30–36 页。

第十五章　美国金融监管改革分析与对中国的启示

——《经济增长、监管放松与消费者保护法案》评析

刘婷[①]

【摘要】2018年5月24日，特朗普总统正式签署《经济增长、监管放松和消费者保护法案》，美国金融监管放松取得实质性进展。2018年3月中国银监会与保监会正式合并为中国银行保险监督委员会，中国金融监管框架调整为“一行一委两会”。中国和美国都在积极地进行金融监管改革以适应经济发展，中国在进行监管改革时也从美国借鉴了许多经验。本文回顾美国金融监管改革的历程，总结其特点；重点对《经济增长、监管放松和消费者保护法案》进行评析；最后结合中国金融监管改革历程，总结我国能从美国金融监管改革中得到的启示，并针对美国此次金融监管放松提出我国的应对策略。

【关键词】美国金融监管改革；《经济增长、监管放松和消费者保护法案》；中国金融监管改革

一、美国金融监管改革的历程与特点

1. 历程

近现代以来，美国经历了数次大规模金融监管改革，每次改革都以代表性的金融监管法律颁布为标志。

1933年大萧条之后颁布《格拉斯－斯蒂格尔法案》，将投资银行业务和商业银行业务严格分离，初步确立“双重多头”的分业监管格局，“双重”即金融监管分为联邦一级和州层次的，“多头”指不同金融行业由不同金融监管机构负责监管；20世纪80年代末，在全球金融自由化背景下，美国放松对金融机构综合经营的监管，商业银行业务范围得以拓展；1999美国颁布《金融服务现代化法案》，“伞形监管”体制形成，即金融控股公司的各子公司按照业务不同接受不同监管机构监管的模式；金融危机之后，2010年美国出台《多德－弗兰克华尔街改

① 刘婷，北京外国语大学国际商学院。

革和消费者保护法案》(以下简称《多德－弗兰克法案》)，该法案以严格著称，强化了美联储的监管职责和金融稳定体制框架；2018 年 5 月《经济增长、放松监管和消费者保护法案》通过，美国金融监管放松开启。

2. 特点

回顾美国金融监管改革历程，主要呈现以下几个特点：

第一，金融市场形成之初结构简单且功能单一，银行作为其活动主体，由货币当局直接统筹监管；之后证券、保险、信托等其他金融业务随着金融市场的发展相继出现，催生了更多监管需求，美国成立相应的机构对各业务分别进行监管，银行监管职责也从央行中分离出来；随着金融市场的深化，金融机构之间出现业务交叉且金融创新不断，促使监管机构加强对系统重要性金融机构的监管、防范系统性金融风险。

第二，美联储的权力在监管改革中不断扩大。《1935 年银行法》的颁布赋予美联储绝大部分的货币管理权，正式确立其为中央银行；1999 年《金融服务现代化法案》的实施意味着美国从分业经营转向混业经营，由美联储对金融控股公司进行综合监管，并授权各监管机构分别监管金融控股公司的下属子公司；2010 年颁布的《多德－弗兰克法案》和《金融监管改革法案》规定，美联储的监管要覆盖到系统重要性金融机构、金融基础设施和金融控股公司。

经过数次改革，美联储的权力逐渐扩大，一方面是因为美联储对扩大其自身权力存在内在诉求，美联储最后贷款人的职责也要求其覆盖更多机构的监管权；另一方面，其他监管机构的不作为或少作为也使美联储承担更多的监管职责。

第三，美国金融监管改革没有涉及大规模的金融监管机构变动。尽管美联储的监管权力有所扩大，但其他监管机构如货币监理署（银监）、证券交易委员会（证监）和联邦保险办公室（保监）等并未出现合并，只是监管地位有所弱化。由此可知，宏观审慎监管框架的建立会表现为央行地位上升，但并不必然意味着其他金融监管机构的合并或变动。

二、《经济增长、监管放松和消费者保护法案》

1. 出台原因及背景

此前美国曾三次放松金融监管：第一次监管放松从 20 世纪 80 年代初持续到 80 年代末的储贷危机，主要是为了放松利率管制、应对金融脱媒；第二次从 20 世纪 90 年代中期到 2002 年“安然事件”，主要目的在于取消跨州经营和分业经营限制；第三次从 2004 年到 2008 年金融危机，意在放松对金融创新的限制。美国以往放松金融监管的目的主要是复苏美国经济，提升美国金融业的全球竞争力。最近一轮金融监管放松以特朗普签署《经济增长、监管放松和消费者保护法案》（以下简称《放松法案》）为标志，其主要目的也不外于此，具体原因可以总结为以下两点：

（1）《多德－弗兰克法案》的弊端日渐显露

《多德－弗兰克法案》正式签署于2010年7月21日，其主要内容包括：成立金融稳定监管委员会（FSOC）监控系统性金融风险；建立系统重要性金融机构有序清算机制；严格限制银行从事高风险自营业务及持有私募和对冲基金权益；建立消费者金融保护局；提高衍生品交易透明度等。《多德－弗兰克法案》全面覆盖和监控了系统性风险，实现宏观审慎监管和微观监管的协调，对危机后美国金融稳定和经济复苏发挥了重要作用，但随着危机结束，美国经济情况好转，其副作用和缺陷也逐渐显现，主要包括：各监管部门监督权存在交叉重叠；系统重要性金融机构“大而不能倒”的问题未能得到妥善解决；中小型银行承受的监管负担和合规成本过大；法案过于复杂和严厉，降低了市场流动性和银行的盈利能力等。

（2）美国经济复苏为放松金融监管创造了条件

特朗普执政后，美国经济实现稳健复苏，通胀率逐渐向目标水平靠拢，失业率降至历史低位，居民消费和企业信贷活动也在逐渐改善，加上财政政策刺激，美国经济有望继续提振。《放松法案》出台期间前后，即2018年第二季度美国GDP为4.1%，经济实现连续13个季度上行，创2014年以来的GDP季度增速新高；2018年5月份失业率降至3.8%，创近半个世纪以来的新低。经济复苏、就业形势良好为放松监管提供了空间，加上此前特朗普一直认为危机后美国经济复苏缓慢的主要原因是对金融业监管过度，使得其无法高效服务于实体经济，遏制了消费、信贷和投资，阻碍了企业扩张、就业和工资增长。所以要放松监管为金融行业减负，促进就业和经济增长。

2.《放松法案》的出台过程

在《放松法案》出台之前，美国曾于2017年6月推出《金融选择法案》，其主要内容包括：限制政府对银行进行破产救助；重组消费者金融保护局，缩小职权范围，减小对金融市场的干预；弱化金融稳定监督委员会的职权；提高美联储压力测试标准的客观透明度；降低中小金融机构监管负担；废除“沃尔克规则”中不利于市场流动性的规定，放松对自营业务的监管；取消金融稳定监管委员会对系统重要性机构的确认权等。

《金融选择法案》对《多德－弗兰克法案》进行了全方位的修改，不仅降低了中小银行的合规成本，也放松了对系统重要性金融机构的监管要求。由于过于激进，该法案最终并没有通过，但它在一定程度上体现了特朗普政府全面放松金融监管、推翻后危机时代金融监管秩序的决心。

2018年3月，美国参议院通过《放松法案》，并于5月25日正式签署成为法律。与《金融选择法案》相比，《放松法案》政策较温和，标志着特朗普的放松监管改革取得阶段性胜利和实质性进展。除了签署放松金融监管的法案外，特朗普上台后还对美联储、美国证券交易委员会及商品期货交易委员会的领导层做出了调整，以确保政策的落实。

3.《放松法案》的主要内容

《放松法案》的主要内容可以总结为以下几个方面：[①]

（1）放松对中小型银行及社区银行的监管：放松对中小型银行发放抵押贷款的限制并降低其信息披露要求；豁免乡村中小银行的资产评估义务；简化社区银行资本充足要求；放松对社区银行开展自营业务的限制。

（2）放松对大型银行及系统重要性金融机构的监管：对大型银行的认定标准从 500 亿美元提高到了 1000 亿美元；对系统重要性金融机构的认定标准从此前的资产规模 500 亿美元提高至资产规模 2500 亿美元

（3）放松对证券市场的监管：允许更多证券交易所免受州监管；豁免小型风险投资基金的注册要求。

（4）继续加强对金融消费者的保护：加强消费者信息保护；加强对军人和学生消费者的保护。

《放松法案》大力放松了对中小型银行的监管，对小型金融机构豁免“沃尔克规则”（即禁止商业银行从事高风险自营交易，限制商业银行发起和投资对冲基金或私募基金，是《多德—弗兰克法案》中最具争议的部分）；对系统重要性机构认定标准的提高使得资产规模在 500 亿美元至 2500 亿美元之间的金融机构得到了较为显著的监管放松。在新标准下，美国执行系统重要性审慎监管标准的银行从 38 家减少到 12 家；《放松法案》赋予美联储更大的自由裁量权，对于资产规模超过 1000 亿美元的银行，美联储有权根据风险评估情况决定是否采取严格的审慎监管标准。

《放松法案》对这些金融机构监管所做的改革，本质上是为了提高这些机构的信用供给和金融服务能力，以促进居民消费和企业资本形成，从而改善实体经济。与《金融选择法案》不同，它并没有完全否定《多德 – 弗兰克法案》，而是对其进行了重大修订。

4. 对此次监管放松的简评

（1）符合美国金融监管改革规律

美国金融监管改革呈现的特点是：监管放松 – 金融自由化 – 危机爆发 – 监管加强 – 金融抑制 – 监管放松。20 世纪 30 年代前，美国实行自由市场经济，金融市场较为自由且金融监管尊重市场选择；1933 年发生大危机，随后在 30–70 年代金融监管全面加强；20 世纪 70 年代至 2007 年放松监管，2007 年次贷危机爆发；

---

① 以下内容整理总结自美国《经济增长、监管放松和消费者保护法案》。

2007–2017 年为重塑市场秩序时期，金融监管加强；因此，2018 年《放松法案》的颁布监管符合美国金融监管历史演变规律。

（2）短期内有助于复苏美国经济

金融危机后监管严格，中小型银行负担重，破产倒闭频发。作为中小企业主要融资来源，中小银行的破产使得中小企业发展受限，从而影响美国经济复苏。本次金融监管改革主要围绕社区银行和其他中小型银行放松监管，中小型银行的束缚减小后，可以为个人和小微企业提供更多贷款支持其发展，从而在短期内助力于美国经济增长。

（3）长期可能会推高政府赤字，引发新一轮危机

《放松法案》在为中小型银行减负的同时也为大型金融机构进行了松绑，尽管改革重点是中小型银行，但从未被通过的《金融选择法案》中可以看出，特朗普政府有对大型金融机构进一步松绑的意愿，如果未来监管放松从中小型银行推广到整个金融体系，可能会引发新一轮危机。此外监管放松在长期还会引发更多风险事件，推高政府赤字。美国国会预算办公室称：《放松法案》的实施预计将使 2018 年至 2027 年间的联邦赤字增加 6.71 亿美元，其中财政支出将增加 2.33 亿美元，财政收入将减少 4.39 亿美元。

（4）带动全球金融监管放松

自 2015 年 12 月加息启动以来，到 2018 年底美联储共加息 9 次，同时还在执行缩表计划，特朗普在加息缩表之际出台《放松法案》极有可能会引发政策共振，产生较为严重的监管外溢效应。发达国家为了同美国争取金融优势，可能会竞相放松金融监管；新兴市场国家为了减少资本外流，可能会跟着放松监管，从而引起全球金融竞争和金融监管竞次效应，危害全球金融安全与稳定。

（5）在一定程度上破坏了国际监管标准

美国历来是国际金融秩序的主导者，20 世纪 30 年代建立分业经营、分业监管体制，80 年代和英国共同推出巴塞尔协议 I，90 年代主导出台巴塞尔协议 II，2008 年金融危机后推出巴塞尔协议 III、倡议组建金融稳定理事会（FSB）。《放松法案》的出台弱化了银行资本充足率的要求和巴塞尔协议 III 的监管标准性，冲击了“巴 III”倡议下形成的以多边协作机制为基础的金融稳定大格局，增加了国际监管协调的困难度，给当前国际金融监管合作秩序带来挑战。

三、美国金融监管改革对我国的启示

1. 中国金融监管改革历程回顾

1978 年改革开放的开始也拉开了中国当代金融监管改革的序幕。

1978–1992 年，央行统一监管体系形成与发展。工农中建四家银行从中国人

民银行中分离出来，成立专业银行，同时保险、证券等其他金融机构也迅速发展，金融业务不断增加。中国人民银行从原来的复合型央行转变为专职央行，负责制定货币政策，对各类金融业务实行统一监管，维护金融机构和金融体系的安全与稳健运行。

1992–2017 年，"一行三会"分业监管体制的形成和深化。1992 年证监会成立；1993 年颁布的《关于金融体制改革的决定》规定银行业、证券业、保险业和信托业实行分业经营；1998 年保监会成立；2003 年银监会成立。我国正式形成"一行三会"的分业监管体制。此后，分业监管不断深化，同时我国也在学习国外的混业经营经验并开展试点。

2017 年至今，"一委一行两会"的金融监管体系。2017 年 7 月，第五次全国金融工作会议召开，提出设立金融稳定和发展委员会（金稳委）并于 11 月正式成立；2018 年 3 月，银监会和保监会合并为中国银行保险监督管理委员会（银保监会），意味着我国金融监管体系正式调整为由"一委一行两会"的格局。

2. 美国金融监管改革对我国的启示

金融监管要根据国家实际情况进行调整。当前，金融监管在中国经济新常态下和供给侧结构性改革中仍扮演着十分重要的角色，银监会和保监会的合并整合了银行业和保险业的监督资源，使得监管权力更加集中，同时央行的宏观审慎监管职能也得到强化，我国金融监管改革初见成效，但依然任重道远。回顾美国金融监管改革的历程和特点，结合我国实际情况，我们可以得到以下启示：

第一，金融监管的加强不能挫伤中小企业。

中小企业对美国经济的复苏起到十分重要的作用，无论是在特朗普最初提出的《金融选择法案》中还是在后来出台的《放松法案》中，美国监管部门都非常重视中小企业贷款需求。中国要想成功实现经济转型，也需要加大对中小企业的政策支持，鼓励其发展和创新。2018 年 6 月人民银行印发的《关于进一步深化小微企业金融服务的意见》从多方面鼓励金融机构加大对小微企业的信贷支持，而中小微企业的信贷支持主体主要是中小型银行，因此中国金融监管改革要增强对中小型银行的支持，从而充分激发中小企业活力，为经济增长增添动力。

第二，推进相关立法加强对金融消费者的权益保护。

《多德－弗兰克华尔街改革和消费者保护法》中规定在美联储委员会下设立消费者金融保护局，对消费者金融产品进行监管，确保消费者的合法权利，防止金融机构存在掠夺性条款和欺诈行为；《放松法案》也十分强调保护金融消费者的合法权利和金融诉求。

我国在金融消费者保护方面取得了一定进展：2015 年国务院办公厅印发《关于加强金融消费者权益保护工作的指导意见》，12 月份出台的《推进普惠金融发展规划（2016–2020 年）》中有"加强普惠金融教育与金融消费者权益保护"的相关内容；2016 年中国人民银行制定了《中国人民银行金融消费者权益保护实施办法》；目前的“一委一行两会”内部均设有专门的金融消费者保护部门。但是目前，我国尚缺少专门针对金融消费者权益保护的法律，金融消费者权益保护适用的仍是多年前的《消费者权益保护法》，该法的立法背景主要还是针对传统消费领域，在对金融消费者权益保护的适用上还存在一定障碍。所以我们应借鉴美国的做法，尽快出台针对金融消费者的专业保护法，为保障金融消费者权益提供法律依据；同时，在推进立法中还要注意平衡金融机构和消费者之间的利益，不能为了保护消费者利益而过多地剥夺金融机构的市场权力。

第三，从机构监管向功能性监管过度，树立服务型金融监管理念。

从 2008 年金融危机中可看出，单纯以“机构导向”为目标的金融监管会忽视系统性风险和宏观经济整体的稳定性，所以监管应超越金融机构、产品和市场的限制，基于金融体系基本功能进行，以功能性监管逐渐取代传统的机构监管体制。监管者还应尽早树立服务型金融监管理念，以更好地服务于金融机构和金融市场的理念进行监管，以提供服务的方式实行监管，提升监管效率的同时又不会阻碍金融创新，也有利于监管者全面掌握金融信息，促进金融业发展。

第四，采用外部监管和内部监管相结合的监管模式。

外部监管主要由政府和市场提供，内部监管则来自金融机构内部。与外部监管相比，内部监管成本低，也有助于快速识别风险。目前我国金融机构在内部监管上还有所欠缺，监管者应鼓励金融机构内部监管制度的建设，双管齐下将金融风险控制在安全限度内，避免其演化为系统性风险。

第五，提高央行的金融监管地位，适当介入财政。

央行在金融监管中的地位逐渐提高是由其所具备的宏观审慎监管优势和最后贷款人身份决定的，美国金融监管改革的一个特点就是美联储在监管体系中的地位不断提高。央行应执行主导金融风险防范的职能，具体金融机构的日常经营监管则由其他金融监管机构负责。此外，央行和其他监管机构在进行金融监管和危机救助时需要动用公共资金，为了保证资金动用的顺利进行和合法性，需要财政部适当介入。

第六，监管改革要与我国金融市场和实体经济发展相一致。

目前我国银行业仍在金融市场中占主导地位，同时证券、保险业发展迅速，金融创新活跃，金融控股公司日益增多。监管机构的合并不是监管改革的最终目的，通过美国金融监管改革的特点我们也知道，宏观审慎监管框架的搭建并不必然意味着其他金融监管机构的合并或大规模变动。中国银监会和保监会合并的真正目的是为了加强不同监管机构之间的协调性和制约性、强化功能监管和机构监管的协调配合；防范监管空白、减少监管套利；统合配置监管职权，统一监管口径和目标。监管改革的最终效果如何还需要经过金融市场和实体经济的检验，看其是否推动金融市场有序发展，促进中国实体经济增长。

3. 此次金融监管放松对我国的影响及我国的应对策略

美国出台《放松法案》放松金融监管，加上缩表和加息的综合效应，使其吸收国际资本的能力提高，中国面临资本流出压力，外汇风险增大；监管放松有助于美国经济复苏、就业和贸易会有所改善，使得中国在中美贸易摩擦中处于更加不利的地位。

面对此种情况，我国应当妥善采取政策措施应对美国监管放松的影响，对美国放松政策可能引发的不利影响进行系统性评估后采取针对性政策化解。一方面要严守国家金融安全底线，在“一委一行两会”的新监管体系下，不断完善金融监管法律法规，继续坚持宏观审慎监管和微观审慎监管并行；另一方面，在当前国际金融监管合作前景不明的情况下，我国可以积极利用“一带一路”倡议、亚投行、丝路基金等主动牵头加强国际金融监管合作与协调，共同抵御金融监管竞次效应，避免因个别国家引起国际金融监管失调和市场动荡。

参考文献

[1] 钟震（2018）：金融监管协调：通道理论的提出及应用
[2] 路洲臣（2019）：特朗普时代美国金融监管改革新政评述，美国放松金融监管改革及其启示
[3] 杨润坤（2018）：美国政府放松金融监管探析
[4] 尹振涛，李欢（2018）：美国特朗普政府放松金融监管的思路与启示
[5] 于品显（2018）：美国金融稳定监督委员会的经验借鉴及启示
[6] 杨明（2018）：美国金融监管放松改革的影响与启示研究
[7] 鲁篱，田野（2019）：金融监管框架的国际范本与中国选择
[8] 李瑶函（2018）：后危机时代国际金融监管改革及其对我国的启示
[9] 潘文彪，路洲臣（2018）：次贷危机后十年国际金融监管改革：成果、趋势与我国应对之策
[10] 孙杰（2018）：我国金融监管框架改革的若干思考
[11] 马丁·乔尔森帕（2018）：下一步的中国金融监管改革
[12] 常青（2017）：后危机时代金融监管国际合作的新动向、思考
[13] 时磊，李立群等（2018）：格局变迁：中国金融监管的“分与合”
[14] 陈俊（2019）；美国银行监管改革新趋势及相关启示
[15] Glass-Steagall Act
[16] Financial Services Modernization Act
[17] Dodd-Frank Wall Street Reform and Consumer Protection Act
[18] Economic Growth, Regulatory Relaxation and Consumer Protection Act

图书在版编目（CIP）数据

二十国集团（G20）发展报告.2018—2019 / 彭龙主编
. — 北京：经济日报出版社，2019.7
ISBN 978—7—5196—0570—4

Ⅰ.①二… Ⅱ.①彭… Ⅲ.①国际经济合作组织—研究报告—2018—2019 Ⅳ.①F116

中国版本图书馆 CIP 数据核字（2019）第 151325 号

二十国集团（G20）发展报告（2018—2019）

主　　编	彭　龙
责任编辑	高　远
出版发行	经济日报出版社
社　　址	北京市西城区白纸坊东街 2 号 A 座综合楼 710
邮政编码	100054
电　　话	010—63567684（总编室）
	010—63538621　63567692（发行部）
网　　址	www.edpbook.com.cn
E — mail	edpbook@sina.com
经　　销	全国新华书店
印　　刷	北京建宏印刷有限公司
开　　本	710×1000 毫米　1/16
印　　张	14.75
字　　数	280 千字
版　　次	2019 年 7 月第一版
印　　次	2019 年 7 月第一次印刷
书　　号	ISBN 978—7—5196—0570—4
定　　价	48.00 元